唐五代寫本韻書中的《切韻》原貌研究

万迪军 著

武汉大学出版社
WUHAN UNIVERSITY PRESS

图书在版编目(CIP)数据

唐五代写本韵书中的《切韵》原貌研究/万迪军著.—武汉：武汉大学出版社,2019.11

ISBN 978-7-307-21218-3

Ⅰ.唐…　Ⅱ.万…　Ⅲ.《切韵》—研究　Ⅳ.H113.1

中国版本图书馆 CIP 数据核字(2019)第 243755 号

责任编辑:聂勇军　　责任校对:李孟潇　　版式设计:马　佳

出版发行：**武汉大学出版社**　(430072　武昌　珞珈山)

(电子邮箱：cbs22@ whu.edu.cn　网址：www.wdp. com.cn)

印刷:武汉中科兴业印务有限公司

开本:720×1000　1/16　印张:19.25　字数:266 千字　插页:1

版次:2019 年 11 月第 1 版　2019 年 11 月第 1 次印刷

ISBN 978-7-307-21218-3　定价:56.00 元

前　言

20世纪前半叶，从敦煌和国内其他地区陆续发现的唐五代写本韵书或其残卷，为音韵学古籍校勘提供了更丰富的历史事实，也验证了清末陈澧对《切韵》原貌的一些正确推测。而要了解《切韵》原貌更为准确的状态，需要从理论和实践方面作更为深入的探索，才有可能较为准确地把握陆法言编撰《切韵》时的系统性思考。

“类”是中国传统学术思维中的基础性概念。从对先秦文献中“类”的语料实例进行排比和语义分析可以看出：古典逻辑中“类”是事物“有以同”，是开放的自然类，既表现为“类”元素系列的开放性，也表现为事物属性的开放性。类比是判断事物同类、异类的必然性要求，其推理性质可以是演绎性也可以是归纳性的。西方的逻辑类则是通过“类”（属性）尽分和类层级结构来确保演绎推理的必然性。音韵学自然类元素的变化反映了学科认识的深入，类比自然类元素对应相应属性可以减少音韵学史论中无关事实的罗列。

唐五代写本对应史料中共有类元素即为《切韵》原本所载内容。在考虑字形规范性、抄写过程中的随机因素、后代著述者主观因素等影响的前提下，通过类比推理能判断出最早史料元素的“同类”。共有类元素是确定《切韵》原本内容的快速和有效的方法，其结果可验证、可重复。这不同于零散地考证《切韵》系直接史料之间的时序，零散考证既不可能确定史料之间的时序，更不可能重建《切韵》原本。

唐五代写本韵书史料重构的《切韵》原本，增强了音韵学史的完整性，也为今后的深入研究提供了较强的基础。《切韵》原本将现有直接史料、间接史料关联起来，探索“类”、“音类”、“自然类”及之间的关系，体现了中国传统学术思维独特性理论和实践价值优于传统的文献校勘。

本书充分利用现有的《切韵》系直接史料，参考互联网相关开放资源，综合分析中国传统学术思维，运用信息和计算机处理技术，恢复了失传千年之久的《切韵》原貌。而陆法言于隋仁寿元年（601）所撰的《切韵》一书，其原本可能在北宋初年就已消失，给世人留下了诸如载字数、分韵、语音基础等相关疑问（第一章）。

从写本韵书及残卷中恢复《切韵》原貌需要摆脱疑古思想的束缚（第二章）。前人曾对《切韵》系新发现史料进行过整理和讨论，都是间接暗示《切韵》原本原貌，如刘复等（1935）编成《十韵汇编》，以《广韵》为纲抄编部分史料，并没有完全利用史料。周祖谟先生将48种史料分为八类，编成《唐五代韵书集存》（1983），虽然基本保存了史料本来状态，但从中很难窥见《切韵》全貌。

恢复《切韵》原貌的理论基础是类比推理判断（第三章）。中国古典逻辑和儒墨的科学、社会实践所展现的类比思维模式中，“类”是事物“有以同”的开放的自然类，没有层级。类比推理通过两两比较自然类对应元素的对应属性从而得出“类同”、“类异”的必然判断，“推类”则是这种推理形式的具体实践。这与亚里士多德演绎逻辑和印度古因明学的判断很不相同。

恢复《切韵》原貌的过程就是从史料自然类的比类对应中，判断出最早史料元素的同类，这是通过类比推理得出关于《切韵》原本信息的必然性结论（第四章）。影响比类对应的因素包括：在《切韵》史料性质的讨论中，一些文献容易以似类代替自然类元素，以似类对比或排比代替类比推理，更容易导致无关事实的罗列。王国维、魏建功等学者也曾讨论过部分相同的《切韵》史料性质，而结论却各不相同。汉字字形自然类变化会影响对应关系的建立，规范字形和非规范字形的区分可以提高对应关系的准确性。史料形成的随机因素和著述者的主观因素也会影响《切韵》原本重构的准确性，随机因素如手抄中的错、漏、串等，著述者主观因素包括改变体例、纽序、字序、增字、增纽、增又音和增加字形等。

恢复《切韵》原貌主要包括重建《切韵》自然类，即序言类、韵目类、正文类（第五章）。通过对比写本韵书相应自然类的属性，可以发现《切韵》原本的序言在《切韵》系史料中，稳定性和一致性最高。193 韵的韵目和韵目编号也比较稳定，《切韵》原本分五卷，平声分上下卷，上下卷韵目连续编号，韵目下有小注 64 条，为八人论音纲目，后人又增 3 条。《切韵》原本音纽为 3374 纽，载字约为 11297 字，与史料记载不矛盾。

恢复《切韵》正文中的音纽自然类是最主要内容（第六章）。在实践中主要方法是，对应史料中共有自然类和自然类元素即为《切韵》原本所载内容。将周祖谟先生的《唐五代韵书集存》中所包含的全部史料连同泽存堂的《广韵》，在计算机统计软件（Excel）中，按照自然类建立起元素之间的对应关系。在声调、韵等自然类元素对应的前提下，对应音纽的纽头信息、载字信息、训解等是音纽元素的属性自然类。与最早音纽的属性自然类相同则为《切韵》原本音纽同类，否则不同类，为后期增加属性，即不能对应的音纽、音纽属性为各史料形成时书者、著述者所加，不能形成对应关系的纽头、纽头信息、载字、训解为史料形成时书者、著述者所加。

重建的《切韵》原本在一定程度上能反映音韵学的原貌（第七章）。通过比类对应求共有部分能兼顾到韵书继承性和体例内容上的创新性，自然类的概念对于中国古典逻辑的独特性以及音韵学的源流发展有较强的理论和实践意义。《切韵》原本也是学者更深入研究的基础。

重建结果为《切韵》原本全文（见附录）。

叙　例

1. 全文采用国家通用字体，但在涉及《切韵》原本及其直接史料的地方尽量采用与直接史料一致的字形。

2. 全文所使用《切韵》系史料见周祖谟先生（1983）《唐五代韵书集存》，正文中所使用名称以周先生体系为准。略作说明，如：

伯 3798，为伯希和（Paul Pelliot，1878—1945）所列史料编号，即 P3798；

斯 6187，为斯坦因（Sir M. Aurel Stein，1862—1943）所列史料编号，即 S6186；

列 TIID，为列考克（Albet［August］Von Le Coq（1860—1930）所列史料编号。

3.《切韵》残叶：周祖谟先生所列第一类八种材料，即（1）伯 3798，（2）伯 3696、（3）伯 3695、（4）斯 6187、（5）斯 2683（切一）、（6）伯 4917、（7）切韵西域断片、（8）列 TID（JIVk75-100a）。

4. 其他材料命名与对应关系为：

笺注本一（斯 2017，切二）、笺注本二（斯 2055，切三）、笺注本三（伯 3693、伯 3696）。

5. 王一：伯 2011，敦煌本王韵。

王二：两个版本：项跋本，故宫本，裴务齐正字本，秀水唐兰写本；北平延光室摄影本，《唐五代韵书集存》收此本（周祖谟 1983：534-625）。

王三：王三全本，明洪武宋濂跋，末有唐兰先生跋，现藏于北京故宫博物院。

6. 书名号《》：使用书名号材料包括：蒋斧本《唐韵》，《广韵》，王仁昫《王韵》（《刊谬补缺切韵》）等所有四种不同的韵书、残卷，其他材料均不使用书名号。

中括号［］：文中一般表示（1）该文献首次出版时间；（2）引文中有误，本书添加更正内容或对前后文的补充说明；（3）《墨辩》错简，见文内脚注。

目　　录

第一章 绪　论

隋仁寿元年（601）陆法言编撰了音韵学经典——《切韵》。四百年后，宋真宗大中祥符元年（1008），陈彭年、丘雍等人奉诏主要依据唐孙愐所撰的《唐韵》（733/751①），编修《大宋重修广韵》（以下简称《广韵》）；宋仁宗庆历四年（1044），副宰相夏竦上书《进古文四声韵表》云“准唐《切韵》分为四声”（王国维，［1923］2003：183）。孙愐《唐韵》的底本即为《切韵》传本。南宋理宗年间（1225—1264），理学家魏了翁（1178—1237）在《吴彩鸾唐韵后序》中说：“若夫孙愐叔文较之今本，亦有增加书字处，要皆以此本为正。”夏、魏两人为两宋高官、学者，尚且不能得见《切韵》其真，可知原本或失于宋前，至今已历千余年。

20世纪初，华夏国难之时，一些西方探险者或由政府资助，或由研究机构出资（耿升，2001；王冀青，2007，2016），从中国西北掠去无数深埋于地下和秘藏于敦煌藏经洞的古籍文物。其后虽陆续有照片、复制件传回国内，包括约四十件《切韵》系直接史料，但多为残叶、断片，残缺不全。这些手书残卷证明《广韵》所述、两宋学者所记均为史实。1947年，深藏皇宫内府的《刊谬补缺切韵》（即王三，（唐）王仁昫 706）逾千年而以完整面目示人，“此书自宋时已入内府。千百年来，仅供赏玩。比者劫掠之余，得免毁灭”（唐兰，［1948］1968）。

① 王国维（2003：179-182）认为有开元（733）和天宝（751）两个版本（参见徐朝东，2007；2010）。

此实为中国学术史之奇迹，也是《切韵》系史料积累的最高潮。

此时正是中国知识界困惑迷惘的时代，他们受西方实证主义哲学的影响，对中国社会现状进行各种反思，怀疑古书、古史和古文化观念出了问题（顾颉刚，［1923］1982：59-60；钱玄同，［1923］1999：47-49）。“疑古”的思想观念客观上要求实事求是的学风，事实上却是阻碍了探索传统经典价值的努力（姜亮夫，1983）；李学勤，1986）。《切韵》系丰富的史料在《十韵汇编》（刘复，1935）虽然得到初步整理，然而远没有发挥其学科价值。王三重现于世后，很多研究略加考证，就直接将其视为《切韵》原本，这种现象一直持续到当前，不能说没有受“疑古”忌惮作伪观念的影响。

此时也是西学东渐最甚的时代。传统音韵学自清初顾炎武开始，经过段玉裁、王念孙、江有诰等人的努力，对上古韵的研究达到了前所未有的高度，等韵图的编制，至劳乃宣已走到穷途；宋元等韵的解释，至黄季刚亦陷入绝境（徐通锵、叶蜚声，1980）。产生于德国的历史比较语言学，在构拟原始印欧语、建立印欧语言谱系方面取得了巨大的成功，从1920年代起，赵元任等人就介绍瑞典汉学家高本汉的音韵学理论和方法，通过归纳反切的声类和韵类，以方言点的音值构拟出中古的语音系统（高本汉，［1940］2014：451；［1954］1987：1）。将汉语音韵学引向一条完全不同的路径，重视方言调查和音值构拟以及解释方言差异，而没有给予《切韵》史料更多的关注。

中华人民共和国成立以来，为构拟《切韵》音值和解释历史音变及方言差异，在20世纪60年代和90年代有过两次热烈的讨论，中心议题为《切韵》反映的是单一音系还是综合音系。而早在唐末李涪的《刊误》① 中就发现《切韵》与时音不符并斥之“然吴音乖舛不亦甚乎”；北宋太宗朝，太平兴国八年（983），“杭州进士吴铉尝重定切韵，

① 李涪为唐昭宗年间人（889—904）。其文又曰：“夫吴民之言如病瘖风而噤，每启其口，则语泪喎呐。随声下笔，竟不自悟。凡中华音切，莫过东都。盖居天地之中，禀气特正。”

及上亲试，因捧以献。既中第，授大理评事，史馆勘书。铉所定切韵，多吴音，增俗字数千，鄙陋尤甚。寻礼部试贡举人，为铉韵所误，有司以闻，诏尽索而焚之”。①这表明对于《切韵》的语音基础很早就有不同看法。

在关于《切韵》性质的讨论中，从立论的方式看，有以文献考证手段为主（王显，1961；周祖谟，1966：405-433，434-473；丁邦新，1995；潘文国，2002），有以对王三系统分析为主（李荣，［1952］1956；邵荣芬，［1961］1982），有以对音分析为主（潘悟云，2000），有侧重其中某一方言（王显，1961；周祖谟，1966：405-433，434-473）。所言《切韵》即为王三，对于王三能在多大程度上代表《切韵》，《切韵》一书的原始面貌是否与此有关等问题则基本没有讨论。《切韵》系的直接史料积累已经不少，而讨论问题仍然大量使用间接史料，从本就零碎的直接史料中摘取一些片段来证明间接史料，这样看待问题解决问题是否合适？而积累的史料需要进一步整理，“语言学史的史料挖掘还不足”（陈昌来，2018）。何九盈先生（2002）说：“要对材料进行穷尽性的研究，要熟读原始材料，苦读原始材料，精读原始材料。”周祖谟先生的《唐五代韵书集存》（1983，下文简称《集存》②）对《切韵》系史料的分类，正是熟读、苦读和精读史料的结果，为分析、挖掘音韵学史料学科价值的基础。

有一点应该成为中国音韵学的共识，即“韵书和韵图里记载的是音类，不是音值，而且韵母部分又是囫囵一团的未分析成音素的音类”（徐通锵、叶蜚声，1980）。但是，音韵学的“类”是什么，如何判断同类、异类？在这些问题上似乎只有实践，很少有深入的讨论。中国古

① 《续资治通鉴长编》卷二十四。

② 《十韵汇编》所确定的各种写本及残卷的名称（刘复等，1935：15）代表着整理者当时的认识。1983 年，周祖谟先生出版的《唐五代韵书集存》将这些材料进行了更为合理的分类和命名。本书主要采用周先生的分类系统。其他名称见随文说明（详见第二章）。

典逻辑《墨辩》也关心“类”，儒墨在论证观点、评论别人时通常都使用“推类”。儒墨和音韵学的“类”指的是同样的概念吗？本书试图从中国古典逻辑的比类思维角度来考察部分已有的史料属性讨论，探索《切韵》原本的某些属性及整理和重构《切韵》原本。

第一节 《切韵》原貌湮没产生的疑问

《切韵》是音韵学最重要的奠基作之一，原本可能已消失达千年之久。从历代著录的趋势和唐写本的避讳来看，《切韵》一书原本可能是逐渐消失在历史的长河里。现在能够看到的是散落在各古籍中对其一般的描述，从这些描述中也可以猜测到原本的大致规模。《切韵》原本消失也给音韵学科留下了很多待解的疑团，既有具体的如载字多少疑问，也有诸如《切韵》音系基础的根本性问题。

1. 《切韵》原貌逐步湮没

一千四百余年前，《切韵》用反切记录了当时汉字读音的状态。陆法言撰《切韵》初衷不在“广文路”，重在赏知音、知轻重，既要辨析“江东”与“河北”的差异，判别“南北是非”，也要沟通“古今”壅塞（《切韵·序》）。① 此书既出，“时俗共重，以为典规”（《刊谬补缺切韵·序》）。

陆法言撰《切韵》为隋仁寿元年（601），但是“《隋书》及《旧唐书·经籍志》《唐书·艺文志》均未著录，惟新旧《志》并有陆慈《切韵》五卷。日本源顺《倭名类聚》引《陆词切韵》五十四条，又日本僧瑞信《净土三部经音义》引《陆词切韵》十六条，颇见于此三种中，而未见者亦半。盖源顺、瑞信所据或后人增注之本，此三种抑或

① 丁邦新先生（1995）则认为：“根据以上的推论，我们知道《切韵》是一本告诉读书人如何押韵的书，因为只是押韵的关系，所以一韵之内的字只要在南北方都可以押韵，大家就觉得没有问题。”

有删节，不得谓非一书。”（王国维，［1917］2001①；马楠，2018）也就是说终唐一朝，《切韵》没有出现在文献经籍著录中。直到后晋刘昫（945）撰《旧唐书·志》和北宋宋祁等（1060）撰《新唐书·艺文志》时才出现，而且不在著录中。日本文献记载就更晚，“陆慈”也写作“陆词”。《切韵》不见于唐官修的各种书目，而见于宋代，又日文献引用不一致，这表明原本《切韵》最早可能只流传于民间，辗转传抄而失其原貌。

从残叶中避讳②的情况看，迟至中唐③（宪宗李纯，在位为806-820年）时，民间可能还可以见到接近原本的《切韵》。残叶避唐讳不一致表明，只要传抄多一次，就会距离原本远一点，当代的传抄甚至会出现各种矛盾的讳例。八种残叶避讳的时间跨度超过两个世纪，书法各不相同，形制也有差异，非出自一时一人之手，也不难看出《切韵》及其原本的影响。

---

① 王国维（［1917］2003：173-176）这段文字见：《书巴黎国民图书馆所藏〈唐写本切韵〉后》。贞观十七年（643）长孙无忌献上《隋书》，时魏征已去世，仍题魏征撰。《隋书·经籍志》为今考见存，即贞观年间点对官府实际藏书所形成的数目。《旧唐书·经籍志》实为据毋煚《古今书录》删削而成的。《开元群书四部录》（721，即开元见存书目）（见马楠 2018）、《唐书·艺文志》似无此书，有无此书于此处无实际影响。

② 根据对周祖谟先生《唐五代韵书集存》（1983）第一类八种《切韵》系写本影印件仔细辨认：按唐帝王顺序，《切韵》残叶中避讳的大略为：太宗李世民“轸韵：愍（缺笔）、泯（泜）、皻（不讳）、筤（多点）”（p64，此为《集存》书页码，略去残叶影印件编号，下同）。高宗李治“锺韵：重，治容反二（缺笔 p41，转写不缺 p57）；魂韵：穏，治縠聚（治缺笔 p65）”。中宗李显“铣韵：銑，金銑蘇顯反五（不讳），典，多顯反二（不讳）”。睿宗李旦“旱韵：坦（讳旦），々平他但反一（似讳旦），侃，空旱反又空旦反一（讳旦）”。玄宗李隆基“潨，小水入大水又䶮隆反，（缺笔讳隆，p37，p39），蘴，菜又敷隆反（缺笔讳隆 p41，转写不讳 p57）”。肃宗李亨“亨，又普庚反（讳亨，p69）”。宪宗李纯“淪，沒力屯反十，（影印件似不讳 p56，转写讳 p62），沌，混沌，伅，倱伅（均讳屯 p65）”，德宗李适“祇，適又巨支反（不讳適 p57）”

③ 唐代分期见（宋）严羽《沧浪诗话》。

2.《切韵》原貌记载及其概况

简单比较较早出现的材料，就可以发现在《切韵》传播过程中，既有系统性的增字，也有反切改变、又音增多和体例的变化。蒋斧本《唐韵》残卷（1908 年发现）和王二（1920 年发现）与《广韵》，这三本韵书在很多方面不一致，如序文记载、收字数、反切、体例、韵序、纽序、字序等方面都有差异。

从初唐长孙讷言加字开始，到盛唐孙愐《唐韵》加字，时间跨度约一个半世纪。旧有记载概况为：《切韵》“凡一万二千一百五十八字”（封演，2005：13）①，长孙讷言“又加六百字，用补阙遗”（王二序，唐凤仪二年，677）。“郭知玄拾遗绪正，更以朱笺三百字”（《广韵·序》②）。王仁昫（706）说：“然苦字少，复缺字义”，遂对其进行刊谬补缺。③ 孙愐“今加三千五百字，通旧总一万五千文，其注、训解不在此数”。④ 蒋斧本《唐韵》残卷可以辨认约 5022 字，⑤ 标注“加”者共 716 字，其中多达 404 字在王二中无对应字，但仅有 15 字在《广韵》中找不到对应字。就是说《广韵》包含了绝大部分蒋斧本《唐韵》载字，而王二去入两卷的增加字可能比《唐韵》少，比《广韵》更少。

唐代学者对《切韵》增加了大量的训释。如果只考虑狭义字义训解的有无，王二包括残缺者共有 155 韵，载字约 11635 字，⑥ 有 563 个字头属于无训解，而这其中又有 122 字在《唐韵》残卷中也无狭义训

---

① 封演此计数应该有误，从《唐韵·序》来看，孙愐所见《切韵》载字数应为 11500，而《切韵》实际载字比这个数字还要少，详见后文。

② 《广韵》序言中还提到郭知玄、关亮、薛峋、祝尚丘、严宝文、裴务齐、陈道固等曾增字，见第六章。

③ 魏建功（［1948］2001：379-380）认为王仁昫书出于长孙笺注本之前。周祖谟（1966：483-492）从避讳官名州郡沿革证明王书当出于 706 年。

④ 见周祖谟（1983：636-637），《广韵》序所谓天宝本中无此文。

⑤ 包含根据半字、残训、字序位置等信息推测 99 字，脱漏 14 字。根据音韵地位相同有 4292 字能与《广韵》、王二对应起来。

⑥ 俨酽韵不单列，不含脱漏字。

解，仅有5字《唐韵》标“加”。如御韵王二“署，常慮反二”，《唐韵》为“署，常恕反三”。霁韵王二“細，蘇計反，從由，五”，《唐韵》残卷为“細，蘇計反，五加一”。这些字在两本韵书中除了反切和字形外，再无训解。而到了《广韵》最简洁的训解为“上同、古文、俗”等，其他字头都有字义训释。这117字很可能在《切韵》中即是如此（详见第四章）。王二前有王仁昫序言，曰“旧本墨写，新加朱书，兼本缺训，亦用朱写”。有这些记载以及王二前七韵的体例，可以猜测《切韵》原本训释可能较少。

王二的长孙讷言序曰“但称按者，俱非旧说”（《广韵》无此说明），王二只有东冬锺江支脂之七韵①有“按［案］”语120条，还有14条按语零星散于其他各韵，《唐韵》残卷只有去入卷，全无按语。王二在江、支两韵中阳韵、唐韵共468字既没有一例训释有按语，55音纽载字计数没有一组使用“几加几”形式，但与该书其他部分一致。可以怀疑其来源不同于这七韵（周祖谟，1983：896-897），其位置是经过移动的。

《唐韵》残卷可识别且与王二、《广韵》对应的字约为5022字。《唐韵》残卷有497字有又音，其中仅有35字又音在《广韵》中无对应，《唐韵》残卷又音与《广韵》又音一致性很高；而王二虽然又音比《唐韵》多，有547字有又音，但是150字又音在《广韵》中无对应；《广韵》有609字有又音，其中106字又音为其独有，即在《唐韵》、王二中均无对应。在不考虑又音具体形式的情况下（其实每两者、每三者共有又音大多相同，详见下文），仅从又音的一致性可以知道《唐韵》可能是《广韵》的底本，王二则距离《广韵》较远。不能说陈彭年、丘雍等人在编修《广韵》时（1008），删除了《唐韵》35字、王二150字又音（一无标准，二不符合一般趋势）；比较合理的猜测是用

① 虽然王二将陽、唐两韵列于江、支之间，但是陽、唐两韵没有一组的韵字是“几加几”，这个韵次改变最醒目，上声卷该位置为荡、纸，去声卷为样、宕，入声卷为药、铎，很明显是王二编者有意为之。

来编修《广韵》的《唐韵》底本较早，其后《唐韵》在传抄中继续增加又音，《广韵》自身也增加了又音。

至此，《广韵》之形粗具，《切韵》原貌已不可见。

3.《切韵》原本消失导致的疑问

《切韵》原本在历史流传中消失，造成音韵学科很多的悬疑。这些疑问既包括具体的载字数量、史料文献中记载不一致的理解，各韵书序言中对于修改《切韵》的体例的叙述是否确如所言，陆法言编撰《切韵》、安排全书内容的一般考虑，如何看待相关研究的论证和结论等问题，又包括如何合乎客观地认识《切韵》性质的理论性问题。

(1)《切韵》载字多少

王仁昫说《切韵》"然苦字少，复缺字义"，遂"增字加训"，原本载字多少？唐代封演记录《切韵》载12158字（封演，2005：14）；清卞永誉《式古堂书画汇考》卷八所载孙愐序文说："今加三千五百字，通总一万五千文，其注、训解不在此数。"（周祖谟，1983：636-637，《广韵》序所谓天宝本中无此文）显然封演所载字数与孙愐序文数字并不一致。

封演同时也记录了《玉篇》共收字16917字，《玉篇》比《说文解字》(以下简称《说文》)多6401字，在原本《玉篇》残卷中，新增字［相对于《说文》］的数量占总字数的35%。因而封演关于《玉篇》的总字数是可信的（朱葆华2004)。虽然王三、王二、王一在韵目前均有全卷载字数的记录，然而王三上平计数有误，又无下平韵目，所以《王韵》计数暂只能作为参考。

相对于《切韵》全书来说，相差600余字似乎关系不大，但笺二长孙讷言序"又加六百字，用补阙遗"［《广韵》序亦无此文］。所以王国维（［1923］2003：177-178）认为这封演所记字数包含长孙讷言所加600字，是有一定道理的。而且，封演还记录了李登《声类》载字的具体数为 11520 字（2005：7），刚好也相差约 600 字，考虑到李登《声类》和吕静仿李登之法作《韵集》（见后文），且《切韵·序》提到的四部韵书，此 600 余字就更有意义了。

（2）《切韵》酌古沿今，権而言之，无以加也

从上文《切韵》载字数，将其与全本王三、《广韵》对比，其规模并不大。长孙讷言自己加字六百，添加按语。王仁昫、孙愐等一直到《广韵》，韵书的规模一直在增大，增字加训的过程一直在持续。但为什么笺二长孙讷言序说《切韵》“酌古沿今，権而言之，无以加也”（《广韵》序略有差异）。此“无以加也”应该不是指添字加训，那又指什么呢？陈澧（2004：159）也问：“然则《切韵》之书，合八人之论难而成，陆氏复为之剖别，故长孙讷言以为无以加也。其后郭知元、孙愐拾遗刊正者，不知若何。”

王仁昫说《切韵》字少义缺，则原本中字无训解应该很常见，训释分布确切情况如何？注训与无训是否有一定客观标准或者倾向？魏建功先生（1958）曾提出《切韵》韵目代表字大体上是按唇齿喉牙舌五音的顺序选择的，那么作为音纽的代表字是否也有一定选择呢？

王仁昫《刊谬补缺切韵》流传至今有三种不太相同的版本（统称为《王韵》），其加字内容以及方式为社会所接受。从史料看，《切韵》修改者在序言中都明确提到增字多少，为什么《广韵》所述仅记郭知玄“更以朱笺三百字”，其他人关于字数的叙述全无？但为什么《广韵》中可以清楚地看到《唐韵》的内容，却不太容易看到《王韵》的影子，连序文也没有？

（3）《切韵》版本

几个重要的音韵材料都提出了版本之争。《广韵》中孙愐序文与残叶伯 2019、伯 2638 序文很不一致，根据蒋斧本《唐韵》残卷的一些避讳、州郡名实际情况，王国维先生（2003：179-182）认为有开元

(733) 和天宝两个版本 (751), 徐朝东考证认为蒋藏《唐韵》源自孙愐开元本 (733), 也就是更接近孙愐原书的版本, 魏建功 ([1937] 2001: 413, 421) 也同意有两个版本。陆志韦先生 (1939) 和周祖谟先生 (1983: 907) 认为只有一个版本, 即开元版本,《广韵》序文中多出部分为后人添加。

《王韵》与笺注本乃至《唐韵》的最重要的差异在韵目注字的有无。以"刊谬补缺"命名的《王韵》韵目全部都有注文, 而其他残卷或残叶则无。"自法六 [伯 2014、伯 2015] 称'大唐刊谬补缺切韵'言之, 此书同一系统, 在实际上主名虽不可得, 大体应属于刊补系统则甚明显。合刊补系统三次之更定观之, 韵目变迁最大者在阳入韵 (n m k p) 类……则法五 [伯 5531] 及法六 [伯 2014] 职德韵亦概不加注, 本又有孙李系的可能, 法四国二 [王一王二] 后部分似为王系裴正字本, 而德五 [JIV 70+71] 与国二首部岂为据长孙笺注初刊补之本乎? 今以字数少者列前, 即: 德五本、国二首部本 (初刊补); 国二后部本、法四本 (次刊补); 法六职德韵、法五 (后刊补)。" (魏建功, [1937] 2001: 419-420) 这是比较复杂的版本重叠。

陆法言在编撰《切韵》时, 也可能存在不同于最终版本的底本: 陆氏可能早就编好一本献给皇太子用, 接着又开始对其加以修订,《切韵》所据的稿本就是这样的手稿。《切韵·序》始终都有意抹消了陆爽的影子, 要给人以《切韵》是自己"屏居山野"以后才着手编纂的印象。当然陆法言可能最后又作了一次修补工作, 但因时间紧促, 未免还是留下一些不够周全之处 (平山久雄, 2014), 并将这一稿本称为"陆爽《韵稿》" (平山久雄, 2016)。

(4)《切韵》史料属性讨论

《切韵》史料的时序类似于韵书的版本, 我们总是希望版本和史料越早越好, 即期待看到《切韵》的原貌。如对伯 2017 (史料信息见第二章), 姜亮夫先生 (2002: 295-296) 说: "此当陆生原书书式无疑……其必为陆生之旧式，盖无可疑。”周祖谟先生（1983：856-857）认为“这个残卷是笺注本二和裴本《切韵》之间的一部书。”王显先生（1993）则说：“敦煌这纸资料不是陆法言书式……我的看法显然比周先生晚。然而时代的早晚并不改变它属于《切韵》增订本的性质，所以仍用了周先生所审定的名称。”同一史料，三人论之，王显先生之意似不同于姜亮夫先生的结论，也有异于周先生，即出现三种结论。这里面有无正确结论，是否有某种联系呢？

切韵西域断片，存支脂（史料介绍见第二章）。有四人曾讨论此史料的时序问题，他们的结论是：王国维（［1917］2003：613-615），长孙笺注本；刘盼遂（［1926］1935：581-582①），陆氏原书；魏建功（1935：56-57），未尝不可是孙愐诸人的书；周祖谟（1983：824-825），陆法言原书传本之一。同一则史料的同一属性，其时序应该是客观的，不可能是四个差异很大的结论。这里面有无正确结论，是否为必然结论，要解决这些问题需要考察各自的论证方式。

列 TID，震问愿，切韵断片(图片、史料介绍见第二章)。武内义雄②氏以为删了新加字就仿佛是陆氏原本。从震、稕不分和韵目次数为 21 到 24 的特征上，断定这是陆法言原本。“这正与西域考古图的断片问题一样，就是切三［笺一］比切二［笺二］似乎早些了，切二［笺二］就不能是长孙笺注；而孙愐唐韵又并非无字无注，这种断片与切三、切一以至于切二又何尝不能与长孙以外，如孙愐之类的各家相关呢？”（武内文的介绍，魏文均见魏序，魏建功，1935：57-60）周祖谟先生将其归入第一类，其标准为“这几种写本的共同点是收字少，没有增加字，常用字大都没有训解。每组第一字如有训解，则先出训解，后出反切，最后记载一纽的字数”（1983：35）。这涉及如何就现有史

① 又见《跋唐人写韵书二残笺》，转引自《刘盼遂文集》，聂石樵辑校，北京：北京师范大学出版社 2002 年版，第 581~582 页。

② 魏建功（1935：57-60）述其来源为“日本东北帝大文化杂志武内义雄氏论文附录印本《天津益世报 · 读数周刊》二十六期译载。”

料获知《切韵》原本面貌，周祖谟先生认为没有增加字与武内义雄“删除新加字”结果是一致的。如果王仁昫是系统地、有规则地加字，则系统性、有规则地删除全本王三是否就可以获知《切韵》原本的概貌呢？

（5）《切韵》性质

1949年后为构拟《切韵》音值和解释音变及方言差异，在60年代和90年代有过两次激烈的讨论，中心议题为《切韵》反映的是单一音系还是综合音系。

高本汉（［1940］2014：237）“考察现代方言中的语音的系统看它们是怎样从古代的系统里演变出来的”，认为《切韵》“实质上就是陕西长安方言，这一方言在唐朝成为一种共通语，除沿海的福建省以外，全国各州县的知识界人士都说这种语言。”（［1954］1987：1）同时在“用《切韵》系统不能得到满意解释的地方”（［1940］2014：238），也承认中古时期已经有方言分歧，“在这些地方就不得不承认在这样古时期中已经有方言的分歧了”。高本汉建立其理论系统的手段是用语音符号构拟《切韵》音系，通过方言调查确定其音值。

王力先生（［1980］2003：49）认为：“《切韵》的系统并不能代表当时（隋代）的首都（长安）的实际语音”，反对高本汉的《切韵》语音基础，稍后观点略有调整，“《切韵》并不代表一时一地的语音系统”（1985：5）。邵荣芬先生（1961；［1961］1982：1）说：“就我们看来，《切韵》音系大体上是一个活方言的体系，但也多少吸收了一些别的方言特点。具体地说，它的基础音系是洛阳音系，它所吸收的方音特点主要是金陵话的特点。”两次表述差别不大，即既反对高本汉关于《切韵》的语音基础，也反对“知识界”语言、“书面”语言，主张《切韵》是“活语言”。

王显先生、周祖谟先生也反对高本汉的《切韵》语音基础，说：“《切韵》音系是以当时洛阳话为基础”（王显，1961），“其《切韵》

音系基础是六世纪通行南北的雅言，其细致审音主要依据南方承用的书音”（周祖谟，1966：458）。但是，两位学者提出了新的问题，即《切韵》记录的是“音类”。王先生说：“它也适当地吸收了魏晋时代的个别音类，同时也适当地吸收了当时河北地区其他方言音系的个别音类以及金陵音系的一部分音类。”周先生说：“由于当时南北语音大类相去不远，在一大类之中区别同异，取其分不取其合，对整个语音系统不会有根本的改变。”（1966：458）

一些学者虽反对高本汉的《切韵》语音基础，但反对重点侧重于《切韵》音系构拟的方式上。丁邦新先生（1995）说：“应该拟测两种切韵音系：一种代表北方的邺下方言，另一种代表南方的金陵方言。”潘文国先生（2002）说：“综合体系：观点上综合的，拟音上主张不能全拟的；总和体系：观点上综合的，拟音上主张全部可拟的。”潘悟云先生（2000：7）说：“《切韵》的审音标准是金陵、洛阳的书音系统。”①张光宇先生（2010）则说：“比较法有其内在逻辑，并不仰赖文献材料”，认为高本汉以韵图为纲的拟音忽视了《切韵》等古韵书所记载的语音层次的基础，和正音意图，其“半文献串联才是离经叛道”，他从历史语言比较法及其观念上对中古构拟古音提出了质疑。

俞敏先生似乎也不同意高本汉拟音，而从三国时期佛经汉译的梵汉对音证明高本汉语音符号使用不当。他说：“比方有 a，b，c 三组字吧。张三分 ab 跟 c 两韵，李四分 a 跟 bc 两韵，陆法言准分三韵：a，b，c。……可是当时别管张三还是李四，还是两人加到一块，谁也念不出三种音来。”（1999：41）但是为什么还会有这样的分类，俞先生好像没有继续解释。

高本汉以《切韵》为起点，通过语音符号构拟结合方言调查的手段来建立汉语音韵学的体系，试图解释汉语方言演变和分歧，其理论体

① 同书中，潘先生（2000：3）又说：“到目前为止，关于《切韵》的性质虽然还在争论，但是海内外主要的音韵学家，都是把《切韵》作为单一体系来接受的。”

系应该说是严密的。但是基于《切韵》以隋时长安方言为语音基础，以复杂的语音符号代替自然语音演变和分化机制作为手段，势必很难达到其理论目标。《切韵》的语音基础是当时的洛阳话和金陵话应该是事实，但是《切韵》记录的是“活语言”、“书面语”还是“音类”似乎成了讨论的核心，因为这决定了采取何种手段，才能最为有效地达到解释语音演变和方言差异的理论目标。

第二节　《切韵》原貌重见的可能性

1947年全本《刊谬补缺切韵》（王三）发现后，《切韵》系史料已经积累了相当丰富的直接史料，绝大部分韵、音纽至少有两种材料，有的多达七八种之多（详见第六章）。计算机硬件、超大字符库和文字输入和处理软件为高效处理古籍提供了技术支持，互联网上非营利性公开的古籍信息也创造了前所未有的资源环境。其他学科比较成熟的古籍整理方法以及相关古籍重建的尝试都证明重构《切韵》原本现实可行，重见《切韵》原貌是有可能的。

1.《切韵》系韵书新增史料

《论语·八佾》曰：“夏礼吾能言之，杞不足征也。殷礼吾能言之，宋不足征也。文献不足故也，足，则吾能征之矣。”史料是时、空凝固的记录，历史事实以不同方式固化于史料。20世纪初，上辈学者陆续誊抄、翻印回西人所掠去的残卷，其中大量《切韵》相关残片得以重见天日。在此之前，要对汉语音韵有深入认识只能从《广韵》出发，因此晚清学者陈澧说：“切语旧法，当求之于陆氏《切韵》。《切韵》虽亡，而存于《广韵》。”（2004：2）唐兰先生曾欲据所见材料阐明《切韵》反切情况，碰到的问题也就是材料不足：

民国二十六年［1937］卢沟变起，余滞旧都，尝拟写切韵反

> 语考。二十八年，间关入滇，避敌轰炸，蛰居湖村，重整旧业，为新校正本切韵，据敦煌所出切韵、王韵、项跋本王韵、蒋氏本唐韵参校辑录，粗具形模。然恒苦传世诸写本，各有遗脱，仅以广韵补苴，心终不安。后方书籍不备，求一《十韵汇编》，且不能得，写定全书，徒怀梦想。（唐兰［1948］1968）

此文为唐兰先生为摹写王仁昫《刊谬补缺切韵》全本的跋文，此全本又称王三、全王本，逾千年而以完整面目示人，创造了中国学术史奇迹。① 在王三重见天日后，《切韵》研究有了参照，如李荣先生的《切韵研究》，在1945—1948年间曾据《广韵》编制其书之“单音表”，在王三发现后，“这一次［1951年］根据故宫博物院影印的唐写本王仁昫《刊谬补缺切韵》重写”（李荣，1956：序），而更多的研究就直接以王三为《切韵》原本。

1935年，刘复等以《广韵》为纲编成《十韵汇编》，包含部分当时已发现的史料；1983年，周祖谟先生出版的《唐五代韵书集存》则几乎囊括所有已发现的史料，并且大部分含实物影印件或摹写本；2002年，《姜亮夫全集》出版，其中卷九、卷十即为姜先生摹写的韵书史料，含一部分伯希和未刊史料。这些史料互相印证，是《切韵》原本重构的基础。

2.《切韵》系材料的历史信息处理

《切韵》系材料绝大部分为人工手抄，不乏艺术价值很高的收藏品。但是从研究的目的看，发掘史料所包含的音韵学科历史信息更为重要。史料中特定信息的有、无是信息化史料的工作原则，而目前记录《切韵》史料特定信息的硬件、软件和环境基本满足重构要求。

飞速发展的个人计算机的硬件配置和处理速度基本不成问题。首

① 魏建功先生认为《王三》为宋人所抄。

先，计算机信息化处理古籍最直接和最具体的任务是大量古、异字形的输入，而超大汉字字符库含总数超过七万的各种字形，基本能满足中古古籍处理。其次，是较快“打出”所需字形（廖继莉，2002；尉迟治平，2007；朱腾云，2009），各种输入法的发展也基本解决了选字问题，如五笔、手写输入、拼音和一些输入法的U模式（即Unicode模式，详见后文），配合使用效率更高。再次，不断更新的办公软件，如Office，WPS等（虽然存在局部的兼容问题，详见后文），其处理功能变得更加强大，而且在显示上也无太大障碍。最后，互联网上一些非营利个人或机构也提供了大量古籍相关信息，如：“中国哲学书电子化计划是一个线上开放电子图书馆，为中外学者提供中国历代传世文献，力图超越印刷媒体限制，通过电子科技探索新方式与古代文献进行沟通。收藏的文本已超过三万部，并有五十亿字之多，故为历代中文文献资料库最大者。”国学大师：“提供40万册影印古籍扫描版可下载可在线阅读。”异体字字典：“本典收录约10万个中文字，收字系以教育部公告之标准字体为纲领，陈列文献中所见之相应异体字，为整个汉字字形的大型数据库，可供语文教育及学术研究利用，并可作为计算机中文内码扩编的基础。适用对象为汉字研究者。”这些互联网公开信息为《切韵》原本重构和其他古籍工作提供了前所未有的资源环境。

3.《切韵》原貌能否重见

还原千年以前的古书，与还原上古历史的人或事有相似性。二重证据法（王国维，［1925］2009：241-282）于文物考古考证使用较多。如以简帛校今本，可以发现“《老子》中存在着原来的两章被并成一章的情况，甚至还可能三章并成一章。《晏子》中有一章被分成两章，《老子》偶尔也有这种情况。帛书本《老子》，《德》篇在前，《道》篇在后，次序与今本相反”（裘锡圭，2004：89）。史料表明韵书传抄也存在错序和改动的情况。

《切韵》史料的先后关系似乎一直是学者们关心的问题，考古学也关注历史时序：

> 我们知道，从一部书的开始出现广泛传抄，通常总要经历一段不太短的时间。西汉前期既然已经在传抄《晏子》，可以想见这部书出现大概不会晚于战国，把它列为秦或汉初的作品，仍嫌太晚。银雀山汉墓还发现了《尉缭子》和《六韬》（在汉代当包括在《艺文志》所著录的《太公》内）的部分篇章和西汉前期抄本。这两部书基本上也应该是战国时代的作品。（裘锡圭，2004：142）

考古学的时序可能更重要，也更明确，相关文物的有、无，对于指导实践活动的方向性更加明确。语言学的史料大多与认识观念有关，而认识观念的发生或者消亡是不易留下直接可见的证据；再者音韵学历史相对较短，史料绝大部分以纸质手书方式存在，韵书传抄使得有、无变得模糊，时序不明。

二重证据法使用的范围虽然不太适合用来整理或重构《切韵》原本，但该法用不同来源的史料相互比较，进而得出结论，具有人文各学科的相互性。这种相互性“表现为复杂的关系，包括相互生成、相互发展、相互激励和相互成就等”（王天恩，2017）。其他学科及其他领域的思想、理论和方法乃至成果可以借鉴用以指导本学科的发展。

唐写本韵书残卷主要发现于敦煌石窟，敦煌同时也“保存着儒、释、道三家最重要的典籍”（姜亮夫，1984），这些典籍同样面临着整理分析的迫切要求。

> 如《李陵答苏武书》，我们发现已有六个本子，据文史学家研究此系伪作，但把民间藏的还不知的几个《李陵答苏武书》的卷子对比起来，一定可以发现它演变的痕迹，然后可以说哪一个是最早的伪作，哪一个是最后的伪作，那么这不仅是敦煌卷子里的问题可弄清楚，就是《昭明文选》里的那篇文章是什么也可以弄清楚

了。这是敦煌卷子整理的第一步工作。(姜亮夫，1990)

这与《切韵》系史料的情况正相似，有些韵、音纽能找到的史料多达七八种，简单对比就可以确定原始面貌。姜亮夫（1990）提出用“经卷缀合”的模式来整理敦煌典籍：在卷子齐备的条件下，先按佛经、道家、儒家经典分类、定名、编目录；次决定用什么方法来整理已破损的卷子；再次定真伪等。考证与识文字贯穿于所有环节，这是整理经卷具体可行的行动方案，也是敦煌学的组成部分（Tunhuanology）。而整理之成果“实以此为基础。综合论之，可以见中土文化传统及其与印度文化交融之迹。析而观之，则每一学术之发展变迁，亦自有其一家一派之要义存焉”（姜亮夫，1980）。

考古学可以重构历史事实的真相，确定文物时序；整理典籍、经卷也可以辨真伪，发掘学科的本源。据史料重构《切韵》原本并非不可企及的目标，其成果一样可以使本学科得到发展，贡献不同的学术思想。

略早于陆法言撰《切韵》，南朝顾野王于梁武帝大同九年（543）撰成字书《玉篇》三十卷。《玉篇》随后的经历好于《切韵》，该书成书后，修订者甚多。唐高宗上元元年（674）孙强重修。1130 年左右，金人王太等以《玉篇》为蓝本类集八书，“推而广之以为《篇海》”。之后，祕祥（1164）、邢准（1188）、韩氏父子（1196，1208）不断重修，但《玉篇》的字头始终保持在两万两千字左右，至今仍比较完整地保留在邢准《新修絫音引证群籍玉篇》和韩道昭《改併五音类聚四声篇海》之中。如仅限于这些史料，那么重构孙强重修本《玉篇》就是现实可行之工作：

孙强《玉篇》既然比较完整地保存在邢书和韩书之中，我们以此两书为根据辑成一书，并参照顾氏原本残卷、陈氏大广益会本进行初步校正，是完全可以辑成孙强《玉篇》的。(杨正业等，2009)

杨正业、魏现军（2011）等学者正是使用已有史料所含历史信息展开合理可行的孙强《玉篇》重建工作。朱葆华（2004）通过将《玉篇》残卷以及其他文献与《说文》对比来确定《玉篇》原本载字情况。将以上两个方向的研究进行详细对比必定使构建顾野王《玉篇》原本的工作向前推进一大步。

从考古学、敦煌学所面临的史料、采用的重构历史真相的方法和所获得的结论来看，重构或者重建近似《切韵》原本是可能的，孙强《玉篇》的重建更说明重构是现实可行的。晚清学者陈澧在史料缺乏的情况下，尚能发现《切韵》系联反切之法。现在史料众多、手段多样高效、资源环境丰富，完全有可能重构《切韵》原本。

第三节　重构《切韵》原貌的意义

20世纪前半叶，伴随着中国社会的动荡，音韵学积累了大量前代无法获见的原始史料，知识界也对这些史料进行了初步整理。整理和重构过程既是对《切韵》史料价值的重新发现，也是探索和理解音韵学独立时的一些学科现象。由于音韵学以“音类”为实践单位，因此重建《切韵》原本更是对传统“类”和“推类”与西学演绎逻辑的一次对比研究。重构过程和重构的《切韵》原本除能给前面的疑问提供部分答案或思考方向外，也可为后续研究打下比较坚实的基础。

1. 完善音韵学史

唐代诗文盛行，科举取士中诗赋为文有“官韵”也有“限韵”（王兆鹏，1999；罗积勇，2007；李子君，2010），“文路”要求较前朝更加普遍也更为严格，原本不敷实用，增补《切韵》是必然。增加韵书字头要满足诗赋为文的现实需求，需为使用者所接受，因此也是审音辨类的过程。识别长孙讷言、王仁昫、孙愐等人增字原因必能揭示语音变化之细微源流；《广韵》全删三人增字总数、增字之法，一统全书体例实为规范音韵学之理解；《广韵》能存前代韵书之全必有韵学容旧纳新之机制。

韵学历史残缺不足以通古、明变和知今。段玉裁在《说文解字注》卷十五说："《字林》、《字苑》、《字统》今皆不传；《玉篇》虽在，亦非原书。要之，无此等书，无妨也；无《说文解字》，则苍颉造字之精意，周孔传经之大恉，薶缊不传于终古矣。"足见字学之源的《说文》起着无法替代的作用。《切韵》晚于《说文》约四百五十年，原本竟乃先行湮灭。魏建功先生（1935：28）以"音、声、韵"等字搜求隋唐宋史志书籍等，"一共罗列了不下一百六七十种名目，而实在完整存在的不过十来种。这十种里面可以认为中古声韵学史料的竟只有一部经过积累增改的大宋重修广韵"！因此，重构《切韵》原本，补全韵学历史残缺是通古的基础。

2. 探索音韵学"自然类"概念

晚清学者陈澧能发现系联反切之法，其成果固然重要，然陈澧超越旧识羁绊、克服史料贫乏的探索精神更为可贵。"谓字母起自西域则是也，谓反切之学起自西域则误也，郑渔仲［郑樵］陈直斋皆未之辨耳。"（陈澧，2004：157）因而，从《广韵》等有限的史料中发现《切韵》切语之旧，与陈澧敢于质疑旧说有关。关于五音四声，陈澧（2004：159）说："然则沈约《四声谱》乃论诗文平仄之法，非韵书也。若韵书则李登吕静早有之，不得云千载未悟。"又说"古无平上去如之名，借宫商角徵羽以名之"（2004：160）。自东汉起，郑玄注经，孙炎创反切，这些史实与李登、吕静、陆法言编撰韵书有本质区别。学科创始之初，无例可援，借用其他学科类似体系是自然而高效的策略。

宋魏了翁叙述其所见的一部唐代韵书的情况，在后人转述引用中，虽然信息越来越少（见第二章），但各引用者都是客观忠实地引用前人。这表明至少一部分古人在研究中其实是很严谨的，并非都是像疑古派所怀疑的那样任意造伪。

在史料资源丰富、研究手段多样高效的今天，探索韵学原貌，重构《切韵》可能更需要冲破西学观念和方法束缚。属性、外延概念和外延层级思想，以此为基础的演绎推理模式，是西方逻辑高效、精确的理论基础；中国古典逻辑的“自然类”系列和儒墨“推类”，展现的是符合汉语言性质的思维实践，同样也能合理有效地满足当时科学、社会活动要求，在此基础上形成的比类思维模式更能有效地进行史料整理。明确中西逻辑差异，避开演绎逻辑单一属性推理之短，去比类思维之繁，而发挥西式逻辑之层级思想，利用比类思维中自然类转化进行对应类比则可以辨明史料争论，可以使我们拨开历史迷雾，看到《切韵》原貌。

3. 为音韵学后续研究打基础

《切韵》原本也是后续研究的基础，颜之推、陆法言所谓“知音”的具体内容有“然则莒、矩必不同呼”，① 即编撰《切韵》时已知此两字战国时并不同呼，虽无“开、合”之名，但开合可以辨字。而“轻重有异”至今无法确知其语音学含义，很有可能就是由于清浊开合等原因造成的差异自然类，这需要更加详细的对比和论证。

《切韵》重构中，通过音纽对应比较发现纽首代表字倾向选择无训常用字，反切上下字也多用无训字，反映了陆法言在给汉字读音分类时，可能主要是采用与常用字读音进行“异同比较”的办法。这与反切上下字联系、异同比较归类与音值分类的分析和思维模式完全不同。

王国维曾撰《联绵字字谱》三卷，“联绵字，合二字而成一语，其实犹一字也”（［1922］2009：853-859）。魏建功先生（1958）也发现《切韵》韵目代表字倾向于避开联绵字。虽然联绵字的定义争议较多（沈怀兴，2008），但在《切韵》原本中有一部分联绵字只训前字，而后字无训，总数有约 70 例。如径韵：“靘，靘䞓青黑色，千定反一；

① 《颜氏家训·音辞篇》：北人之音，多以举、莒为矩；唯李季节云：“齐桓公与管仲于台上谋伐莒，东郭牙望见桓公口开而不闭，故知所言者莒也。然则莒、矩必不同呼。”此为知音矣。《切韵序》：若赏知音即须轻重有异。

鹏，莫定反二。”表明陆法言一方面选择常用字作纽头，另一方面也很可能意识到联绵字与普通字有差异。《切韵》联绵字更细致的分析需要作深入的专题性研究。

第二章　写本韵书史料的前期整理及其认识基础

探求音韵学的学科原貌是进行后续研究的基础，《切韵》直接史料充足，可以有效地进行这方面的工作，间接史料记述则可以用来指导重构的重点和检验重构的准确性。1935 年出版的《十韵汇编》（以下简称《汇编》）和 1983 年的《唐五代韵书集存》对《切韵》系史料进行了两次整理，① 两书差异较大，反映了史料整理者不同的音韵史学观，是《切韵》重构的基础。重构《切韵》原本首先要突破旧有的观念。百年前，中国学者对传统文明的质疑，发展成"疑古"的学术思潮和社会氛围，一方面端正了学人实事求是的客观态度，另一方面却束缚深入发掘、思考历史文献和史料的学术价值。

第一节　写本韵书史料及前期整理

英人斯坦因和法人伯希和从敦煌劫掠去大量文献和文物，其中有很多是唐五代韵书残卷。从 1908 年起，陆续有韵书残页的抄本或影印件传回国内，也发现了少量流落民间的残卷。1935 年，刘复、魏建功、罗常培等先生选择九种主要韵书残卷，连同《广韵》一起编成《十韵汇编》。1968 年由学生书局再版，虽然增加了新的史料，但"仍然照原

① 姜亮夫先生曾将其在欧洲所见过的写本韵书残卷全本摹写一遍，编入《瀛涯敦煌韵辑·姜亮夫全集》卷九、卷十，并且附有部分考证。本书暂时以《十韵汇编》和《唐五代韵书集存》为主要讨论对象，必要时参考姜书。

书底本补校重印（罗常培，［1958］1999：549-552）”。1983 年，周祖谟先生将所能得到的材料重新整理，编成《唐五代韵书集存》。比较两书可以加深对《切韵》史料的认识，也可以明确重新整理的方向。音韵学材料命名系统的一再变化虽然是认识深入的表现，但也带来进一步分析研究的不便。《集存》完整地保存了史料原貌，与刘复等的整理工作相比，周祖谟先生以史料音韵内容和部分历史信息的命名系统，比较准确地描述史料和给出较为恰当的分类，而史料之间的内部联系即分类的依据及其理论需要作进一步的阐释。

1.《十韵汇编》和《唐五代韵书集存》

魏先生在《汇编》长篇序文里说明了编写想法：“刘复博士，他很辛苦地收罗设计，拿宋大中祥符本《广韵》做了枢纽，对照排列着另外九种古残韵书，定名《十韵汇编》。”（见魏序①）周祖谟先生编撰《集存》时也说：“这些写本和刻本韵书为外人所攫夺、所损坏，要希望他们去加以整理是不可能的。因此，我们有责任把这些分散在各处的韵书，不论多少，都编印在一起，分别异同，辨章源流，使这些沉埋千载的古籍能成为人人可以取用的资料。”（周祖谟，1983：2）不难看出，两本书的编写意图基本相同，都是要对已发现的写本、刻本史料进行整理。

两书所涉及的材料有一些差异。《汇编》限于篇幅和体例，能分析的材料有限。在魏先生序文中提到或讨论残韵材料为 18 种。《集存》收罗到的《切韵》系韵书材料共有 48 种，包含魏序里提到的全部材料，也包括 1947 年新发现的王三写本和 9 种韵字材料。除少量几种外，大都有影印件，并且很多都有转写副本。因此在材料收集上《集存》

① 魏建功先生的长篇序文可能是当时整理《切韵》系史料时较为重要的文献，对史料的一般观点、整理方法、史论论证方式都有涉及，本书在多处引用该文，为行文方便，下文简称“魏序”，其史料分类称为“魏一，魏二等”，即魏序在说明时分为第一类、第二类等。

比前书更全面、更清晰。两书在排列材料上的差别则很大。《汇编》将《广韵》置于每页下端，版式未做任何改动，然后在上方依次抄入韵书材料。每页之中编排为“每韵依‘切一’、‘切二’、‘切三’、‘刊’、‘王一’、‘王二’、‘唐’、‘广’之序上下对列，栏数多寡视材料有无而定。‘德’、‘西’两种材料较少故附列所见韵第一栏之末，不另分专栏”(见魏序)。其中“刊、德、西”为几种零碎材料的合并。韵序因为要与《广韵》对应，有一定改动。《汇编》只能将几种主要材料以韵为单位建立对应关系，纽内次序也只能依据原本，否则对材料改动就会很大，甚至面目全非。这大概就是魏建功先生所说“我们不可凑合前人的记录”（见魏序）的含义了，因为只有这样才能最大限度地保留材料的历史信息。如此安排的优点是读者能很直观地看到每一韵从写本到《广韵》之间的差异，不足则是需要使用者自己提取有用信息，尤其是涉及全局的历史趋势方面的信息时，使用者需浏览全书。所以最后的结果与其说《汇编》是整理《切韵》史料，不如说是对《广韵》的考证，该书的每一页几乎都附有《广韵》考订。

《集存》则是对比分析全部材料后，对所有材料进行了分类。其分类标准是根据“几种韵书的体例、性质和内容来互相比证，也可以寻绎出这些韵书的类别和各类韵书之间的关系”（周祖谟，1983：13）。《集存》将韵书材料分为七类（不含韵字材料）。如在描述第一类时“这几种写本的共同点是收字少，没有增加字，常用字大都没有训解。每纽第一字如有训解，则先出训解，后出反切，最后记载一纽的字数”(周祖谟，1983：35)。而第二类则是“共同的特点是以陆法言书为底本，而文字和训解有增加，注文中兼有案语，大抵都是依据许慎《说文解字》笺注形体异同，或增广义训”（周祖谟，1983：73)。所分成的七类也大致体现了材料的历史分期。较为详细的分类及其描述见下文。该书最大的特点首先如其书名《唐五代韵书集存》，即收集和保存了几乎全部现存已发现的《切韵》系史料的原貌，其次，对这些史料进行了很合理的分类和初步校勘。这些都为进一步分析研究《切韵》

提供了比较坚实的基础。而这些宝贵的史料为何及如何进行如此分类的阐述，王三、《广韵》这两个全本韵书与这些材料的关系是怎样，下一步研究分析如何开展等似乎都有进一步说明的必要。

2. 音韵内容与韵书材料的分类和命名

判断音韵材料是否为同一材料，应当以材料的内容是否同一为标准。德国探险家列考克在中国新疆的几次文物劫掠，在音韵史料上也留下了痕迹。由于探险活动的人员、活动频率、范围以及组织变化等，在音韵材料的目录编制上都与英、法劫掠者不太一样。这些不一致需要以编号为线索，以音韵内容为标准进行辨认和分类。

（1）史料间接信息的多样性

史料所有者、藏地、史料来源乃至相关的研究属于史料的间接信息，都有可能发生变化，只能作为按图索骥的线索。如列 TID，震问愿，切韵断片（图 1-1），魏建功先生这样描述：德国列考克（Albet August Von Le Coq）和格伦威得尔（Albert Griinwedel）所得古物藏于柏林普鲁士学士院。这一断片是去声韵震韵到愿韵，去声的韵目是二十一震，二十二问，二十三焮，二十四愿，震韵的前面半行可以看出是二十废的吠、茷、喙三字（见魏序）。周祖谟先生描述：此断片出于新疆，德国列考克所得，旧藏于柏林普鲁士学士院。仅存原纸上部一片，下部残缺。正面为废韵之末及廿一震之前半，背面为震韵之末及廿二问、廿三焮、廿四愿诸韵，前后正相衔接（周祖谟，1983：826）。探险者名字已有差别，周先生描述无“格伦威得尔”。

此材料这些间接信息的真实情况大致为：德国柏林民俗学博物馆在德皇和军火大王克虏伯（Friedrich Krupp 1870—1950）的资助下，组成了“德国吐鲁番探险队”，于 1902—1903，1904—1905，1906—1907，1913—1914，先后四次到新疆探险。Albert Grünwedel（1856-1935，即格伦威得尔，名中 ii 实为 ü 之误）领导第一次探险，Albert von Le Coq（1860—1930，即列考克，陈海涛译作勒柯克，名中无 August）参与了后面三次的探险，他盗掘文物，采用野蛮的手段，切割新疆寺庙墙壁上的壁画。四次探险所得“第一次 46 箱，每箱重 37.5 公斤；第二次 103 箱，每箱重 100~160 公斤；第三次 128 箱，每箱重 70~80 公斤；第四次 156 箱，每箱重 70~80 公斤。也就是说，能拿走的都拿走了”（陈海涛，1999：2）。这些文物运回到德国的柏林民俗学博物馆，其中 40% 毁于 1943 年及 1945 年的盟军轰炸，主要是列考克锯下的壁画，苏联红军攻占柏林后又运走了 10 箱。这就是说该史料原物极有可能已经不存在。

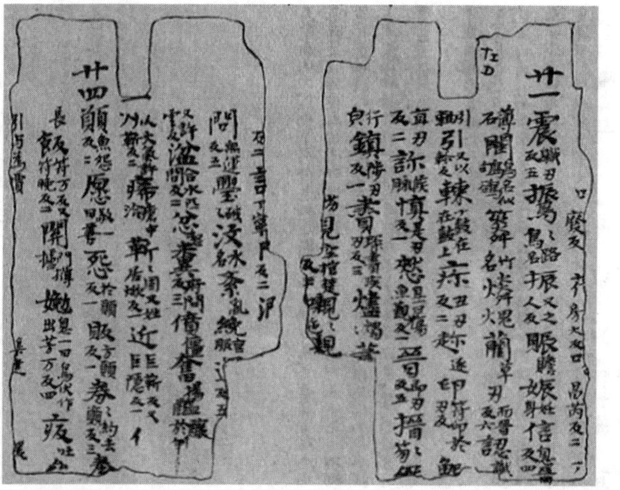

图 1-1　列 TID，震问愿，切韵断片（见《集存》第 71 页，又见《十韵汇编》第 58 页）

关于文献和文献编号，没有找到直接的记载，但列考克的文章有相关记录。德国的几次探险可能都有编制好的计划，提前确定要考察遗址的编号。① 在哈拉和卓，即过去吐鲁番郡王的王府，“我们的注意力首先集中在位于古城中心的一座规模巨大的由几个建筑物所组成的遗址

① 列考克：《普鲁士皇家第一次新疆吐鲁番考察队的缘起、行程和收获》，载于《英国皇家亚洲学会会刊》（JRAS）1909 年号，第 299~322 页。

上，这个遗址在我们的计划中编号为‘K’”，而且在考察中使用计划中的编号，如“古代的建筑师在修造这些建筑时已经运用了柱子，在‘K’遗址中我们发现了一个木制的柱基”。这些编号可能是格伦威得尔提前编制的，“在前往鲁克沁的大路北边有个小庙遗址，编号为‘B’，我们发现了一尊非常美丽的但却无头的佛教塑像躯干……在1902—1903年格伦威得尔教授第一次来对这一遗址进行考察时，证明它依然是一个佛教崇拜的场所”。也有根据需要临时编号的情况，如“在这里我有必要加以说明，我们发现许多较后期的寺庙，都只是对以前信仰的简单更新。比如在城墙前面的一大型寺庙（我们定名为‘Z’遗址）中……”（陈海涛，1999：171-190）。

不像斯坦因和伯希和①的文献命名，列考克所发现的写本、刻本材料的编号与探险队员的名字可能原本就没有联系。而要考证这些编号的本来面目，很快就“文献不足”。《汇编》未收此材料，魏建功先生在其序言中补录转写副本，称之为德二。根据两书描述，材料所存内容相同，都存震问焮愿诸韵，韵目字编号都为“廿一、廿四”的断片；如果进一步对比，则这几韵的载字、训释和又音其实也完全相同，所指应为同一物。

史料从发现到收藏至经历不同的研究者整理，中间过程会比较曲折。如下面图1-2至图1-5所示的材料：

魏建功先生在1932年即已初步研究：“从友人赵万里先生得见唐写

① 清末民初，国乱频仍，英、法、俄、日、美等西方国家以政府或机构资助的方式，大量冒险家纷纷到中国疯狂盗窃、发掘散落于民间或深埋地下的华夏文献、文物，致使数不胜数的文物瑰宝流落海外。斯坦因（Sir M. Aurel Stein，1862—1943）两次（1907，1914）从敦煌看守道士王园箓手中盗购敦煌文献约15000件，其过程细节见王冀青（2007，2016）所述。伯希和（Paul Pelliot，1878—1945）是世界著名的汉学家、敦煌学家，精通多国语言，通晓汉语，“这样一来，在我经手的1.5万多个卷子中，我取走了……也就是近全部写本的三分之一”（耿升，2001）。他同时还是名目录学家，与罗振玉、王国维、陈寅恪等有很密切的交往。这也是大量的唐五代写本刻本残卷都使用其名标号的原因。然而，伯希和同其他掠夺者一样对我国古文化造成了无法估量的损失。

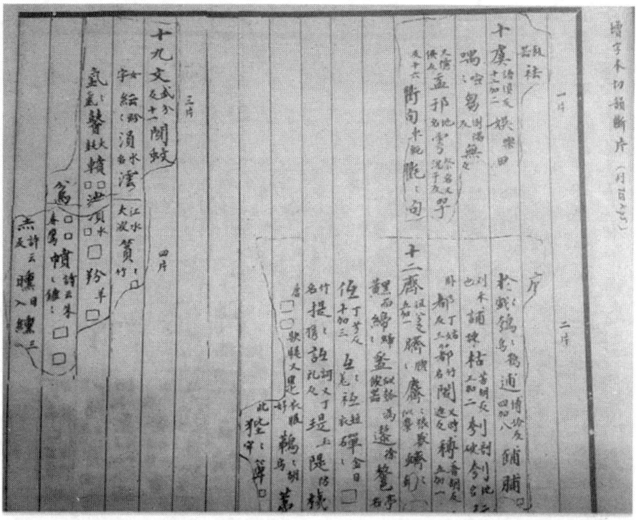

图 1-2 TIID1abcd 系列（见《集存》第 237 页）

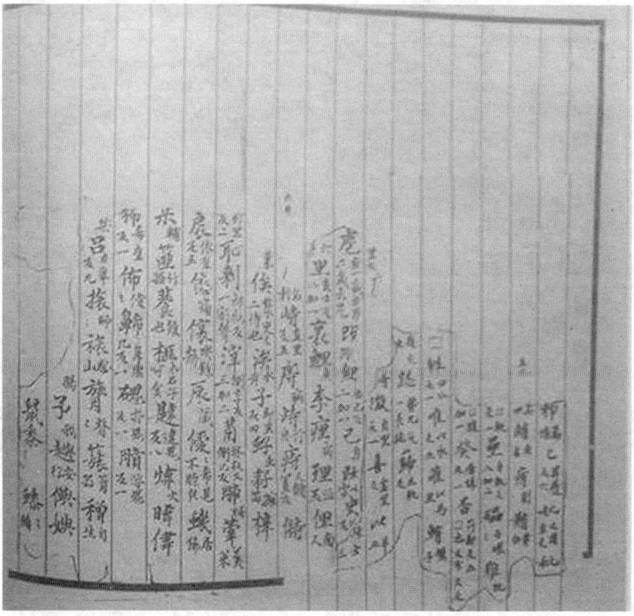

图 1-3 TIID1abcd 系列（见《集存》第 238 页）

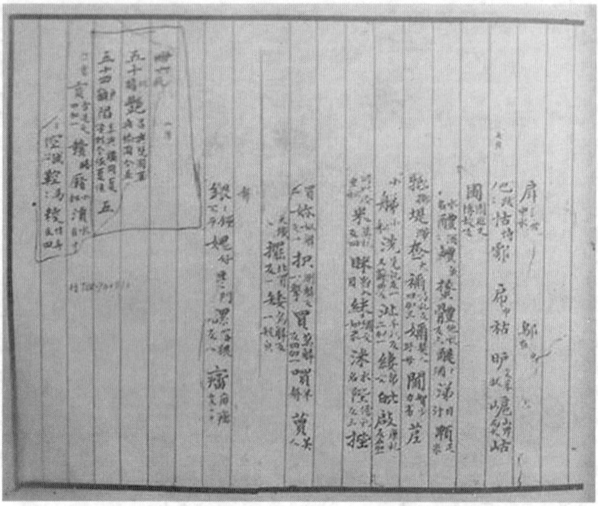

图 1-4　TIID1abcd 系列（见《集存》第 239 页）

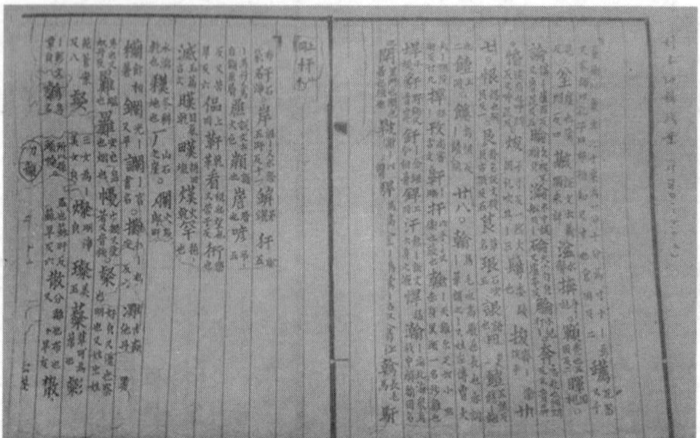

图 1-5　TIID1abcd 系列（见《集存》第 779 页，后还有三图，从略）

韵书两张影片，当时借钞，并且看出是一个断片的两面，计存上声的一片，上声止韵以下的几韵，上声有的纽下注新加字数，我过录得全字 102，半字 7［图 1-3、图 1-4 右半］；去声的一片，得全字 49，半字 13［图 1-2］。”（魏建功，1935：57-58）1942 年在昆明，“向觉明先生钞给我，柏林藏高昌出土韵书残片两种。向君有一行附记：‘所见尚有JIVk75-100a存廿一及廿四，已见武内文中称引［图1-2］；又JIID1f为印本韵书二片［图1-5系列］，俱未过录副本。’现在我把向君钞录的两种分别补进德一和德三；德一是原钞的（一）JIVk75，德三是原钞的（二）JIID1c。向君附记的JIVk75-100a，我们已加入《汇编》序里，现在编作德二［图1-2］。德一在《汇编》里的材料，我们受向君记号码的启示，也找到在蟹韵下面有‘TIVk75’的号码，虽然显著的‘J’跟‘T’不同，却也把它合在一起，好讨论些。但是这JIVK75里，我们把单独注有号码JIV70+71的部分剔出来，列为德五［图1-4左半］。另外有一种刻本韵书，列为德四［图1-5系列］。德一，现在共有两个来源，我所见的材料如此：（一）赵斐云君［赵万里］借给我和武内教授送给我的为同一材料，一片两面［图1-2］，上文已叙过。（二）向觉明君钞给我的五片［图1-2、图1-3］，计有：（1）平声九鱼十虞一片，上截，存鱼韵一个字，虞韵四行；（2）平声十一模十二齐一片，上截，存模韵三行，齐韵五行多；（3）平声十九文二片，上截存三行又一个字，下截存三行多；（4）上声旨韵一片，中截，存旨韵六行，止韵一行又一个字”（见《十韵汇编》资料及补释，下文简称《补释》，魏建功，［1948］2001：492-574）。

从魏先生的记述中可知，他见到这些材料的时间跨度为十年。如果算上最初的发现者，至少有四：列考克、赵万里（赵斐云）、武内义雄、向达（向觉明）。这些材料的名称由于传抄出现不一致，又因与材料内容关系不大的藏地而重新命名，并且所含材料前后不一致，使得魏先生讨论的对象变得难以明了。对这些材料的分类，依据残片的体例、韵目、韵序、纽序和载字等直接信息就显得比较合适。

（2）史料直接信息决定材料分类

根据材料的音韵内容分类不仅更为合理，在确定材料的相对时序方面也要优于其他考证方法。这些史料，周先生根据载字体例、加字、训解等标准分为三类，并不另立新名：

第一类，切韵断片，列 TID，含震问愿三韵［图 1-1］。

第三类，增字本切韵断片，列 TIVk75，一片鱼虞，二片模齐，三片、四片文，五片旨止，六片止尾语、七片姥荠蟹骇贿［图 1-2、图 1-3、图 1-4 右半］，TIV70+71［图 1-4 左半］。

第七类，刻本切韵残叶，列 TIID1（a，b，c，d），一叶慁恨翰、二叶翰（板心刻“切韵”），三叶线，四叶五叶笑效，六叶号［图 1-5 系列］。列考克只胡乱粘贴于 a，b，c，d 四纸，次第完全不相连。武内义雄 JIID1a，b；向觉明 JIID1a，b，c，向君注记 JIID1c 说：“印本韵书，原本反裱。”魏先生称德三并说“周君［周祖谟］钞本录有原号：JIID1a，b，c ，d”（［1948］2001：569）。正是根据残片的音韵内容，才能判别这几种来源不同的材料其实属于同一种。

值得注意的是，第三类标有“JIVk75”里有单独号码 JIV70+71［图 1-4 左半］，即八片去声韵目艳陷送。周先生叫做增字本切韵断片列 TIV70+71，魏先生称作德五，他们都注意到其音韵内容是去声首页，韵目有吕、夏侯各家分合的注字，而且“貢，古送反四加一”，还有加字，与王三差异很大（魏建功，［1948］2001：492-574）。这表明韵目有注字可能不是《王韵》独有，而有可能是《切韵》原本所存。

对于第七类，刻本切韵残叶，列 TIID1（a，b，c，d），魏先生在给武内义雄的信中说：“刻本一影，观其刀法款制，颇疑宋椠。按宋人虽无《切韵》著作，然唐代旧本尚多流传。”（魏序）给出的理由基本上是考证《广韵》、夏竦《进古文四声韵表》、李舟《切韵》等内容。而在《补释》里列出的理由，则是根据《音韵》内容，如收字比《唐韵》《广韵》都多，纽次与《唐韵》《广韵》全同，反切也基本相同，注释大都与《广韵》相似。这无疑比前者更能证明此材料实出自宋人之手，周先生也是同《广韵》《唐韵》进行对比，得出的结论相同。

3. 两书材料的命名及其分类

《集存》正是对比分析了全部材料后，对这些材料进行了分类。周祖谟先生（1983：13）说："根据上面所说的几种韵书的体例、性质和内容来互相比证，也可以寻绎出这些韵书的类别和各类韵书之间的关系。"

《汇编》和《集存》两部书的差异反映了对《切韵》系材料认识的深入，也有助于我们更进一步认识《切韵》的本来面貌。

《集存》在整理《汇编》材料的基础上，不算誊抄件，包含了39种唐五代韵书，另外包含9种韵字材料。伯希和的命名基本上是每一种材料都有一个唯一的编号，指称明确，但与材料内容基本无关，材料与考释相分离，不便于使用；周先生给出了类名，但不易明确具体指哪一种；魏先生命名以《汇编》和材料藏地相结合，也不太方便使用。为了便于讨论和使指称明确，下面列出所有材料，以在《集存》中顺序为准，略加少量描述。

第一类，《切韵》残叶共8种。"这几种写本的共同点是收字少，没有增加字，常用字大都没有训解。每组第一字如有训解，则先出训解，后出反切，最后记载一纽的字数。"（周祖谟，1983：35）

（1）伯3798，存东冬锺，有"右十一韵"字样，有转写。

（2）伯3696，存锺江支脂之，有转写。原物与伯3693、3694一纸粘在一起。

（3）伯3695，存模齐灰咍真，伯3695、伯3696两纸"书法完全相同，当为一书"（周祖谟，1983：809）。有转写。

（4）斯6187，存幽侵盐，"此本'侵'上残存一'六'字［影印件不能辨，无转写］原来数目也当是'卅六'。由是知平声五十四云由东至凡是相连的，并不分为上下，正是陆书原来的面目"。另"槮，牛三歳諸家音皆參"，笺一王韵无"諸家音皆參"。（周祖谟，

1983：817）

（5）斯 2683，存海轸吻隐阮混很旱潸产铣，切一，英一，王国维摹写“切韵”残卷之第一种。“这种韵目字多半提行高一格写，不注数次”，仅阮韵和同属一书的伯 4917 养韵未提行。（魏序；周祖谟，1983：819）

（6）伯 4917，感敢养，“由字迹和内容来看，与斯 2683 实为一书。斯坦因和伯希和各劫去一部分，因而割裂为二。王国维摹写“切韵”时只见斯 2683，所以伯 4197 残叶一直没有人知道。今据照片定为一书，编次在一起”。（周祖谟，1983：819）

（7）切韵西域断片，存支脂，《汇编》“西”类，魏称“日”。出新疆吐峪沟，日本橘瑞超所得，见于大谷光瑞《西域考古图谱》（1915）。王国维考证，以为是长孙讷言笺注，周先生认为是陆法言原书传本之一。（魏序；周祖谟，1983：825）

（8）列 TID，震问愿，切韵断片。《汇编》未收，只有魏序补录转写副本。向觉明 JIVk75-100a，德二。出于新疆，德国列考克所得。

第二类，笺注本 6 种：共同的特点是以陆法言书为底本，而文字和训解有增加，注文中兼有案语，大抵都是依据许慎《说文解字》笺注形体异同，或增广义训。

（9）斯 2017，存平上入卷，笺注本一，切二，英二，王国维摹写第三种（魏序四）。注明“新加”十五处。三十四叶，被粘成一长卷，且有错乱。从避讳看，“此书似为元和以后九世纪人所书”（周祖谟，1983：827）。存 8051 字，存字最多，引用最广。

（10）斯 2055，存东冬锺江支脂之微鱼虞，笺注本二，切三，英三，王国维摹写第二种。卷子本，书法粗劣，且有误，抄录的年代也比较晚（周祖谟，1983：834）。王国维断定本书为长孙笺注本。“为什么抄写的人把王韵抄录在内呢？这可能是由于原本有残缺，而不得不根据另一种韵书来增补。从本书所抄录长孙序文有空缺和支韵‘欹’下注明‘四行全無’来看，原来的底本一定有缺损。写书人没有别的本子可以依据，所以就用王韵抄配在内。王韵没有长孙讷言的序文，抄者遇到原本残缺处也就无法增补，只好空缺了。”（周祖谟，1983：835，详论见第四章）。

（11）伯 3693，存铣狝篠小巧晧哿、梗耿迥有厚黝寑琰，笺注本三，法七。

（12）伯 3696，存泰卦怪夬队（正面），笺注本三，法九。

（13）斯 6176，存震问愿、翰、笑、箇、漾。

（14）伯 3694，存宥候幼沁艳，这四叶［伯 3693、伯 3696、斯 6176、伯 3694］的字迹和体例完全相同，实际就是一个书。因为斯坦因和伯希和各劫去一部分，所以分置两处。不见原物或原物的照片，是无从知道的（周祖谟，1983：842）。讳高宗“治”三处，其他不讳。从体例上“可以断定这两种［包括斯 2055］同是长孙讷言的传本。从书法上来看，抄写的年代是比较早的，笔法圆浑可爱，在唐写本中别具一种风格，似为中唐人所书”。（周祖谟，1983：844）“长孙书作于唐高宗仪凤二年，本书引及颜师古和杜延业的‘字样’，更可以证明这个写本应当是长孙笺注的传写本。”（周祖谟，1983：845）“王韵不是根据长孙书来编的，但是王仁昫所据的‘切韵’与本书所据的底本颇为接近。最明显的证据是反切比较一致。”（周祖谟，1983：849）。

第三类，增训加字 9 种：从体例和内容看，分韵都与陆法言书相同，而训释和文字颇有增加，其中大多数的写本，习用字仍不加训解。不是王仁昫书。

（15）斯 5980，存焮，两本不同的书粘在一起，界栏有，无粘贴痕迹。在反切和字数之后又别有训解。（周祖谟，1983：854）

（16）伯 3799，存怗缉药，几乎所有的字都有训释。本书各韵小纽反切和字次都与笺注本一（斯 2071）最为接近。可是在训解方面，本书就比笺注本一多得多了。笺注本一，一般习用的字大都没有训解，而本书只有“立”“澀”“脚”数字无训，其余一律增添训解。更值得注意的是本书不仅每字有训解，甚至有一字数训的。由此推测本书当在笺注本一之后。……除药韵“櫟”字以外，其余所有文字几乎都见于王仁昫《刊谬补缺切韵》和裴本《切韵》中。

（17）伯 2017，存陆序、全韵目、东，陆序自“支脂鱼虞共为不韵”始，平 54 不分上下，上 51，去 56，入 32，合计 193 韵，韵目的叙次和反切都与笺注本一（斯 2071），笺注本二（斯 2055）相合。很清楚，这是陆法言的原本。最完整的 193 原本。拯，之艿，只有宋夏竦《进古文四声韵表》所据唐《切韵》“拯，之�”与此相近。“德红反，二加一”，先反切后字数最后是本字训解和又音，这不是陆法言原书。注文较多。笺注本二所有的字，本书都有；凡本书所有的字或训解不见于笺注本二的，又大都见于裴本《切韵》，是笺注本二和裴本《切韵》之间的一部书。年代当在笺注本二之后。（周祖谟，1983：858，见第五章）

（18）斯 6013，存职德乏，有转写。这个残叶和《唐韵》所据底本很相似，时代当比《唐韵》早。本书有些字的训释不见于各本《切韵》。

（19）斯 6012，存铎职。注“陆欠”，收字与其他韵书不完全相同。

（20）伯 4746，存德业乏，有转写。注“陆欠”，有“案”，有形体，纽次有变动。

（21）斯 6156，存鑑、烛，刊正字体的话是陆书所没有的。本书收字数量近于笺注本一，而不同于王韵。韵目注文“李与昔同，夏口口陌同，吕与昔口口麦同，今口口”（周祖谟，1983：235；863）。

（22）列 TIID1（a，b，c，d），一片鱼虞，二片模齐，三片、四片文，五片旨止。只有转写。

（23）列 TIDk75，六片止尾语、七片姥荠蟹骇贿，有影印件，有转写。《汇编》书称“德”，《汇编》材料为 JIVk75，向觉明标 JIVk75-100a，德一（魏序八）。

（24）列 TID70+71，八片去声韵目艳陷送，JIVk75，JIV70+71，德五，70+71 是去声首页，韵目有吕、夏侯各家分合的注字。从书的体例和内容来看，这些断片［列 TIID1（a，b，c，d）、列 TIDk75、列 TID70+71］原来应当是一部书。书中韵与韵分开，各为起止。体例先列反切，次列一纽字数，最后列本字训释和又音。有几加几，训解极简单，只注“地名”“水名”，不注所在州郡；收字大都比王韵多，只重增字，性质与王韵全不相同，应当是另一部书。讳“顯”。韵目有注文的不止王韵一种书，可能都是出于陆法言书，所以注文完全相同。

第四类，王仁昫《刊谬补缺切韵》4 种：

（25）伯 2129，存陆序王序（魏序九），此序写于唐高宗时中天竺沙门地婆诃罗所释《大承密严经》的背面，前为王仁昫序后为陆法言序，陆序后有写者僧善惠题名。陆序标题为《陆词字法言撰《切韵》序》，这与宋濂跋本王仁昫《刊谬补缺切韵》正相同。由此可见王仁昫书只有自序和陆法言序（周祖谟，1983：869）。

（26）伯 2011，（魏序五）敦煌本，王一。此书出自敦煌，被伯希和劫去，现存法国巴黎国家图书馆，二十二纸，作两面书，每韵另起，朱写韵数与字数，不分上下平，195 韵，“此本是王子春写字用”，《敦煌掇琐》刻本（刘复、黄永武，［1925］1985：453-566）。后姜亮夫在巴黎细心摹写一过，收入《瀛涯敦煌韵辑》。

（27）宋濂跋本，王三全本。唯一的完整无缺的一部书。现藏于北京故宫博物院，1947 年故宫博物院曾据原本影印，末有唐兰先生跋，共 24 叶，以两纸合为一叶，共 47 面。此书宋至清时一直藏于帝王内府，清《石渠宝笈》有著录，名为《唐吴彩鸾书唐韵》。书尾有明洪武宋濂跋语。只有“顯”缺末笔，其他唐帝名号都不避讳，偏旁写法与唐人一般手写体有不同，书写年代可能较晚。

第五类，项跋本：

（28）项跋本，平声上声阙佚颇多，去入二声完整无阙。王二，故宫本，内务府本，裴务齐正字本。故宫博物院藏。这部书因为归入书画范围而得保存，直到 1920 年罗振玉、王国维等在清室整理书籍时才发现，计三十八页。唐兰仿照原款式手写一通由罗氏印行。北平延光室摄影本，后来有延光室摄影流传（魏建功，1935：33-34）。《集存》收此本（周祖谟，1983：534-625）。不过书中有关字的写法和注中解说字形的文字均有裴务齐的东西。这部书既然是一个汇合长孙笺注和王仁昫《刊谬补缺切韵》兼及其他家韵书的本子，其时代一定在中宗以后（周祖谟，1983：899）。

第六类，《唐韵》3 种：

（29）清卞永誉《唐韵·序》。此序文载于清代卞永誉《式古堂书画汇考》卷八，今据鉴古书社影印本移录。原题《唐女仙吴彩鸾楷书四声韵帖》，全书五卷，为明万历年间项元汴家旧藏，写于宪宗时（814）。据卞氏所记可知全书 195 韵。入声竟有 15 叶，则入声字必大有增加，与王韵类似。卞永誉摹录的序文和各卷韵数以及书末题识、跋语、前后藏者印章等都很细致，他一定看到了原书，所以要了解孙韵，不能不于此求之（周祖谟，1983：909）。《广韵》所录已经不是原序，要了解孙愐原书，当以此序为准。

（30）伯 2018，东冬。从体例和各方面情形来看和蒋斧本《唐韵》最为相似。与徐铉本《说文》和徐锴《说文篆韵谱》十卷本相合。避讳玄宗。"陆以恭、蜙、樅等入冬韵非也"，此已入锺韵，不在冬韵。

（31）蒋斧本《唐韵》残卷，吴县蒋斧藏。清光绪三十四年二月晦（1908 年 3 月 31 日），蒋斧经罗振玉的介绍从北京琉璃厂书铺里得着了此书。后经国粹学报馆影印发行。全书四十四叶，只存去声（有缺）入声两卷。

讳旦、豫，代宗以后帝名都不讳，可能写于代宗之世（周祖谟，1983：912）。现在原物不知流落何处。本书每韵韵首一字都作朱书。本书分韵与《切韵》不同的地方在于去声分为 59 韵，比《切韵》多稕、换、过三韵，入声分为 34 韵，比《切韵》多术、曷二韵。这在《切韵》《王韵》之外另成一个系统。

第七类，五代本韵书 9 种：这一类是在《刊谬补缺切韵》和《唐韵》以后所产生的韵书，分韵多，收字广，而且注文也比较繁富（周祖谟，1983：731）。

（32）伯 4879，《唐韵》序一

（33）伯 2019，（魏序三）伯 2019 残卷所存为陆法言《切韵序》、长孙讷言序、郭知玄题识和孙愐《唐韵序》。伯 4879 也是《切韵序》残文，正与此卷前部衔接，字体形款完全相符，由于破析为二，所以伯希和误编为两号。……从这里可以看到本卷所录长孙序文颇有删芟，这可能是由于在长孙以后增修者又有新增字，数目已多于六百，而且长孙注中引用《尔雅》《说文》和《颜氏字样》之类的案语也不适用，所以把长孙原序所说“又加六百字，用补阙遗”和“但称案者，俱非旧说”等语都删掉，以免发生疑惑（周祖谟，1983：917）。孙愐序虽然没有写全，而文字也与前面六类所录《唐韵序》不同。“隋珠尚颣，虹玉仍瑕，注有差错，文复漏误……随韵编纪，添彼数家，勒成一书，名曰唐韵。”（周祖谟，1983：918）

（34）伯 2638，《唐韵》序二（魏序九），五十五行，前为陆法言《切韵序》，次为长孙讷言序和郭知玄题识，后为孙愐《唐韵序》，最后有“论曰”一段。序文文字与前一种大体相同。《广韵》所载诸家序文是有底本的，并非宋人修纂时所集录。

（35）伯 2014，存东冬、虞、下平韵目、先宣萧肴豪盐、德叶乏，有：大唐《刊谬补缺切韵》一部字样，存九叶，刻印本，有补抄（魏序三）。

（36）伯 2015，存冬锺虞、齐佳皆、洽狎叶，三叶，刻印本（魏序三）。

（37）伯 2016，存《唐韵》序东，七叶，写本。

（38）伯 4747，存东，存上半叶十二行，刻印本，

（39）伯 5531，存语、骇贿缓潸产铣、雪锡麦陌，存三对残叶，刻印本。颠倒错乱，比次失序。姜亮夫《瀛涯敦煌韵辑》有 2014、2016 部分抄本。伯希和把这批残叶分编为五种号码，毫无准则，非常凌乱。根据照片来看，2016 抄写的二十行和 2014 第三叶东韵前面抄写的八行笔迹完全相同，而且文字正相衔接，应当就是一叶。其二 4747 号存东韵十二行的上一半，这正是 2014 东韵一纸所缺的一部分，两者都是印本，纸叶正相连，应当黏合在一起。版式和字体很不一致。体例也不一致（魏序三）。叶德辉《书林清话》于“刻板盛于五代”条末说：“光绪庚子（1900）甘肃敦煌县鸣沙山石室出唐韵切韵二种，为五代细书小版刊本，惜为法人伯希和所收，今已入巴黎图书馆。吾国失此瑰宝，岂非守土者之过欤？”（原注载《罗振玉鸣沙山石室秘录》）伯希和自编《敦煌将来目录》，罗福苌译本里有《切韵》《唐韵》而无写本或刻本情状的注，共四号：2014《切韵》残九纸，2015《切韵》残三纸，2019《唐韵》，2638 背《唐韵》（见魏序）。

（40）列 TIL1015，刻本韵书残叶寒桓，德人列考克所得。似为五代刻本，与《广韵》是很接近的。当与夏竦所见《唐切韵》和魏了翁所见《唐韵》是一类书无疑（周祖谟，1983：944）。

（41）列 TIID1a，b，c d，一叶恩恨翰、二叶翰（有“切韵”二字），三叶线，四叶五叶笑效，六叶号。武内义雄 JIID1a，b；向觉明 JIID1a，b，c，向君注记 JIID1c

说："印本韵书，原本反裱。"德三，"周君（周祖谟）钞本录有原号：TIID1a，b，c d"（魏建功，［1948］2001：569）。刻本《切韵》残叶，列考克只胡乱粘贴于 a，b，c，d 四纸，次第完全不相连。收字比《唐韵》《广韵》都多，纽次与《唐韵》《广韵》全同，反切也基本相同，注释大都与《广韵》相似，完全是宋代书编排方式（魏序八）。刻本《切韵》残叶一种，德国普鲁士学士学院藏。列考克等探险获得的吐鲁番文书里，除前一项写本韵书以外，还有刻本韵书六残叶。六残叶里头有一叶中缝刻着《切韵》的书名（魏序）。

第八类，韵字残叶 9 种。韵字摘抄是根据韵书按韵摘录的，内容大都比较简单。古人了解字音中声母的类别是很早的，至少从宋齐时代（公元 5 世纪）起已经有不少人理解了喉舌牙齿唇的分类（基本不涉《切韵》重构，暂略详细信息）。（42）斯 6117，（43）斯 6329，（44）伯 2758，（45）伯 3016，（46）伯 2659，（47）伯 5006，辨清浊，（48）斯 0512，归三十母字例（魏序十一），（49）字母例字，（50）伯 2012，守温韵学残卷（魏序十）。

第二节　对音韵史实与史料的认识

对音韵史料的正确认识离不开学术氛围。何九盈先生（2002）说："要对材料进行穷尽性的研究，要熟读原始材料，苦读原始材料，精读原始材料，这还不够，还要研究其学术背景、学术环境，一时的风尚、潮流，只有做到了这些，才可进行褒贬。"只有找到影响正确认识史料的因素，去除不良影响，才可以充分利用现有的史料，促进学科的发展。这一批史料的发现正值中国社会大变革时期，一些传统的观念需要接受再次评估，从怀疑批判否定到重新认识其价值。不能正确认识其价值一方面是当时的学术氛围使然，另一方面也与韵学史料的特殊性有关。韵学史料不同于历史学史料，时间跨度短，生产方式为手写，存贮介质为纸质。

《切韵》系史料被发现和初步整理的时候，正是中国面临巨大民族危机和社会急剧动荡的时代。在反思危机的根源和探索民族前进道路的过程中，“疑古”思潮的产生从客观上促使知识界用科学方法来探求历史事实真相，对学术思想的发展做出了贡献，但主观上怀疑一切古籍记载的态度则妨碍了包括音韵学在内的深入研究。音韵学及其史料具有不同于哲学、史学的特殊属性，音韵学直接史料与间接史料是相对的，南宋魏了翁所见、所记的唐写本韵书的史实及其历史过程表明，音韵学史料直接史料转化为间接史料后，其史料信息有越来越少的趋势，这表明了中国古代学者实事求是、严谨的科学态度。

1. 民初史学辩论

清末民初是中华民族危机总爆发时期，对危机的根源思索和将来道路的选择是几乎所有社会阶层都面临的重大问题。一批受西方文化影响较深的学者经过反思，提出应重新评估中国传统历史和价值观。

(1) 史学怀疑和史料

五四运动前后，很多学者对经籍史书中托伪字句进行考证，对托古而作的伪书进行批判，引起了声势浩大的古史真伪讨论。这些学者被称为“古史辨派”或“疑古派”，他们对经籍中盘古、黄帝、尧、舜、禹的世系系统表示了深深的怀疑（顾颉刚，［1923］1982：65），随后引申成“东周以上无史”的古史观。不可否认，历代文人出于不同的目的，创作了很多伪书：有托古以传、有应诏求名、有专为射利求赏，有杂而又杂，伪中添伪，原因纠纷，甚难决定真伪。明代胡应麟（1551—1602）说伪书还有多种，如：

> 有惮于自名者，如魏泰《笔录》之类。有耻于自名者，如何氏《香奁》之类。有假于人者，如子瞻《杜解》之类。有恶其人伪以陷之者，如《僧孺行纪》之类。有恶其人而诬之者，如圣俞《碧云騢》之类。有窃成作而为己有，如《化书》本谭峭著，齐丘窃而序传之之类。①

这些伪书之所以存在应该还有其学理原因，对这方面的探究是相当薄弱的。而因“先秦典籍中有由于文字变迁、方言差异以及地域习俗差异导致记述而成为‘伪书’”（姜亮夫，1983）就成为“冤案”。要澄清这些疑问和树立正确的古史观，史料发掘和整理是关键，“史学便是史料学”（傅斯年，［1927］2003：309）。史料不仅仅包括传世的经典史籍，也包括沉埋地下历经数千年的考古新发现之文物，还包括异域文明中保留的蛛丝马迹等。对史料的占有和符合逻辑的分析整理决定了各学科的研究成果和发展。

（2）史料整理

学术史要达到明变、求因和评判目的，须先对史料进行研学和整理。如何整理史料，胡适、钱玄同、顾颉刚等人要求用科学的方法“整理国故”。

> 用正确的手段，科学的方法，精密的心思，从所有的史料里面，求出各位哲学家的一生行事、思想渊源沿革和学说的真面目。为什么说“学说的真面目”呢？因为古人读书编书最不细心，往往把不相干的人的学说并入某人的学说，或把假书作为真书；或把后人加入的篇章，作为原有的篇章；或不懂得古人的学说，遂致埋没了；或把古书解错了，遂失原意；或各用己意解古书，闹得后来

① 胡应麟：《少室山房笔丛·四部证讹·卷16》。

众说纷纷，糊涂混乱。有此种种障碍，遂把各家学说的真面目大半失掉了。（胡适，［1918］1996：7-8。原文每类都有举例，此略。）

胡适对于古籍的观察与评价是比较客观的，也采用了恰当的方法来作一些具体的整理，如运用归纳法总结出的《诗经》中“言”字三种训解，为《诗经》研究开辟了一个新的研究方向。顾颉刚也主张古史书要达到信史的要求，至少需要对作为史料的经籍进行整理，“凡是一件史事，应当看它最先是怎样的，以后逐步的变迁是怎样的。我们既没有实物上的证明，单从书籍上入手，只有这样做才可得一确当的整理，才可尽我们整理的责任”（《与钱玄同先生论古史书》，顾颉刚，［1923］1982：59-60）。

但是从否定古书、古史及其学术思想的初衷出发来整理史料，得到的结果注定是历史虚无主义。在这条道路上走得最远的是顾颉刚和钱玄同，顾颉刚最有影响的观点为：

我很想作一篇层累地造成的中国古史，把传说中的古史经历详细一说。这有三个意思。第一，可以说明“时代愈后，传说的古史期愈长。如这封信里说的周代人心目中最古的人是禹，到孔子时有尧舜，到战国时有黄帝神农，到秦有三皇，到汉以后有盘古等。第二，可以说明“时代愈后，传说中的中心人物愈放愈大”。如舜，在孔子时只是一个“无为而治”的圣君，到《尧典》就成了一个“家齐而后国治”的圣人，到孟子时就成了一个孝子的模范了。第三，我们在这上，即不能知道某一件事的真确的状况，但可以知道某一件事在传说中的最早的状况；我们即不能知道东周时的东周史，也至少能知道战国时的东周史；我们即不能知道夏商时的夏商史，也至少能知道东周时的夏商史。……所以想一部书一部书地去做，如《诗经》中的古史，《周书》中的古史，《论语》中的古史（《与钱玄同先生论古史书》，顾颉刚，［1923］1982：59-60）。

顾颉刚从古籍整理的角度而形成的历史是“层累地造成”的观点，是有意忽略史料收集整理的另一重要途径。“近世学术多发端于宋人，如金石学，亦宋人所创学术之一。宋人治此学，其于著录、考订、应用各面，无不用力。不百年间，遂成一种之学问。”（王国维，［1926］2008：201-206）1899年王懿荣发现殷墟龟甲，1903年刘鹗出版《铁云藏龟》，整理了部分龟甲史料，民初敦煌石窟藏经洞的偶然发现，提供了丰富的唐宋历史史料。这些都表明史学只辨古籍和整理古书是不全面的。顾颉刚自已也说：“至于许多实物，自当有人作全力的研究，我只希望从他们的研究的结果里得到些常识而已。在研究古代实物的人，我也希望他们肯涉猎到辨伪方面。”（［1926］1982：1-104）

比较客观的态度似乎是在现有史料的基础上进行分析，得出符合史实的结论。在《史料论略》中，傅斯年将史料分为直接史料和间接史料两大类：“凡是未经中间人手修改或省略或转写的，是直接史料；凡是已经中间人手修改或省略或转写的，是间接史料。”（［1927］2003：309）他并且说“假如有人问我们整理史料的方法，我们要回答说：第一是比较不同的史料，第二是比较不同的史料，第三还是比较不同的史料”，尤其是“历史的事件虽然一件事只有一次，但事件既不尽止一个记载，所以这个事件在或某种情形下，可以比较而得其近真；好几件的事情又每每有相关联的地方，更可以比较而得其头绪”（［1927］2003：308）。

结合考古学的发现，王国维提出古书文字之外的史料的重要性：

> 文字之外，若人名，若地理，若礼制，有待于考究者尤多。故此新出之史料，在与旧史料相需。故古文字古器物之学，与经史之学实相表里。惟能达观二者之际，不屈旧以就新，亦不绌新以从

旧，然后能得古人之真，而其言乃可信于后世（《殷墟文字类编序》，王国维，［1923］2003：697）。

1925年秋，王国维（［1925］2009：241-243）在清华研究院讲授《古史新证》时提出“二重证据法”：

其（疑古派）于怀疑之态度及批评之精神，不无可取；然惜于古史材料，未尝为充分之处理也。吾辈生于今日，幸于纸上之材料外，更得地下之新材料。由此种材料，我辈固得据以补正纸上之材料，亦得证明古书之某部分全为实录，即百家不雅驯之言，亦不无表示一面之事实。此二重证据法，惟在今日始得为之。虽古书之未得证明者，不能加以否定；而其已得证明者，不能不加以肯定，可断言也。

“二重证据法”扩大了史料来源，将纸上的史料和地下的史料进行比较参验，证明“疑古派”历史观的片面性。某部书中的字句可能有假，某部书可能就是伪书，相关的历史人物或者史实不一定没有出现过。“疑古派”虽然强调史料证据，但仅从史书真伪来判断古史长短，存在明显不足；“而疑古之过，乃并尧、舜、禹之人物而亦疑之”（王国维，［1925］2009：241-282）。

(3)“疑古”对音韵史的影响

史料不足固然难以窥见历史原貌，然而，材料比较充足，也难以做到这一点。疑古派发起的对古书的检讨，使得大量的学术资源集中于辨别传世经籍的真伪，批判古史观念。《古史辨》1926年出版第一册，1941年出版第七册，连同所载书信及序言共发文章近400篇，作者多达122人，研究者无暇也无兴趣研究考古新发现的史料。其言论对上古韵学史料的整理影响很大，对中古音韵研究主要表现在对史料的看法和整理上。

受伪书普遍性和"疑古"思潮的影响，当时学者们对尚有传世的古籍经典都心存疑虑。钱玄同（［1923］1999：47-49）在《跋汪荣宝〈歌戈鱼虞模古读考〉》中说："东汉的'古文经师'尤其爱造谣言，许慎的《说文》是一部集伪古字、伪古义、伪古礼、伪古制和伪古说之大成的书。"魏建功先生也说："许老头（许慎）为什么能得如此大的权威？这是我们'抱残守缺'的因袭性成全的啊！"（［1926］1982：244-260）

《说文解字》虽是字书，其中也保留相当多音韵材料，对于从谐声的角度来研究上古音是不可或缺的。"疑古"的思潮使得相关研究受到很大的阻碍。即使二三十年后，陆志韦先生在《古音说略》中也说："至于许慎自己的态度本来是极严谨的。他绝不望文生义，随便注上'声'字。稍有疑惑之点，就得声明'一曰某声''或曰某声'。有时候不必作省声的，因为'古文不省'，所以又得注明小篆是省声。凡是可以引证古籀之处，在当时也许已经包罗万象了。当然'千虑一失'未始没有。例如'参'作参声，'长'从'倒亡'而又是'亡声'之类。用近来新发现或新整理的古文来校对《说文》，可以怀疑的地方不在少数。绝对可以证明许氏是错了的地方恐怕不多吧。"（1947：85-86）

董同和编写《上古音韵表稿》时也为此进行辩解："《说文》有许多字是今传先秦古籍所未见。它们是不是先秦的字自然成问题。我没有把它们剔除，为的是：（a）今传先秦典籍并非先秦典籍的全部，在它们之中未见的未必先秦就没有。（b）许氏说文序先述古代文字与字学的沿革，乃曰：'今叙篆文，合以古籀。'知其皆有根据。又许氏去古为远，所见古籍当然比我们多。即如他引诗，就有今传三百五篇之外的（三家与毛的差别不计）。执此一端可知其他。（c）据载籍，西汉初能识篆文的人已经很少了。那么出于周秦的篆文必更有限。纵有几个杂在《说文》之内，也不足为害。"（1948：119）

对于“疑古”思潮的正面和负面的影响，李学勤先生的评价比较客观：

这种思想从思想史来看有进步意义。很多的传统思想，在他们的疑古之风面前崩溃了。他们在冲决网罗、破除迷信这方面起了重要的作用。这种学风是从康、梁开始的，到了辛亥革命以后，就由《古史辨》派继承了康、梁这一派。《古史辨》一共出了七册九本书，最近再版了，对当时的历史界也同样具有一定的进步意义。不过他们的研究有一些副作用，有时候疑古过度，使有的学者走了极端，提出“东周以上无史论”。有的学者写书把中国古史一下子砍去一半，有的学者对秦以前的历史不敢写了。这样对中国古代文明的研究是不利的。

不解决对历史的认识问题，就无从正确认识古籍和史料，对于众多历千年而来的史料的价值也无法发掘。从故纸堆中“拼凑”出《切韵》原本岂不有“作伪”之嫌。在已经发现的唐全写本《刊谬补缺切韵》的情况下，魏建功①先生说：

武内②说“恐怕注释简略之点是保存陆氏原本的旧形”。他结断说，如果把这个本子的新加字删去，仿佛是陆氏的原形。我们似乎难于说陆法言的原本，何必做苏东坡《日喻》里的眇者呢？有一分材料做一分工，得一点证据说一点话！……最后便自然要找出这三宗材料的关系，也可能看到陆法言《切韵》的一星半点，但不妄想做陆法言《切韵》原本的梦。（［1948］2001：552）

① 钱玄同为魏建功先生之师。

② 武内义雄：《唐钞本韵书与印本〈切韵〉的片段》，载《益世报·读书周刊》1926年第二十六期。

正是有“疑古”的影响，一方面没有学者尝试重构《切韵》原本，另一方面又争论于各种写本、残卷、残叶的时序关系。与《切韵》完全同一的原本可能永远不可得，但是通过现有材料，采用比较严格的分析，完全有可能逐步接近《切韵》原本。从后文的分析可以看出，武内义雄、王国维的很多看法其实是非常客观的。

2. 音韵学直接、间接史料

（1）音韵学史料的特殊性

音韵学史料对于音韵史同样重要，傅斯年（［1928］2003：10）在筹立中央研究院历史语言研究所时说：“一分材料出一分货，十分材料出十分货，没有材料便不出货。”与哲学史和上古史比较起来，音韵学史及其史料具有特殊性。

首先，先秦“伪书”较多是因为春秋战国时“百家争鸣”文化局面、异闻异说及各地区域文化载籍广泛存在，“到汉末，这些纷杂的文化已熔铸统一，所以汉以后真伪分明、辨识容易，而先秦则真伪难理”（姜亮夫，1983）。而韵书产生较晚，基本不涉及真伪的讨论。其次，对于四部中确为伪书，明人有经验性的描述：“夫所谓辨真伪者，经不易伪，史不可伪，集不必伪，而所伪者多在子。”（祁承㸁，1957：19）不同学科的史料具有不同的特征也表现在现代出土的文物上，“从简帛古籍可以看出，数术、方技方面的书，继承性特别强。流传下来的这类著作，往往是以较早的同类著作作为基础，逐渐修改增益而成定本的”（裘锡圭，2004：89）。而已亡佚古韵书，在后代不易补出。增改韵书流行后，前代韵书基本废弃消亡，魏建功先生曾感叹全本韵书难得。再次，历代韵书都是陈陈相因，前代韵书基本存于后代韵书，更像顾颉刚所说“层累地造成”。最后，韵书史料几乎只能以“纸上”的形式保存，而且绝大部分是以手书来传抄。

诚如傅斯年所言，整理史料最重要的方法是比较法。“二重证据法”从根本上说依然是比较法，只是扩大了比较范围。比较传世经籍得到一定结论后，把这些结论与考古文物进行第二次比较。这些不同来源、不同性质的史料，既有直接的也有间接的，出土文物由于特殊的原因使其成为“冻结”的证据，保存了不同时期的史料原貌。由于韵学史料几乎全部以唐五代的书籍形式存在，“二重证据法”对于追寻韵学历史原貌没有太大实际意义。

（2）音韵学的直接、间接史料

整理史料首先是分类，人们很早就注意到小学各科的差别。（隋）潘徽曾奉秦王俊之命编撰字书《韵纂》三十卷，原书亡佚，所写的序言尚存于《隋书》。潘徽为序曰：

> 文字之来尚矣。……乃讨论群艺、商略众书。以为小学之家尤多舛杂。虽复周礼汉律，务在贯通，而巧说邪辞，递生同异，且文讹篆隶，音谬楚夏。《三苍》《急就》之流，微存章句，《说文》《字林》之属，唯别体形。至于寻声推韵，良为疑混，酌古会今，未臻切要。末有李登《声类》、吕静《韵集》，始判清浊、才分宫羽，而全引据，过伤浅局，诗赋所须，卒难为用。遂躬纡睿旨，摽摘是非，撮举宏纲，裁断篇部，总会旧辙，创立新意，声别相从，即随注释。详之诂训，证以经史，备包《骚》《雅》，博牵子集，汗简云毕，题为《韵纂》，凡三十卷，勒成一家。（《隋书·文学传·潘徽》卷四十一）

这段序文间接介绍了《韵纂》粗略的信息，是音韵学间接史料。其他间接史料还包括字书、训诂、音论、校勘、序、跋等。从这篇序文还可以推知，《韵纂》本身是一部隋代韵书，其内容可能主要依据《声类》《韵集》而来，与专说字形一类的字书有所区别，但是，全书体制如何、是否有反切注音、又音如何等都不得而知。音韵学的直接史料主要为韵书及其残叶断片。

直接材料是基础，离开了韵书，音论及相关的间接史料只能作为思考问题的参考。不同历史阶段的直接史料和间接史料之间有差异。文献在传播过程中各种因素都会发生变化，如书写工具、书写介质、复制方式、书写系统和书写者等；各因素之间也会相互作用，如书写工具由刀刻变为墨写会改变书写系统，手工抄写变为刻版印刷也可以起到规范书写系统的作用。这些因素可以抽象为时间因素，简单看就是文献愈古，变化愈大（杨燕起、高国抗，2003：48），也可以说文献史料之间的时间跨度越大，差别也越大。

比较韵学直接史料，确定韵书或残卷之间的差异，就可以确定大致的相对时序（今人可以模仿古人，但古人绝不可能模仿今人，以手抄为主要复制手段会模糊差异），而没有差异或差异很小的同时代文本或者副本，并不适合用来探寻更古的状态。史料之间的差异要大，但又必须是连续的。早期的韵书基本上是通过人工抄写进行传播的，转写是必然的过程。转写甚至不应该是音韵学直接史料的必然属性，而韵目、韵序、音纽代表字、反切、又音以及字序的系统性可能是构成一部韵书的内在属性，历史材料包含这些因素的全部或部分，可以称作音韵学的直接史料，包括各种写本和刻本韵书，“只包括古代那些按韵部收字、提供规范读音和简略释义的字典，如《广韵》即是。而韵图、音义著作，则不包括在里面”（郎铸，1994）。反之，与音韵历史有关，但基本不包含这些因素的历史材料可以称作间接材料，包括历代音韵学者所撰写的音论、考证和校勘文献，如关于韵部、韵序、韵书收字、反切考证或讨论都属此类。

（3）从魏了翁例看韵学真面目

直接材料与间接材料是相对于研究目的而言的。如果关注字形演变的历史，《说文解字》是直接史料，《广韵》的各种版本是间接史料；而研究音韵史，《广韵》就是直接史料，《说文解字》则是间接史料。

同一研究方向内还存在直接史料向接近史料转化的史实。《切韵》原本应该可以看做《集韵》《广韵》《唐韵》《王韵》一系韵书的“真面目”。如前文所述，《切韵》原本是逐步消失的，随之直接的韵书史料变成为音论、校勘等间接史料，韵学原貌也越来越模糊。早在南宋理宗年间，理学家魏了翁根据其得于巴州的韵书，就发现其韵数、韵序乃至收字与《广韵》不一致，他将自己所见到唐写本韵书的情况写入《吴彩鸾唐韵后序》。简单列举文献就可以比较明显地看到这个过程。

①直接史料：唐写本《吴彩鸾唐韵》为魏了翁（1178-1237）所见，已失传。

②间接史料：魏了翁将这一史实记录于《鹤山先生大全集》卷五十六，《吴彩鸾唐韵后序》全文为①：

> 韵略之得名盖音韵各有畛略也。韵字从音从员，略字从田从各，皆一形一声，兹其大端矣。是书号唐韵，与今世所谓韵略皆后人不知而作者也。然其部叙于一东下注云：“德红反，浊，满口声”，自此至三十四乏皆然；于二十八删二十九山之后继之以三十先，三十一仙，上声去声亦然；则其声音之道，区分之方，隐然见于述作之表也。今之为韵者既不声调之清浊，而平声辄分上下，自以一先二仙为下平之首，不知先字盖从真字而来，学者由之而随声雷同，古人造端立意之本失矣。此书别出“移”“臡”二字为一部，注云：“陆与齐同，今别。”然则，今韵从陆本，疑此本为是。……升蒸登于青后，以古语“三”字叶“今”，“男”字叶“音”，“徵”字叶“桢”，“仌”字叶“兵”疑今书为是。今书又升葉铎于麦陌昔之前，置职德于锡缉之间，方语“白”为“薄”，“宅”为“度”，“舄”为“鹊”，“石”为“勺”，锡缉与职德声为最近；盖创者多阔疏，而因仍者易静审。此皆为学者之所当知而

① 亦见《十韵汇编·序》（罗常培，1935：73-75）。

举世不问也。余得此书于巴州使君王清父，相传以为吴彩鸾所书，虽无明据，然结字茂美，编次用叶子样，此为唐人所书无疑。其音韵虽与易书诗左氏传及二汉以前不尽合，然世俗承用既久，故就其间而详其是否焉。若夫孙愐叔文较之今本，亦有增加书字处，要皆以此本为正。(不计标点共432字，下同。)

③南宋王应麟（1223—1296）在《困学纪闻》卷八里引用魏了翁语句，其文无标题，可以看出是在讨论韵书五分卷和四声与宫商角徵羽之间的关系，全文为：

隋陆法言为切韵五卷，后有郭知玄等九人增加。唐孙愐有唐韵，今之广韵则本朝景德、祥符重修。今人以三书为一，或谓广韵为唐韵，非也。鹤山魏氏云："唐韵于二十八删、二十九山之后，继以三十先、三十一仙。今平声分上下，以一先二仙为下平之首，不知先字盖自真字而来。"愚考徐景安乐书，凡宫为上平、商为下平、角为入、徵为上、羽为去，则唐时平声已分上下矣。米元章云："五声之音，出于五行自然之理。沈隐侯只知四声，求其宫声不得，乃分平声为二。"然后魏江式曰："晋吕静仿李登声类之法，作韵集五卷，宫商角徵羽各为一篇。"则韵分为五，始于吕静，非自沈约始也。约答陆厥曰："宫商之声有五，文字之别累万。以累万之繁，配五声之约，高下低昂，非思力所学。"沈存中云："梵学入中国，其术渐密。"(引用魏了翁序48字。)

④周密（1232—1298），字公谨，他于《四库全书》子部十《云烟过眼录》提要云：案《云烟过眼录》四卷，续录一卷。宋周密撰。武林旧事，已著录，是书记所见书画古器，略品甲乙，而不甚考证其名。盖取苏轼之语。曾记夏本作一卷，而此本作四卷，或后人所分欤？又记：

> 吴彩鸾书切韵，以一先二仙为［二］十三仙二十四先，称不可晓。案《困学记［纪］闻》载魏了翁之言，已称唐韵下平不作一先，则唐韵或有此别本，亦未可知也。(引用魏了翁序31字。)

⑤清顾炎武（1613—1682）于《音论》卷上，在《韵书之始》以“宋王应麟曰：隋陆法言为切韵五卷，后有郭知玄等九人增加”开篇，随后讨论韵书沿革，载《广韵》韵目及“同用”全部，后以引用此条间接资料结文：

> 宋王应麟曰：隋陆法言为《切韵》五卷，后有郭知玄等九人增加……凡五卷，平声以字多分上下二卷。又按：宋魏了翁曰：《唐韵》于二十八删、二十九山之后，继以三十先、三十一仙（今广韵二十七删、二十八山。未知鹤山所见《唐韵》于何处多添一韵）。今平声分上下，以一先二仙为下平之首，不知先字盖自真字而来（又周公谨《云烟过眼录》云：吴彩鸾书切韵一本，其书一先二仙为廿三先廿四仙）。据此，则唐人无上下平之分，或虽分上下而不别起一、二之序。然皆不可知矣。(引魏了翁序49字。)

⑥戴震（1724—1777）的《声韵考》卷一有五文：《反切之始》引王应麟“玉海条”，不涉此条；《韵书之始》；《四声之始》引顾炎武《音论》，不涉此条；《隋陆法言切韵》；《广韵》引王应麟“玉海条”和此条。卷二有四文：《考订广韵独用同用四声表》引顾炎武《音论》，不涉此条；《宋景德韵略》引王应麟“玉海条”；《宋景祐礼部韵略》引王应麟“玉海条”，引顾炎武《音论》，不涉此条；《宋宝元集韵》。卷三有一文：《古音》引顾炎武《音论》，不涉此条。卷四有六文：《书玉篇卷末声论反纽图后》；《书刘鑑切韵指南后》；《顾氏音论跋》不涉此条；《书卢侍讲所藏旧本广韵后》；《答江慎修先生论小学》；《论韵书

中字义答秦尚书》。卷二《宋景德韵略》所涉此条引文为：

> 王应麟《困学纪闻》曰：隋陆法言为切韵五卷，唐孙愐有唐韵，今之广韵则本朝景德、祥符重修。今人以三书为一，或谓广韵为唐韵，非也。(与魏序有关，引魏了翁序0字。)

⑦钱大昕（1728—1804）的《十驾养新录》卷五有文十九条：于第九文《韵书次第不同》先议颜元孙《干禄字书》次第，次亦议徐锴《说文篆韵谱》次第，次引此条：

> 魏了翁序吴彩鸾唐韵云：其部叙于十八删、二十九山之后，继以三十先、三十一仙（今广韵二十七删、二十八山。又云：今韵降覃谈于侵后，升蒸登于清［青］后，升葉铎于麦陌昔之前，置职德于锡缉之间。是彩鸾本亦同颜本次第也。
>
> 吴彩鸾韵别出移觺二字为一部，注云：陆与齐同，今别。(见鹤山集）夏氏古文四声亦有此部。
>
> 吴彩鸾韵于一东下注云：德［德］红反，浊满口声。自此至三十四乏皆然。(见鹤山集）（引魏了翁序61字。)

⑧段玉裁（1735—1815）《经韵楼集》卷六有《跋古文四声韵》一文，其文大体为："夏竦《进古文四声韵表》齐韵第十二之后，有移第十三，增多一部；下平先第一，仙第二之后，有宣第三，入声质第五之后，有聿第六，亦皆增多一部；下平之次，麻覃谈阳唐庚耕清青尤侯幽侵盐昔麦陌合盍洽狎叶帖缉药铎职德业乏，与广韵集韵次第殊异。往者余友孔体生曾以书相问，愧未能答也。"次又引：

> 《困学纪闻》曰：鹤山魏氏云："唐韵于二十八删、二十九山之后，继以三十先、三十一仙。东原师作《声韵考》，谓未知删山

前何处多一韵。今按：盖即移［栘］韵也。南唐徐楚金《说文解字韵谱》称得李舟所著《切韵》，殊有补益。是在《广韵》前，于二仙内分出三宣，为英公所本，明嘉靖朱氏《金石韵府》因之。惟入声增聿部则无考也。(引魏了翁序22字。)

这几则材料的排比表明：材料不足，原貌很难看到，欲较全面地了解某一方面会很难。①为吴彩鸾写本唐韵，为韵学直接史料，仅魏了翁亲见。②为魏了翁根据自己所看的直接材料与《广韵》进行对比，讨论的内容涉及平声分卷、韵序、韵数及方言等，内容很全面。顾炎武、戴震、段玉裁很可能连此间接材料都不曾见。③王应麟为目录学学者，④周密可能志不在音韵，但都可能只见到魏序，而且只是部分引用魏序。假如魏氏《鹤山先生大全集》也失传，则此条《切韵》的直接史料和间接史料的线索只能就此中断。要了解《切韵》韵序、韵数方面的原貌也只能依靠其他途径。

同时，也不难看出，随着研究的愈加深入，对于《切韵》原本的要求愈迫切。魏了翁序只是发现了唐写本与《广韵》在多方面的不同，王应麟则试图解释韵书的分卷、四声与五音之间的不一致，顾炎武则是希望了解《韵书之始》，戴震的《声韵考》则是试图考证韵书之始、四声之始、反切之始、各韵书之差异乃至古音。无奈限于仅见的直接史料，没有《切韵》原本，很多的想法只能是猜测。

放在现代，这则间接史料又得到重新审视：

⑨如魏鹤山所藏《唐韵》二十九山之后，继之以三十先、三十一仙，上、下平不分，当是四卷本。而唐宋史志所著录者则皆为五卷。鹤山本部叙中，各韵皆注清浊，而此本无之。（王国维，［1918］2009：24）

另外，关于这则材料，也可以看一下罗常培先生给《十韵汇编》所作原序和《罗常培文集》编者对序的修改：

⑩罗常培先生在《十韵汇编·序》（罗常培，1935：73-75）里引

录了王应麟这则间接材料：

> 后来王应麟（1223—1296）在《困学纪闻》里只引了魏氏所说的："唐韵于二十八删二十九山之后继之以三十先三十一仙，以一先、二仙为下平之首，不知'先'字盖从'真'字而来。"

⑪罗常培先生这篇序文又被编入《罗常培文集》（1999：157-176）《十韵汇编·叙例》中：

> 后来王应麟（1223—1296）在《困学纪闻》里只引了魏氏所说的《唐韵》："于二十八删、二十九山之后继之以三十先、三十一仙……而平声辄分上下，自以一先、二仙为下平之首，不知'先'字盖从'真'字而来。"

直接史料经魏了翁转化为间接史料后，后引者引用字数越来越少的趋势说明，即使是间接史料，历代学者也没有随意编撰。这既从侧面表明"疑古"之态度不可取，也说明历代研究者对于《切韵》关注重点的改变，例如魏了翁只是对唐韵书与《广韵》之间较大的差异感到不解，王应麟则认为两者是不同的书，清代学者承认历史事实，试图了解历史原貌。现代学者集中关注平声是否分上下卷，韵目是否连续编号等问题，这与前代学者关注零星事实有所不同，需要从全局来把握《切韵》原貌。

第三章　类比必然推理的理论基础

要从整体上了解《切韵》原貌，或探寻接近原本的状态，足够的史料只是一个方面，另一方面，陆法言对音韵的理解、对隋代及以前的学术传统遵守的程度同样重要，只有有效继承和合理创新，才会《切韵》一出就很快成为“时俗共重，以为典规”（王仁昫·序）。因此对《切韵》及以前的学术思想有初步了解很有必要。

音韵学起步其实比较晚。音韵学实践几乎全是对“类”的具体操作，音韵史上书名中含有“类”字的韵书或字书就有①（魏）《声类》十卷②、（唐）《声类》③、（宋）《四声类韵》二卷④、（宋）《声韵类例》及《切韵类例》二篇⑤、（宋）《韵类》十七卷⑥、（宋）《正字韵类》⑦ 等。唐宋韵书以图表的形式（黄典诚，1986；1987），将韵书载字的读音按四声、声类、韵类和开合等进行归类，基本确定了每一类的类名和范围。陈澧、曾运乾、陆志韦先后对《广韵》声类的归纳，虽然所得结论与高本汉有出入，但核心还是声母分“类”的问题。高本汉说：“这样我们就定出了古代音韵的分类：哪些字是有 x 声母的；哪

---

① 魏建功以书名有“音”、“声”、“韵”字为标准，筛选出见著录或未见著录的韵书或字书一百六七十种。见魏序。

② （魏）左校令李登撰。《隋书》《旧唐志》《新唐志》《通志·艺文略》载。

③ （唐）慧琳《音义》引，或即为李登书。希麟《续音义》引。

④ （宋）郑升卿撰。《宋志》《玉海》载。

⑤ （宋）杨中修撰。孙观《洪庆居士集·内简尺牍》有序。

⑥ （宋）周弁撰。谢启昆引《浙江通志》。

⑦ （宋）谢季泽撰。《通考》载。

些字是有 y 韵母的等等。若想把这些 x，y 拿确切的音值代出来，这些古书上的材料就不够了。那我们就得利用一批最重要的材料，就是现代方言。在把现代方言的音汇开始浏览一下以后，我们就可以把它们应用到历史的语音上了。”（高本汉，［1940］2014：451）所以，“类”一直是音韵学的基础。但是，音韵学的“类”是什么？判断“同类”的标准是什么？韵书“类聚”字音有无具体规则？“不类”如何处理？音韵学由于其实践性太强，不太可能回答这些问题。

在中国古典传统学术思想中，“类”的重要性毋庸置疑。在数千年的中华文明传统中，“类”和“推类”一直是儒墨所关心的逻辑思维形式，也是各学科的主要学术活动之一。初步研究表明，与音韵学一样，“类”在儒墨经典中同样重要，对其认识也不清晰（吴建国，1980；柳长铉，1985；杨于高，1992；黄伟明，2009）。所以，尽管有人对西方“外来之观念”表示警惕（何九盈，1995：2），但对我们来说，比较有效的研究途径只能是对比中外逻辑中“类”的早期形态，从中寻找认识“类”的方向，探求音韵学乃至中国古典逻辑的基础。

对比中国古典逻辑和西方演绎逻辑及印度因明学的早期形态，可以发现中国古典逻辑的基本类为“物、名（类）、实”。其中，由于将本不属于逻辑基本类的“名”，即语言，和政治伦理方面内容裹挟进来，也由于“类”概念本身的复杂性，中国古典逻辑只是对其进行简单的描述，不是从整体上把握“类”。

第一节 逻辑基本类

先秦名辩之学虽然中断于秦代，但《墨辩》所建立的以“类”为核心的概念体系、儒墨以“推类”为类比推理的具体形式，一直以各种方式存在于中国知识分子的社会和学术实践中。

比类思维是以“类”为核心的思维模式。人们在社会和科学实践中逐步认识到事物不同的自然类，类元素的不同属性也形成自然类，属性自然类同构成为类比推理的基础。类比推理是：属性自然类是否相同（同构）是判断两事物（元素）是否同类的标准；已知两事物（元素）同类，则其属性自然类相同（同构）。类比推理是综合了演绎和归纳的必然推理。认识的着眼点不同，类元素与属性的自然类可以相互转化。西方演绎推理为：单一属性（类）包含全部具有该属性的事物（外延）和不同属性具有严格的层级包含关系。

1. 逻辑学和因明学中的基本类

“类”是逻辑学中最基本的、具有决定意义的范畴，逻辑上的类概念，是具体科学中的物种概念的抽象（吴建国，1980；陶伯华，1986）。所谓“基本类”，指的是逻辑学研究的基本范畴及相互间的关系，是人们对存在的最基本假设。与基本逻辑类相对的是普通逻辑类，是人们认识世界所获得的知识结构。

两千多年前，东西方差不多同时产生了印度《正理经》（因明学）、中国《墨辩》（名辩学）与亚里士多德《工具论》（逻辑学）。逻辑学早期形态基本体现在亚里士多德的《范畴篇》中，其后 Ammonius、Porphyry、Philoponus、Simplicius 等人对《范畴篇》进行注解和阐发，一方面保存了《范畴篇》的原貌，另一方面也使得亚氏的一些逻辑思想更为清晰明了（Sorabji，2015：3）。此三大源流产生时都有辩难背景，同属论证式逻辑（吴志雄，1990；沈有鼎，1980：12）。在推理方面也有相似之处，如《墨辩》有“三物”论，因明学有“三支式”和亚氏有“三段论”（沈有鼎，1980：44）。然而，不同的地方更多，尤其如《墨辩》“三物”无论是解释成“理、故、辞”（沈有鼎，1980：44），还是理解为“故、理、类”（顾如，2017：360-364），都与“三段论”或因明学的“大前提（喻体）、小前提（因）、结论（宗）”很不协调，推理性质也有争议。这三大逻辑源流差异很大，对比其初始状态能够更好地认识中国古典逻辑的特殊性，从而也能加深对中国传统学术思想的了解。

（1）二分和尽分

西方思想在其背后不但有一个对立链，而且有一个关于对立关系的预设概念（Graham，1989：331-332，380）。这个预设就是对事物进行最简单的区分，即对立二分法。但严格说所有对立都允许中间状态，用二分法来区分存在物，是分不尽的（Simplicius，2001：22；Mckeon，[1941] 2001）。如：白与黑，中间有灰，疾病到健康，中间有病后恢复等状态。另外神非物，而神的观念可以存在。根据还原的原理，需要用一个概念来统摄存在，只有矛盾的对立可以用二分法分尽。亚氏在讨论范畴之前，对存在（being）进行了区分（Ammonius，1991：39；Simplicius，2003：58）①，即从存在中抽象来的"物"，用"物"作二分标准，则存在可尽分为"有物"和"无物"，而且抽象的"物"是自足的。

语言是特殊的存在，本身是存在的一部分，语言又能表示存在。但没有语言，世界一样存在，因而语言不是逻辑基本类。简单、有意义的表达②（即单纯语词）与简单的现实（一般现实）有对应关系（Simplicius，2003：58）。从存在中"物"有无的分布，可以确定表示存在的单纯语词中"物"的有无，这样的语词称为"主体"。

仅仅依靠"物"的有无，不足以细分存在。用从存在的多样性中抽象来的"物"的"普遍性"作为标准，则超出主体范围的"物"是存在的"普遍性"表现。不超出主体范围的"物"是存在的"特殊性"表现。如果用"物"来述说"柏拉图"，尽管柏拉图为"有物"，

① 亚里士多德标准页编码格式，根据此代码可以在亚里士多德著作中找到具体的词、句和章节。

② 一个表达法（expression）与存在的物类（genera）协调一致，才有意义。表达和真实世界相连就成为范畴，而真实世界就称作述谓/谓项。那么，范畴或者真实世界加上用来表示真实世界的表达，或者是有意义的表达，在这两种情况下，范畴都与真实世界有关（Chase，2003：26）。

但是表达无意义，所以“物”不述说柏拉图；如果用“物”来述说“上帝”，因为上帝不是“物”，所以表达是错的，“物”不能述说上帝。

如果主体是“柏拉图”，则“人”、“动物”、“生物”等谓词不同程度地超过“柏拉图”的范围，是不同程度的“普遍性”表现；而谓词“《理想国》的作者”的范围与“柏拉图”的范围相同，即此谓词仅限于主体自身范围的，无普遍性，是存在的“特殊性”表现。这样“普遍性”和“特殊性”可以尽分主体或存在的多样性。

两个二分标准共有四个取值，两两组合有六种可能①（组合没有方向差异，古希腊语词序也不是很重要），去掉两个矛盾组合，有四种可能来区分主体表示的存在。如图 3-1：

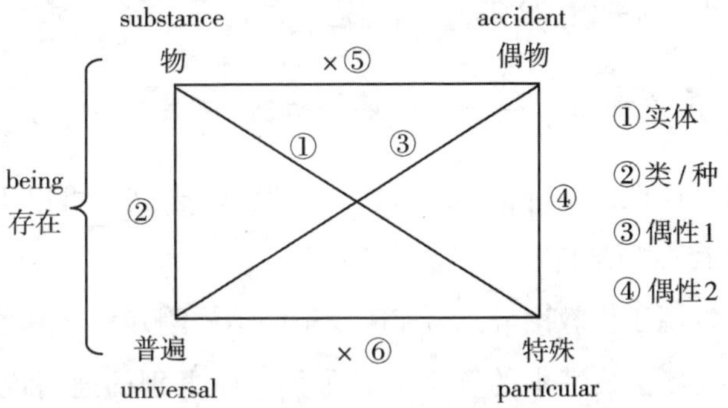

图 3-1 “存在”的组合性

①特殊物：物不述说主体，物不在主体中。即第一实体，个体。

②普遍物：物述说主体，物不在主体中。即第二实体，种、属和第一物的差别。

③普遍偶性：物述说主体，物在主体中。即间接主体的种、属，等于偶性、一般属性。

④特殊偶性：物不述说主体，物在主体中，即特殊偶性。

① 交错逻辑，这种交错组合的分析方法在波菲利时代就已经很流行。

这里，最重要的是区别出第一实体和第二实体（王路，1989；Rashed，2013：53-77），并且确定实体是“类/种”知识的基础（Barnes，2003：248-253），符合人们从特殊事物开始，通过理性分析认识事物的普遍性的规律。这种“有、无”，“普遍、特殊”的二分交错组合的方法是亚氏逻辑的核心，也是建立“类/种”概念外延层级的基础，但也是诸多误解产生的地方。

在十大范畴体系中，实体范畴统率其余九个范畴。概念不是存在的原因，不是概念产生实体。“如若知识的对象一旦被取消，那么知识自身便不复存在了，但相反的情况则不会出现，如若知识的对象不再存在，也就不可能再有任何知识了，就不会有任何东西可以认知了。但是，即使我们还没有关于某一特殊对象的知识，对象自身也依然存在。”（苗力田，1990：22-23）。

（2）亚氏“存在”和因明“量”结构

去掉两种偶性，结合 1b25 以及《范畴篇》全文，可以用图 3-2 表示亚氏的“存在”结构示意图：①

因明学发源于佛教论辩，与亚氏逻辑的结构刚好相反。在因明学中（如图 3-3），心识最基本的含义就是了别，而了别的通俗说法就是分别。心识直接表现出来叫自相，自相是实际存在的，是事物。心识间接表现出来的相、被意识抽象加工过的相，叫共相。而共相并不是实际存在的。自相也称为现量，这是还没有加入概念的思维分别活动，是不能

① 如果将表示现实或存在的 being 理解为系辞“是”，则有不同的理解。亚里士多德只有两处提出十种范畴的分类：一处是在《范畴篇》，“非复合的表达式表示实体、量、质、关系、地点、时间、位置、状态、活动或遭受”，王先生认为此处的范畴是在谈论的语词。另一处是在《论辩篇》，“我们必须区别发现上述四种形式（即四谓词）的谓词的类。这些（类）是十种：本质、量、质、关系、地点、时间、位置、状态、活动、遭受。王先生认为此处是相对于主词来说的，对处于谓词位置的十种范畴可分为四类谓词。本书认为“物”是客观的，“物”（substance）的“类”（genera）也是客观的并且与语言无关。

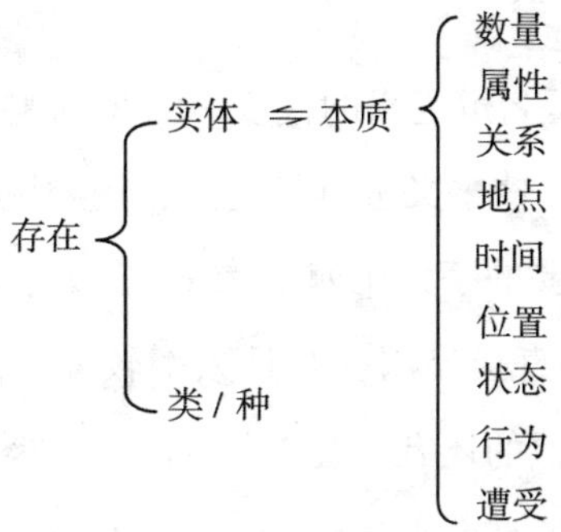

图 3-2　《范畴篇》“存在”结构

用语言表达的知识，这就是“佛说非佛法”所指。陈那着眼于思维的阶段，而以没有达到分别的程度作为现量的界限。一超过这个界限，便不是真正现量，或者竟成为比量了（吕澂，1991：1576）。比量是推理知识，推理正确是比量，推理或分别错了就是似比量。而真理或为现量所得，或为比量所得（郑伟宏，1990；刚晓，2007）。亚氏逻辑的“唯物”与佛教因明的“唯心”在此一望而别。下文在讨论中国古典逻辑基本类概念时基本以亚氏的演绎逻辑为主，必要时参考因明学说明。

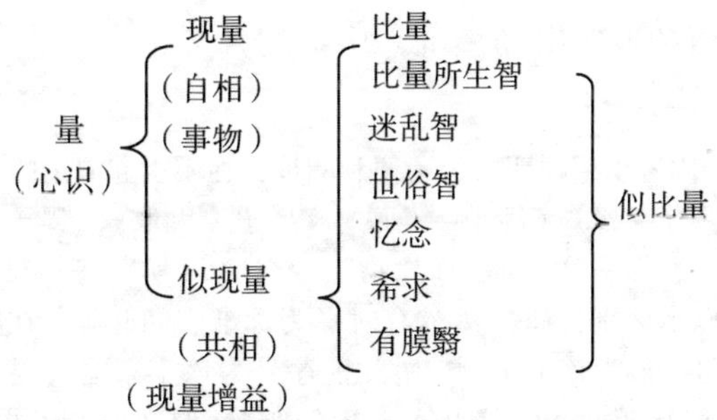

图 3-3　陈那因明“量”结构（刚晓，2010：8-12）

2.《墨辩》基本类

《墨辩》作为先秦名辩逻辑的代表，意识到逻辑语言与日常语言不同，用经①的形式对一些字义进行了定义，用经说的形式相应进行解释说明。但是，一些重要的字，比如“类”，在大、小取，经文，经说乃至整个《墨子》中都直接使用，并且频率较高，而在经、经说中却没有定义及其解释，类似的还有“物”、“理”、“然”等。这些概念的使用是否具有内部的一致性？重要性如何？为什么避而不提？很明显，讨论这些问题只能暂时将范围限制在《墨辩》或《墨子》内部，在下节讨论中国逻辑基本类时再参考《周易》或《荀子》的思想。《墨辩》前后期的差异也暂时忽略，也就是只有从经、经说的文字入手，考察墨子如何使用这些没有单列的概念，然后用大、小取或墨子其他文章中的使用情况进行对比。

在考察未单列概念时，不可避免地要同时考察一些已单列的概念，如，《墨经》含物共八条，物名同说二条，物散见于其他互相联系不大的经文六条中。《墨经》说名、实文共十六条，名实同说共七条，文实同说二条，实单说一条。只有同时考察相互有联系的物、名（文）、实，才能较为清楚地看出《墨辩》中物的含义。

① 《墨辩》内容引用说明：为了便利阅读，在不引起混淆的情况下，《墨辩》中的概念以及《墨子·经》《墨子·经说》《墨子·大取》《墨子·小取》都不加书名号或引号，一般都是单字词，如“物”、“名”、“实”等，双音词或短语概念为意译加下划线以示区别，如“然”有时译为标准、如此等，在脚注中的引用有对应概念。加引号一般为该书举例。脚注前序号为该字条在《墨辩》等引文中的顺序，其编号以 1925 年涵芬楼影印版《正统道藏》原文为主（顾如，2017：15），注“b”者为经下，已按沿用的“旁行句读”将经、经说配对（谭戒甫，[1964]1987：17）。译文中有（），其中的内容根据上下文添加，以便于理解。经、经说句读分歧较多，引用经文不加句读，只用逗号区分经、经说内容，未见逗号者全为经文。另“[ ]”内的内容为移进或者移出该条经文，或为字序有疑，单字则与前字可能是形误。

下面首先将包含这些文字的经文和说文按一定顺序排列，在考虑意义的完整性前提下，只选取含有所关注的文字，尽量不改变文字含义，略加翻译，经文或说文放在脚注中供参考。基本可以看出这些概念没有定义不是因为不重要，而是由于《墨辩》主旨、汉语本身的特点、概念的难度、分析的深度等原因而无法下定义。

（1）述物

①物是认识的基础。物是认识的对象，认识物的方式可以不同。① 以才智为基础接触物可以描述物，② 以才智为基础讨论物可以认识物。③ 认识物为什么如此的（原因）可以不同，认识物的方式可以不同，使别人认识物的方式也可以不同，原因是（认识物的过程）会有问题。如，事实上有的物不完整，（但可以通过）见到物来感知它，（或者）使用才智使物完整。④

②物可类。找到共同点的物就是一类，找到差别的物就是不同类。⑤ 判断属同一类物，不能宽于筛选标准，判断非同一类物，也不能严于筛选标准。⑥

③物可名。名有三种：通物名；对实分类名；对特殊实指称的私名。能说出口的话，都有名，如同姓与名字一样是对应的。⑦ 用同一个名来为有共同点的全部物命名，如“二（不同）”可以为“斗、爱”

① ［10b 物之所以然与所以知之与所以使人知之不必同说在病。］

② ［5 知接也，知知也者以其智过物，而能貌之若见。］

③ ［6 恕明也，恕恕也者以其智论物而其知之也著若明。］

④ ［10b 物之所以然与所以知之与所以使人知之不必同说在病，物或伤之然也见之智［知］也吉之使智也。］

⑤ ［13b 欧物一体也说在俱一惟是，俱俱一若牛马四足惟是当牛马数牛数马则牛马二数牛马则牛马一若数指指五而五一。］

⑥ ［80b 物箕不甚说在若是，物甚长甚短莫长于是莫短于是是之是也非是也者莫甚于是。］

⑦ ［78 名达类私，名物达也命之马类也命之臧私也声出口俱有名若姓字俪［若信宇灑］。］

命名。“食”可以为“装饰过的食品”命名。“白”可以为“所看到的白色”命名。“成对的”可以适用于“男性的鞋子”；“男性的鞋子”又可以适用于“履”。①

④关于物的法则、推类有适用范围。在各不相同的小范围内完全适用，但互相之间（所顺从的）不同法则，在小范围合并成大范围后不影响法的适用性，范围是关键，物也全部如此。②（所分的）类是否包含异类、是否包含此类“物”的全部，影响推类成功与否。③

（2）述名实

①名物与名实。名有三种：通物名；对实分类名，如“马”；对特殊实指称的私名，如“臧”等。能说出口的话，都有名，如同姓与名字一样是对应的。④

有些（物）能够获知，却不能指称出具体含义，如“春”指称什么，“逃跑家臣”在哪儿，“狗、犬”的差别，技艺高超的巧匠所造出东西之间的差别。⑤ 从事正名的人可以述说和使用这些差别，一般使用名的人不可一会说有差别，一会说无差别。⑥ 名不是自己单独

---

① ［3b 物尽同名二与斗爱食与招白与视丽与夫与履。］

② ［65b 一法者之相与也尽若方之相召也说在方，一方貌尽俱有法而异或木或石不害其方之相合也尽貌犹方也物俱然。］（方，在先秦有两种解释：区域，范围；方法，为法的似类。这两者对于本条的理解并不矛盾，采用前者则政治伦理倾向强，后者则是纯逻辑表述。）

③ ［2b 推类之难说在［名］之大小，谓四足兽与［举］生鸟与［举］物尽与［举］大小也［此然是必然则俱］。］

④ ［78 名达类私，名物达也命之马类也命之臧私也声出口俱有名若姓字俪［若信宇灑］。］

⑤ ［39b 所知而弗能指说在春也逃臣狗犬贵者，春也其执固不可指也逃臣不智其处狗犬不智其名也［处］遗者巧弗能两也。］

⑥ ［68b 循此循此与彼此同说在异，彼正名者彼此彼此可彼彼止于彼此此止于此彼此不可彼且此也彼此亦可彼此止于彼此若是而彼此也则彼亦且此此也。］

用来指称（物）的语言，因为别人也可以这样来指称①（这样会导致混乱）。

②名举实。实是（物）显扬和充实了其志的状态。②（物）有其实，最终必有其名，名可以是文字形式也可以是语言形式。③ 因为名与实相互耦合，所以名可以用来指称实，④ 用名指称实也称为“举”，⑤ 也可以用语言来指称实，⑥ 还可以用名指称的实来指称实，如，用“霍”“这块肥肉”来指称“霍”这个人。⑦ 只有给实命名后才能指称它，没有命名就无法指称实，这不像“敷、美”等，说“敷、美”时则一定是美，说其他则是不美，不指称（敷、美）就已表明不美了⑧（敷、美是在特定场合下“名”的使用，并非命名）。

从名认识实⑨，主要有三种方式：被间接告知、被直接告知和亲身感知，这三种方式既要求实得到显扬，也要求名实相符。⑩

③名不副实。名因有指称从而固定其“是”，即名与实之间的指称关系，这主要是由于因袭。⑪ 有时候名错了（离开了原意），此时要看指称的实，⑫ 如，我们生于当今却用唐尧时的义，时代不同了，义指称

① ［72b 惟吾谓非名也则不可说在仮。］

② ［11 实荣也，实其志气之见也使人如［知］己不若金声玉服。］

③ ［78 名达类私有实必待文多也］［6 名实 32 言出举也言也者诸口能之出民［名］者也民［名］若画俿也。］

④ ［80 知闻［闻］说亲名实合为，所以谓名也所谓实也名实耦合也。］

⑤ ［31 举拟实也，举告以［文］. 名举彼实［故］也。］

⑥ ［32 言出举也，言也者诸口能之出民［名］者也民［名］若画俿也。］

⑦ ［53b 尧之义也生于今而处于古而异时说在所义二，指是臛也是以实视人也。］

⑧ ［5b 谓而固是也说在因，［偏去］未有文实也而后谓之无文实也则无谓也不若敷与美谓是则是固美也谓也则是非美无谓则报也。］

⑨ ［48b 知其所以不知说在以名取。］

⑩ ［80 知闻［闻］说亲名实合为。］

⑪ ［5b 谓而固是也说在因，［偏去］未有文实也而后谓之无文实也则无谓也不若敷与美谓是则是固美也谓也则是非美无谓则报也。］

⑫ ［33b 或［域］过名也说在实。］

的实已经不同了。① 有时候名可以被改变，而实并未改变。② 还有的时候，不同名对应同一实。③ 名甚至可以实现实。④

（3）述类

①同类。（物）之间有共同点为同类⑤（一类之中的物有共同点）；（物）之间没有共同点为不同类⑥（不同类的物没有共同点）。

②标准（内涵）。判断（物）是否同类的关键是标准（同一标准形成的），异类（物）之间不比较。⑦ 乱举标准不能用来认识（类之间的）差异，是因为（类之间）有的"有"不被允许（用作标准）。不能用都有但不同的属性标准来说类不同；不能用都有，但属性的量存在差异的标准来说类不同，要用一类有而另一类无的属性来说类不同。如用"角"来说牛、马不同类是乱举标准，而应用"牛角"来说它们不同类。⑧ 只有分类标准是必然的，（物）才是同类。⑨

③类名（外延）。（物）有其实，最终必会有其名；（物）有此实是同类，此名即此类，如"马"。⑩ 以类来行事，是因为（同类）有必然的共同点。⑪ 推类之所以难，是因为类的大小难于确定，如指称四足

① ［53b 尧之义也生于今而处于古而异时说在所义二。］

② ［29b 推之必往说在废材，未变而易名。］

③ ［86 同重体合类，同二名一实重同也。］

④ ［34 君臣萌通约也，君以若［萌］名者也［若石者也］。］

⑤ ［86 同重体合类，有以同类同也。］

⑥ ［87 异二体不合不类，不有同不类也。］

⑦ ［7b 异类不吡［仳比］说在量。］

⑧ ［66b 狂举不可以知异说在有不可，以牛有齿马有尾说牛之非马也不可是俱有不偏有偏无有用牛角马无角是类不同也。］

⑨ ［1b 止类以行人［之］说在同，止彼以此其然也说是其然也我以此其不然也疑是其然也［此然是必然则俱］。］

⑩ ［78 名达类私，名物达也有实必待文多也命之马类也若实也者必以是名也。］

⑪ ［1b 止类以行人［之］说在同，止彼以此其然也说是其然也我以此其不然也疑是其然也［此然是必然则俱］。］

兽，举出小鸟、举出物（其他例子）、遍举（所有例子）等，都是在关于类的大小问题上进行细分。①

（4）小结：《墨辩》物、实、名、类

①物为客观存在的一切。物在小取中存在四处：论辩的方式之一是摹略万物的样子。② 万物间有相同的地方，但不一定全同，（有些）可以看做相同③（由于认识或判断标准不同）。有些物（与所论辩的）根据相符，且符合论辩的要求，有些（虽然与所论辩的）根据相符，但并不符合论辩的要求。④（论辩还可以是）通过举其他物来辨明所要讨论的问题。⑤ 这些都是认识物有差别和物可以分类，并且可以利用这些差别来进行论辩的原因，也就是说在小取中物的含义与经、经说中的含义是一致的。⑥

②实是物中已认识且已经或将要命名的一部分。名与实关系密切，名复杂性更大。名与实经常对举，而不与物对举，如：31 举，拟实也。举：告以［文］名，举彼实也［故使人督之］。32 言，出举也。言也者，诸口能之，出民者也。民［名］若画俿也。言也，谓言犹实［石］致也。［言，谓也，言犹实致也］80 知，间［聞］说亲，名实合为。另，文非文书，文是名的别名。由于名也可以对物进行分类，所以“名，达

① ［2b 推类之难说在之大小，谓四足兽与［举］小鸟与［举］物尽与［举］大小也［此然是必然则俱］。］

② ［小取，夫辩者将以……焉摹略万物之然论求群言之比。］

③ ［小取，夫物有以同而不率遂同。］

④ ［小取，夫物或乃是而然或是而不然。］

⑤ ［小取，辟也者举也［他］物而以明之也。］

⑥ 物在大取中一处：三物必具然后足以生。《墨子·公孟》中有一处：是言有三物焉子乃今知其一身［耳］也又未知其所谓也。此两处都是在论辩中反驳对方错误的言论。再者，小取中有：夫辞以故生以理长以类行也者，所以“三物”很可能是指“故、理、类”。

类私”，理解为并列结构比较合适。①《墨辩》大、小取中使用实字均与名字对举，另有使用实的本义“桃之实，桃也。棘之实，非棘也”。

实字在经、经说中还有另一定义和解释：11 实，荣也，实其志气之见也，使人如［知］己不若金声玉服。这一定义是对人行为性质评价进行切分的系列，即仁、义、礼、行、实、忠、孝、信等。综合来看，此意义比较接近现在“荣辱”意义。但是，要表达这个意义或相近的意义，在墨家、道家和儒家的文章中仍然都是使用荣字，而并没有使用实字，② 如：

非独国有染也，士亦有染。其友皆好仁义，淳谨畏令，则家日益、身日安、名日荣，处官得其理矣，则段干木、禽子、傅说之徒是也。（《墨子·所染》）

故圣人［之］为衣服，适身体，和肌肤而足矣，非荣耳目而观愚民也。（《墨子·辞过》）

知其荣，守其辱，为天下谷。为天下谷，常德乃足，复归于朴。（《道德经》）

且举世而誉之而不加劝，举世而非之而不加沮，定乎内外之分，辩乎荣辱之竟，斯已矣。（《庄子·逍遥游》）

动于无方，居于窈冥；或谓之死，或谓之生；或谓之实，或谓之荣；行流散徙，不主常声。（《庄子·天运》）

物类之起，必有所始。荣辱之来，必象其德。（《荀子·劝学》）

荣辱之大分，安危利害之常体：先义而后利者荣，先利而后义者辱；荣者常通，辱者常穷；通者常制人，穷者常制于人：是荣辱

① 名，达类私，并非严格的三字词结构（顾如，2017：620-621），三字词结构可能只是大致的倾向。

② 《墨子》中使用实字 47 处，大多为“确实”、“充实”、“名实”、“果实”之意，没有一例可以解释为“荣也”的含义。

之大分也。(《荀子·荣辱》)

以上这些语句中，似乎不能把荣字替换为实字。这就是说经、经说有根据行为系列强行将荣与实合并的倾向。实字此意为人行为的政治伦理评价，因此并不属于《墨辩》逻辑基本类的内容。

③类在经、经说中共有七条。"有以同"为同类的描述性语言，行辞可用类作指导。在大、小取中共出现类 24 次，全部只用同类之意,① 而《墨子》其他篇有 5 次也是同类之意,② 但是，判断同类有标准(内涵)，适用于该类也有范围(外延)，似乎除了经、经说中用到外，在墨家、儒家、道家几乎都没有用到，也就是说对于类的使用其实只能算是一种没有定义的、自然语言中的描述事物相似性的自然类。

3. 中国古典逻辑的基本类结构

①政治伦理主张不属于逻辑基本类。根据对《墨辩》以及儒家、道家的用字分析，可以将先秦逻辑的基本类图表列如下（见图 3-4)。先秦百家的一些观点很多都是具有对抗性的。例如，儒家说：里仁为美。择不处仁，焉得知？不仁者不可以久处约，不可以长处乐。仁者安仁，知者利仁(《论语·里仁》)。仁为第一优先项。而墨家说：仁，体爱也。体，分于兼也。这即是说儒家的仁是"有差别的爱"，即仁，爱己者，非为用己也，将义利放在第一优先位置。道家则说：大道废，

---

① 有 3 次虽也是同类之意，但是与语义、否定发生关联，反映出否定语义的不对称性，应该说是对经、经说的发展。[小取，奚以明之？恶多盗，非恶多人也；欲无盗，非欲无人也。世相与共是之。若若是，则虽盗人也，爱盗非爱人也，不爱盗非不爱人也，杀盗人非杀人也，无难矣。此与彼同类，世有彼而不自非也。]

② 另有 2 次略有差异：《墨子·所染》：此六君者所染不当，故国家残亡，身为刑戮，宗庙破灭，绝无后类，君臣离散，民人流亡，举天下之贪暴苛扰者，必称此六君也。《墨子·公输》：义不杀少而杀众，不可谓知类［讨论详见下文]。类字的这些意义在儒家、道家也很常见。用作祭名的"类"成之于殷商，传之于西周，随后又派生出"善"——道德观念的抽象，辗转相传至于春秋，出现了与对事物进行分类有关的"族类"概念。

有仁义；智慧出，有大伪；六亲不和，有孝慈；国家昏乱，有忠臣。道家提出第一优先项为德。但总体来说，这些都属于政治伦理，其核心是用来调节个人及社会行为的主张，“‘推类’之‘类’并不是形式化的类关系，而是有特定所指，即正当言行的‘类’。其中，儒家主要讨论行为之‘类’，又可分为内在的行为动机的‘类’与外在的行为模式的‘类’；墨家则主要讨论言论之‘类’”（李巍，2016）。正因为这些观念的对抗性，所以政治伦理主张并非逻辑的基本类。

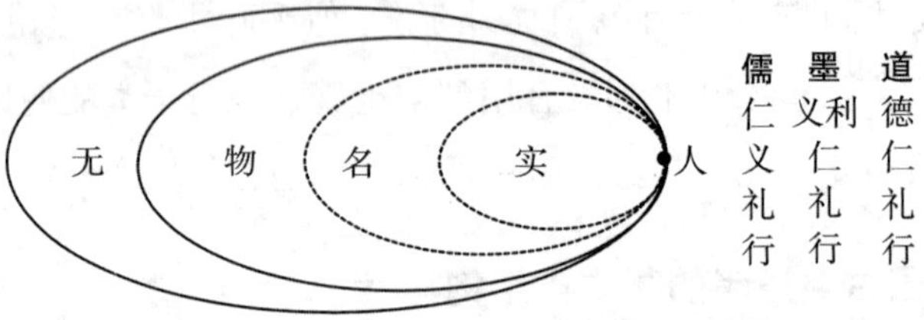

图 3-4　中国古典逻辑基本类

图 3-4 中，墨家用经、经说的形式比较系统地提出了先秦逻辑的体系，但这并不意味着只有《墨辩》涉及逻辑基本类。儒、墨、道等各家有着相同的逻辑基本类：物、名、实、类，各类的内涵有着很强的一致性。

②中国古典逻辑基本类：物。墨家没有定义物，一方面可能是因为墨家与其对手儒家的物观念不冲突，基本一致：

> 故万物虽众，有时而欲无举之，故谓之物；物也者，大共名也。推而共之，共则有共，至于无共然后止。有时而欲遍举之，故谓之鸟兽。鸟兽也者，大别名也。推而别之，别则有别，至于无别然后止。（《荀子·正名》）

儒家主张物是存在的大共名，不用于述说具体事物，这是墨家所没有的观点，而且“共则有共，至于无共然后止”，即物的对立面“无”并不是儒家关注的重点。儒墨的重点都是物可名，一般事物都有通名，也就是儒墨关注的都是“有”。此外，可能是墨家没有明确接受道家或名家①的观点（张涅，2018）。道家的世界不仅包含可见、可感知的万物，还包括与“有”相对的“无”。这与亚氏的逻辑预设如出一辙：

> 道可道，非常道。名可名，非常名。无名天地之始，有名万物之母。（《道德经》）

尽管二元对立毫无疑问在中国文化居于中心地位，“无论在宇宙论的对子与四、五甚至更多的系列，还是律诗的对仗与韵文的平仄，我们都发现了这种组织，甚至当总数是奇数时亦均匀地划分为二再外加余下的一个。在公元前250年后最终定型的传统宇宙论，经由依据‘阴’与‘阳’的单一链条排列成二元对立而使之秩序化”（Graham，1989：331）。但是，对立的链条中都有一方优于另一方，而二者又相互依存，如同日、夜那样，中国人倾向于把对立双方看做互补的，对立的双方没有好、坏之分，这与西方人强调二者的冲突是不一样的。

名家对于世界的看法与道家基本相同。更进一步，因为世界由“有”与“无”构成，所以名家看到了天下不可指；可能因为物的多样性，物并不能指称具体事物。

---

① 假若对个体的经验加以归纳、抽象而成概念，并遵循群体共识和通约的原则作理论的表述，则是先秦名学发展的理性化路向。这个路向的代表作是《墨经》和《荀子·正名》。《墨经》和《荀子·正名》成书于战国末期，当略晚于《公孙龙子》（张涅，2018（2）：66-71）。（关于《墨经》的作者及其形成时期，有异议。汪中说“并非墨子本书”，以后学界主流多承此说。笔者也以为，其可能在墨子时代就开始了，但是完成当在战国后期。因为里面有对于《公孙龙子》的批判和对于“名”意义的进一步阐发。）名家还提出很重要的“位”的概念：“实以实其所实而不旷焉，位也。出其所位，非位。位其所位焉，正也。”

> 指也者，天下之所无也；物也者，天下之所有也。以天下之所有，为天下之所无，未可。天下无指，而物不可谓指也。不可谓指者，非指也。非指者，物莫非指也。（《公孙龙子·指物论》）

名家真正意识到语言与物之间的关系是通过指称实现的，“白马非马”也一定程度上可以类比亚氏的简单语词和复杂语词之间的差异。然而这些逻辑思想在中国古典逻辑中都是以意会的方式表述出来的，没有形成一套形式化的规则。

③中国古典逻辑基本类：名、实。名就是语言，美国汉学家陈汉生说：“语言被看成一堆名称，这些名称标志着约定的区别，以及对应和引起对于世界的反响——态度和行为的规范的方式。”（1998：38，82）名与实、物的关系就是语言与所指的存在之间的关系（何九盈，1995：4-7）。名有三种：通物名；对实分类名，如“马”；对特殊实指称的私名，如“臧”等。能说出口的话，都有名，如同姓与名字一样是对应的。“在汉语模式中，认识一个语词就是具有根据与那个语词相联系的习惯做法去区别或划分的能力，以及在指导行动的过程中评价那一划分的能力。中国哲学家由于缺少柏拉图式‘知识及再现’模型，因而没有那种动机把区分能力解释为心灵，把对象与观念相比。”（陈汉生，1998：52）

但是如前所述，语言并不是逻辑发展的必要条件，“作为西方逻辑而知名的系统，不是任何特殊的西方语言的逻辑，其本身乃是‘人工’语言。这种语言的有效推理式并不是与任何一种特殊的自然语言相联系的”（陈汉生，1998：20）。现代谓词逻辑、模态逻辑的形式化表达更说明自然语言与逻辑的关系不大。

④中国古典逻辑基本类：类。从语源来说：“范畴”英语译作category，罗马拼写为Katêgoria，古希腊语为κατηγορια，其原义即为“类，归类”之义（罗念生，2004），而genus，species，type三词本就是从古拉丁语而来，对应汉语译作种、属、型。从英语将genera译作

“类”，虽然翻译很不一致，但是 category，genus，species，type 四个都应该是属于“类”的概念，并且有着严格的上下包含关系。范畴是关于存在的最高抽象和最高“类”（柳长铉，1985；Chase，2003：26）。这些类的层级都是第二主体，即物不在主体，用来述说主体。因明学中似乎是通过有品、无品，以及比较有品的范围来实现这些类的层级。亚氏逻辑普通类的层级关系见下节。

亚氏逻辑的第二主体，类/种的层级在《墨辩》及其他各家学说中，几乎只有一个“类”与之相对应。虽然文献中偶尔也出现了“种、属”等字，如：

> 五类杂种兴乎外，肖形而蕃。（《淮南子·墬形训》）
>
> 上九，株生蘖，其种不绝。测曰，“株生蘖”，其类乃长也。（扬雄《太玄经·居》）
>
> 实者，圣人自有种世族，仁如文、武各有类。（王充《论衡·奇怪》）
>
> 六月谓之林钟何？林者，众也，万物成熟，种类众多。……二月谓之夹钟何？夹者，孚甲也，言万物孚甲，种类分也。（班固《白虎通德论·五行》）
>
> 至使所搜索剽夺，游踵涂地，或覆宗灭族，绝无种类。（王符《潜夫论·实边》）

上引诸文中种、类并举，种有种族、物种之含义。这可能是类含义的引申，也可能是类细分的开始。而下面引文中属、类并举，其含义与类基本无差别，因而可以看做一种为文手段，或者说是类的似类系列。

> 凡生天地之间者，有血气之属必有知，有知之属莫不知爱其类。（《礼记·三年问》）

故五害之属，伤杀之类，祸福同矣，知备此五者，人君天地矣。(《管子·度地》)

自王公逮庶人，圣贤及下愚，凡有首目之类，含血之属，莫不有命。(王充《论衡·命禄》)

中国古典逻辑类无层级的原因是由于不是从总体上把握类的规定性。《墨辩》及公孙龙在讨论狂举时略有涉及，即以“牛角”而并非“角”作为区分牛、马的标准。但在整个先秦文献中仅有此两例，是否为后人误抄也不能确定，其他“种、属、类”的使用都保持一致，所以可以说“类”自始至终都没有被抽象出来。

第二节　演绎和类比逻辑的类基础

在基本类方面亚氏逻辑、因明学没有太大差别，都是物、类，但是在二者之间的关系上差别较大，其中如何看待概念系统的语言差异尤其大。粗略地说，亚氏将语言简化为类/种系统，并且与真实世界是一一对应的关系，因而语言并非其逻辑基本类。因明学则除了佛教诵经注重语言外，基本上也将语言排除出了基本类。印欧语如果不进行抽象，几乎找不出不变的形式来讨论确定性，而中国古典逻辑，将语言看做一堆名，汉语则基本没有必要抽象，又由于关于政治伦理的实裹挟进来，这一堆名与实的关系就显得错综复杂。

演绎逻辑是建立在范畴、类/种、属、个体等上下包含严格层级关系的基础上，由大前提到必然的结论之间的包含关系通过中词得以明确。中国古典逻辑的类是事物“有以同”的描述，事物之间只要存在相同的地方就可以构成类，没有层级关系。语言以“名”的形式进入到中国古典逻辑中，使得“类”的含义与实践变得更加灵活和难以把握。《墨辩》中“辞、理、故”等是语言实践，并非推理形式。

1. 普通逻辑类层级和推理类型

亚氏逻辑的基本类分为第一实体和第二实体。通过物的"有、无"和物的"普遍、特殊"两个维度的交错组合，确定了第一实体优先于第二实体。这是对于基本类的排序，而对普通的逻辑类则没有讨论。现在把亚里士多德涉及第一实体、第二实体以及关于"一"与"多"中涉及类的层级综合如下：

> 一些事物从个数［个体］看是一［如图3-5中，柏拉图、张三、$马_1$、$马_2$①］，另一些事物从种看是一［如人、鱼、马、金、水、醋等］，再一些事物从类看是一［如动物②、液体、名、白、仁等］，还有一些事物从类比看是一［如名（即语言）与动物或生物类比，这种类比跨范畴］；用个数［个体］计的事物其物质是一，用种计的事物其公式［定义］是一，用类计的事物其归类［断言，范畴］是一，用类比计的［两］事物其与第三事物的联系同其与第四事物的联系一样。后面［低层级］的计量单位总是出现在前面［高层级］的计量单位中，例如：以个数［个体］计的事物在种中也是以个数［个体］计，而以个数［个体］计的事物在种中并不全都是以个数［个体］计量的一［如水、醋等在种中也不以个体计］，但是，在种中是一的事物在类中全部是一，而用类比计时，在类中是一的事物在种中不全都是一［如液体类中，$液_1$水是一种液体，$液_2$醋也是一种液体，都是一；而在种中，金与水两者都不是一，但可将水与金进行类比。这种类比跨种不跨范畴］；而以类比计是一的事物在类中并不全都是一［如白在类中，不能单独存在为白］。

① 本段及下一段为亚氏形而上学从英译本而来的汉译文，此方括号为本书作者所加，下同，示意图也为作者所加。

② 亚氏在动物与生物及植物之间的分类不甚清晰，参看吴寿彭（1997：93）的翻译。

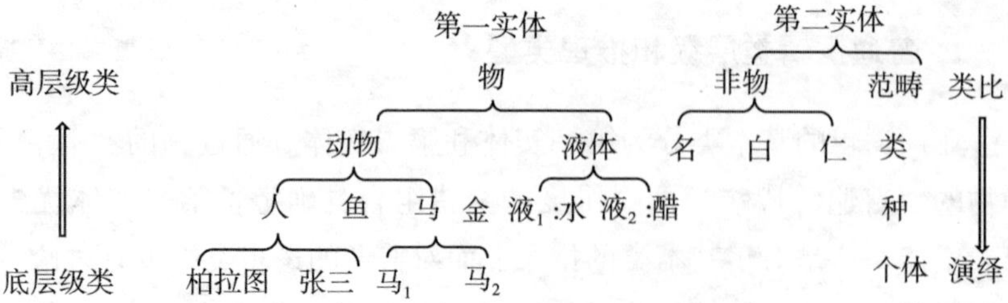

图 3-5　亚里士多德逻辑类层级示意图

很明显，“多”与“一”有相对应的用法；有些事物是“多”是因为这些事物不是连续的［如柏拉图、张三、马$_1$、马$_2$］，有些是因为它们的质量——既可以是近似的质量也可以是最终的质量——可以以某种角度进行划分［如金、水、醋等］，有些是因为陈述它们本质的公式［定义］多于一［如名、白、仁等］。

没有系统性地对物采取二分法，物与名就不能从理论上分开，没有考虑到物的普遍性与特殊性二分，类原则上就不能建立严格的层级。超越单句的语义联系只有从整体上比较其意义的异同，加上汉语省略起词（见下文）的句法普遍性，所以中国古典逻辑必然采用类比推理。类比既可以发生在较低层级，也可以发生在较高层级，甚至跨范畴也可以进行类比。

2. 演绎逻辑的类基础

第二实体与第一实体的对应关系以及类的层级包含也从预设的基础上保证了推理的有效性。结合亚氏逻辑的基本类与逻辑类的层级结构，可以了解“亚里士多德三段论包含演绎的结论之所以是必然的，是因为它依据的不外是 AAA 和 EAE 两式所说明的这样的公理：凡对一类事物有所肯定，那么对该类事物中任一事物也必然有所肯定；凡对一类事物有所否定，那么对该类事物中任一事物也必然有所否定”（陈孟麟，1987）。

虽然“亚里士多德没有明确提出把‘类’范畴作为三段论的基础”（王加良，2012），但亚氏的演绎逻辑其实就是比较逻辑类的外延是否相等的类逻辑，“亚里士多德的逻辑可以说是一种谓词的或概念的逻辑，也可以说是类的逻辑”（肖尔兹，1977：34）。陈孟麟（1987）也说：“在亚里士多德逻辑中，三段论是根据概念外延的同异关系构成的概念的逻辑即类的逻辑。”“如果我们把一般词项认为是类的名称，我们就发现任何两个类 X 和 Y 之间存有五种可能的关系：重合关系；X 包含 Y 但 Y 不包含 X 的包含关系；Y 包含 X 但 X 不包含 Y 的包含关系；交叉关系和全异关系。”（涅尔，1985：51）这是以在简单语词和述说之间的对应关系及其相互包含情况作为基础的讨论。亚氏对三段论中的词项也是从类包含的角度来定义的，“我们把那个本身被包括于另一名词，又包括另一名词的名词，叫做中词；在位置上它也是居中的。所谓端词，我指的是那两个名词：其中一个是本身被包括于另一名词的那个名词，另一个是包括另一名词的那个名词”①（李匡武，1984：96）。中词与端词的类包含思想是拿中词外延与端词外延相比较，不同的结果则是判断三段论是否成立的标准。因明学比量中的宗，因，喻，并用同品、异品分析，虽然有些其他如共许之类的限制，最终也由类比性质的推理转变为与三段论基本相同的演绎推理（郑伟宏，1990）。

3.《墨辩》辞、理、故、然

《墨辩》辞、理、故、然等一直被认为与三段论推理有关：如沈有鼎（1980：44）认为理是大前提，故是小前提，辞是结论，然为类比推论。陈孟麟（1987）则说：“故”指小前提在《墨辩》中找不到根据。“故”是推理论证的本质和前提（辞以故生），“理”是推理论证的形式和规则（辞以理长），“类”是推理论证的原则和方法（辞以类行）。两者所论差别较大，因此有必要看看这些字在《墨辩》中的实际使用情况。辞、理、故可能与推理有关，其语义有可能超越短句范围，

① 中词，是指既包含在另一个词项中又包含着其他词项于自身中的词项。端词，是指包含在另一个词项中的词，或者包含着另一个词项的词。

所以下面关于辞、理字句引用原文，故在经、经说中有定义和解释，也引用原文；“然”字则如前以翻译原文的方式展示。

（1）述辞

经、经说中没有关于辞的述说，辞主要出现在大、小取中，按其语义，现将涉及的语句略加整理，排列如下：

夫辩者……以辞抒意；

夫辞以故生，以理长，以类行也者；立辞而不明于其所生，妄也；今人非道无所行，唯有强股肱，而不明于道，其困也，可立而待也；夫辞以类行者也，立辞而不明于其类，则必困矣；

侔也者，比辞而俱行也；辞侔之也，有所至而止［正］；是故辟、侔、援、推之辞，行而异，转而诡，远而失，流而离本，则不可不审也，不可常用也；

故浸淫之辞，其类在鼓栗。

（2）述理

理在经、经说中有两条。本节有下划线字为原文较为可能的字。

道理条理。论辩系列：73 攸［彼］不可两不可也。74 辩争攸［彼］也辩胜当也。75 为［,］穷知而悬于欲也。

75 为［,］穷知而悬于欲也。为，经。经说对应提示作用，不用解释。养选原文，反驳孟子。

为：欲养①［䕯薪斫］其指，此系列为论辩及应注意的事项。译：行为是按人所感知到的而行事，但是受到欲望的限制。不应断句。为，行为。且，为有单列条：字10行，为也。存亡易荡治化。85 为，下文有重复。

---

① 《孟子·告子篇》：养其一指而失其肩背而不知也，则为狼疾人也。饮食之人，则人贱之矣，为其养小以失大也。饮食之人无有失也，则口腹岂适为尺寸之肤哉？

智不知其害，是智之罪也。

若智之慎文［之］也，无遗于其害也。文［之］无区别，选文为好，与遗对应。

而犹欲养［雝］之，则离之［，］选原文。句读无区别。

是犹饲［食］脯也。

骚之利害［，］未知也。欲而［得］骚，逗开为好，与下句对应。得加为好，与下得力对应。

是不以所疑止所欲也。

廧［墻］外之利害，未可知也。

趋之而得力［，人刀］，刀，刀币，属前句，非下句。前文有视城得金，结构、语义对应。

则弗［欲］趋也，欲不加为好，上有则离之。

是以所疑止所欲也。

观为穷智［知］而悬［縣］于欲之理，与《经》文对应，此理为道理。

养［雝薪斫，惟食］脯而非㦽［恕］也，

养［雝薪斫］指而非愚也，因不知利害，受欲望左右而养指，并非愚蠢。

所为与不所为相疑也，非谋也。(结论)

为学质疑系列：77b 学之益也说在诽者。78b 诽之可否不以众寡说在可非。79b 非诽者谆［悖］说在弗非。

78b 诽之可否不以众寡说在可非。

经说：

论诽［诽］之可不可，此系列似在讨论为学中的质疑，与前系列义同 29 誉明美也 30 诽明恶也。［诽］衍文。

以理之可诽［非］，虽多诽，其诽是也。此为学之理，道理，是非为宜，与下句对应。

［不可诽理之可诽］衍文。

其理不可非［诽］，虽少诽，非也。同上文。

今也谓多诽者不可，是犹以长论短。

不诽［非诽］，非己之诽也。不质疑，是对自己质疑的否定，与下语义、结构对应。

不非诽，　　非可非也。

不可非也，是不非诽也

(3) 述故

故在经、经说中有定义:

故,所得而后成也。

故:小故,有之不必然,无之必不然。体也,若有端。大故,有之必无然[有之无不然],若见之成见也。

(4) 述然

“然”字可以有多种含义,本节画线部分为该字在该语境中较为可能的含义。

①事实。物是认识的对象,认识物为什么如此的(原因)可以不同,认识物的方式可以不同,使别人认识物的方式也可以不同,原因是(认识物的过程)会有问题。如,事实上有的物不完整,(但可以通过)见到物来感知它,(或者)使用才智使物完整。①

假,必然是不符合事实(物),假必然不是(原物)后,才能称为假。假称一条狗为姓霍的,就真的是霍的家人?② 符合地名的地方不在此地,知道(名)并非事实,而把此地指称南北。(名)错了却认为事实就是如此,(是因为)开始时指称此地为南方,所以现在也指称此地为南方。③ 梦中也以为是符合事实的。④

“诺”这个应答词有不同的可以利用的地方。(人们使用这个词表

① [10b 物之所以然与所以知之与所以使人知之不必同说在病,物或伤之然也见之智[知]也吉之使智也。]

② [9b 假必悖[誖]说在不然,假[假]必非也而后假狗假霍也犹氏霍也。]

③ [33b 或[域]过名也说在实,[或]知是之非此也,有知是之不在此也,然而谓此南北[方]过而以已为然始也谓此南方故今也谓此南方。]

④ [24 梦卧而以为然也。]

示）跟随、同去、事先知道、对、可以等五种含义。正确地使用这五种含义，都表示人们对于认识有所了解，错误地使用这五种含义，比如应答“圆没有直”［即用了非命题，最后一条：正无非］，则不能表示人们对于认识的解释说明。这五种含义要自然而然地使用而已。①

②时间。（有些东西）原先可以没有，但有了就不能被去掉。关键是曾经是如此。② 辨别人们会认同什么、未来的人会认同什么，关键是要以（他们各自）所遵从的事物进行推理。我们认为唐尧善于治理，是今天的人推想古代的事情。如果由古人以他掌握的事实处理今天的问题，那么即使是唐尧也不能治理。③

且是说（物）将要如此。在事发生前说，叫做且；在事发生后说，叫做已；在事发生中（物）正要如此时，也可叫作且。④ 将要如此而不能停止的事，不妨碍人去干预，关键是要适宜。这里说的“将要”，犹如肯定。将要发生的事，必然（发生）。已经停止，必定停止。将要人为干预才能停止的，必定人为干预才能停止。⑤

③必然。小故是（物的）全部故的一部分，有某小故不必然是某（物），无某小故则必然不是某（物）；（物）有大故则没有然的问题，如同见就是（已）见某（物）一样。⑥ 牛，说它不是马，这是必然符合事实；马，说它不是马，这是不符合事实。而是否符合事实，即

---

① ［93 诸不一利用，诸相从相去先知是，可五色［也］［正五诺，皆人于知有说过五诺［若圆无直］无说用五诺若自然矣］。］

② ［61b 可无也有之而不可去说在尝然，可无也已给则当给不可无也久有穷无穷。］

③ ［17b 在诸其所然未者然说在于是推之，尧善治自今在诸古也自古在之今则尧不能治也。］

④ ［33 且且言然也［且言且然也］，且自前曰且自后曰已方然亦且［若石者也］。］

⑤ ［51b 且然不可正［止］而不害用工说在宜，［且犹是也］且且必然且已必已且用工而后已者必用工后已。］

⑥ ［1 故所得而后成也，故小故有之不必然无之必不然体也若有端大故有之必无然［有之无不然］若见之成见也。］

"是、非"是客观的必然。①

④同类则必然。以类来行事，关键看（物）是否同类。他认为此是同（类），并解释此分类标准；我认为此不是同类，怀疑此分类标准。只有分类标准是必然，（物）才是同类。②

⑤法则应用范围。法则是比照它行事就如此，如圆的概念，圆规和做成的圆三样东西齐备后，就可以成为法则了。③ 老百姓（行事）如同法则，是（法则）所承认或认同的。④ 在各自不同的小范围内完全适用，但互相之间不同的法则，小范围合并成大范围不影响法则的适用性，（法则适用）范围是关键，"物"也全部是如此。⑤（对不合时宜的法则），他举出符合法则的例子，并认为这就是法则之所以如此的（原因），（我）则举出不是如此的例子来问他，这样可以防止因袭（出错），改变行事方向。⑥

（5）小结：《墨辩》辞、理、故、然

"辞"字在大、小取中，句法上可作主题、主语、宾语；其语义范围有的超出了含有该字的短句，确切理解其含义需要排比其所出现的语词，语义基本上可与"言、说、意"等互换；含有该字的短句格式上不确定，可长可短；其短句系列可多可少，没有将短句分为端词的迹象等。从上文分析可知，古典逻辑中类并无层级，所以辞是自然语词的使

① ［51 必不已也，必［当牛非马、当马非马］［谓台执者也若弟兄］一然者一不然者必，不必也是，非必也。］

② ［1b 止类以行人［之］说在同，止彼以此其然也说是其然也我以此其不然也疑是其然也［此然是必然则俱］。］

③ ［70 法所若而然也，法意规圆三也俱可以为法。］

④ ［71 佴所然也，佴然也者民若法也。］

⑤ ［65b 一法者之相与也尽若方之相召也说在方，一方貌尽俱有法而异或木或石不害其方之相合也尽貌犹方也物俱然。］

⑥ ［97 止因以别道，心［止］彼举然者以为此其然也则举不然者而问之。］

用，与逻辑概念关系不大。其义以“文辞，言辞”① 为宜。辟、侔、援、推为平行并列的四种语言形式，即表达意图、观点的语言。

理与辞相似，排比不仅可以确定其含义为“道理、条理”，而且还可校勘一部分字句。其实这正是“侔也者，比辞而俱行也”所指明的行文方式，《墨子》诸篇中存在大量对应排比的例子。

故与然在经、经说、大小取中都大量出现，与其说与推理有关，不如说与逻辑概念关系更密切。这两个概念强烈不对称：然可以用来解释、定义故，如“小故，有之不必然，无之必不然。体也，若有端。大故，有之必无然［有之无不然］，若见之成见也”。故则基本不用来说明然，而用“所以然”来替换，“10b 物之所以然，与所以知之，与所以使人知之，不必同。说在病”。小取中“其然也，有所以然也。其然也同，其所以然不必同”。两字虽有联系，但在两字使用上泾渭分明，完全不能互换。所以，故是逻辑上的原因，是必然，然是结果，是事实，而事实有过去的事实、当前的事实以及将要、可能的事实。两者单独说是逻辑概念，都不是逻辑推理，合在一起才与推理有关。

4. 似类行文

（1）言辞系列

汉代《释名》云：“辞，文者，会集众彩以成锦绣，会集众字以成辞义，如文绣然也。”这种解释与《墨辩》完全一致。在小取中，有“夫辩者……论求群言之比，以名举实，以辞抒意，以说出故，以类取，以类予”，这表明言、辞、说、辩等为“文辞、言辞”似类系列，这个系列是用来表达行文者或说话者的意图。辞确实是区别于名的语言

① 《急就篇》：坐生患害不足怜。辞穷情得具狱坚。籍受证验记问年。《说文·辛部》载：辞，讼也。从𤔔，𤔔犹理辜也。𤔔，理也。辞为“狱、讼、辩讼”之意可能是该字的本义，在小取中此意应用是辩字。

片段，可能是短语、句子甚至是一组句子。辞在文献中也常出现在言、辞、说、辩、意、志的系列中：

> 故说《诗》者，不以文害辞，不以辞害志。以意逆志，是为得之。(《孟子·万章上》)
>
> 匈奴不敬，辞言不顺，负其众庶，时为寇盗，挠边境，扰中国，数行不义，为我狡猾，为此奈何？(《贾谊新书·匈奴》)
>
> 孟尝君以其言为然，说其意，辩其辞，明日使人奉黄金百斤，文织百纯，进之张先生。(刘向《说苑·善说》)
>
> 子丰曰："夫物有定名而论有一至。是故有可一言而得其难极，虽千言之不能夺者，唯析理即实为得，不以滥丽说辞为贤也。(《孔从子·叙世》)
>
> 人主好辩，佞人言利；人主好文，佞人辞丽。心合意同，偶当人主，说而不见其非，何以知其伪而伺其奸乎？(王充《论衡·答佞》)

言辞系列构成一个似类群。这样的似类群在先秦文献中比比皆是，其特征是元素数量不定，是开放群；其元素之间在语义上有相同点，更多是语义相似，在语言使用中有时可以互相替换而语义不变或变化不大，很多差异是体现在语用色彩上。《墨辩》中辟、侔、援、推为另一似类群，即论辩似类群。虽然也有可能达到从已知到未知的推理效果(温公颐，1953：141；钟友联，1986：157；李贤中，2003)，"但在根本上，它是一种伦理实践，而非逻辑方法"(李巍，2016)。更确切地说，言辞系列是描述评价语言使用的似类群，论辩系列是归纳行文或论辩的不同模式或规范，"儒墨所论'推类'，并不主要对思维、推理的有效性负责，而是对语言、行为的正当性负责"(李巍，2016)。其主要功能是劝诱和说服，都属于自然语言的使用(张晓光，2002)。类比推理主要是一种证明的工具，对事物和现象是一种认知的方法。尽管推类对事物或现象也具有认知的方法，但这是它的“弱势”。它的“强势”是论辩的工具，主要是晓喻和说服他人与取胜论辩的对手，是对政治伦理价值的追求和目的的实现。

（2）汉语起词省略

虽然道家看到了物的“有、无”，道家特有的怀疑态度使其远离现实的物，而过多地专注于“无”，儒墨则仅讨论“有”，儒墨虽有论争，但只是在相同世界观下的价值排序不同。只有名家同时关注两个方面，然而其终究不是主流。没有矛盾对立二分思想，类概念横跨物、名，可能还包括实，这就很难从理论上确立类的范围，即类外延，因此无从建立类的层级，而比较类范围是演绎推理的基础。

逻辑基本类并不包括语言。汉语孤立语性质，汉字对各方言的抽象，使得抽象变得没有必要。这会导致很多的问题，如古文献无句读，古希腊书面语也无句读，但是其大量的句法冗余信息几乎保存于每一个单词中，因而其分离句读不成问题。古汉语则不同，必须借助其他手段来分离句读，如上文排比或《墨辩》提倡的“比辞而俱行”等。

古汉语句法则加剧了这种倾向，如汉语通常省略起词。①（马建忠，［1898］2000：385-390；陈汉生，1998：57；朱德熙，［1982］2000：221）。起词相当于现代汉语的主题，即省略部分既可能是单句主语，也可能是单句宾语或其他句法成分（朱德熙［1982］2000：95-100）。多数情况下根据字义只能用相同类的名词补出省略部分，如：

① 马建忠认为，凡有起词、语词而辞意已全者曰句，未全者曰读。起词者，即所志之事物也；语词者，事物之动静也。系一：议事论道之句读，起词可省。系二：命戒之句，起词可省。系三：读如先句，句之起词已蒙读矣，则不复置。系四：句读之词既见于先，而文势直贯，可不重见。系五：无属动字，本无起词，“有”“无”两字，间亦同焉。系六：有不用起词本字，而以公共之名代之者，如人以地名是也。系七：句读之内有同一词为主次、为宾次或为偏次者，往往冠其名于句读之上，一若起词者然，避重名也。另朱德熙（［1982］2000：221）认为，从原则上说，省略了的成分应该是可以补出来的。

车，木也，［人/某人/此人］乘车，非［人/某人/此人］乘木也。

船，木也，［人/某人/此人］入船，非［人/某人/此人］入木也。

而补出省略部分反倒使得语句很不自然，因为单独的“人”字在先秦语句中如果出现则是指“人类/别人/他人”等。

用现代汉语讨论，有时需要增加起词，如：“实，荣也”翻译为“实是（物）显扬和充实了其志的状态”。但实际上，如上文所说，该字处于“仁、义、礼、行、实、忠、孝、信”系列，是在讨论认定行为系列，此处实际上是墨家运用似类排比的方法，将“荣也”之意强行赋给“实”。所以正确的翻译是：“实是（某人）显扬和充实了其志的状态。”这种利用似类排比改变字义的情况在经、经说乃至先秦文献中很常见，如“7 仁，体爱也。8 义，利也。9 礼，敬也”，以及上文所论“言、辞、说、意、志”等。而离开上下文，离开了似类系列，则很难有正确的理解，整个《墨经》几乎完全是政治伦理，而非纯粹的逻辑了，这或许就是儒墨争论的原因之一。

省略的起词，或是主语，或是宾语，或可以明确补出，或无法明确补出，或可以补出不同字等，多数只能用特定的字补出，如“述类”中省略物的地方，一般不能用实、名替换，而用其他替换，如“人”，意义就明显发生翻转，如：（物）之间有共同点为同类①；（物）之间没有共同点为不同类。② 这些都使得主词与谓词的比较变得困难，其结论最多只能是或然而非必然。马建忠（［1898］2000：387）说：“此［省略起词］则华文所独有也。泰西古今方言，凡句读未有无起词者。”即使如葛瑞汉看来，“类”与“辞”仅仅部分地与汉语句子中的谓词相关（1978：477），但也无法从根本上解决演绎逻辑行进所必须主、谓词对比的要求。

上文说先秦逻辑中类没有层级，再考虑到汉语经常省略起词的现

① ［86 同重体合类，有以同类同也。］

② ［87 异二体不合不类，不有同不类也。］

象，墨家没有将句子和语词在理论上区分开，辞仅仅被理解为有意义的字符串，“连接‘辞’与‘类’，显示其理论兴趣仍然集中在词项而非句子上”（陈汉生，1985），辞就更不太可能是如亚氏逻辑的“句子、命题”了（Graham，1978：35，40）。

第三节　比类思维

中国古典逻辑产生于儒墨等家的不同政治主张的论辩过程中，并为之服务，又由于古汉语单音节和省略起词等原因，几乎每一与逻辑有关的重要概念都有一系列相似的语言表达，从而构成了自然类的似类系列。似类系列如同“名”一样属于语言范畴，不属于逻辑范畴。

墨家之所以没有定义类，原因之一可能是因为墨家与各家的类概念一致而不矛盾。原因之二可能是如上文所说，在先秦古汉语甚至直至近、现代汉语中，名就是语言。由于名既可以名实，也可以名物，还可以通过指称正名；而类一样既可以给名分类，也可以给物分类，还可以通过指称建立新类。原因之三可能是由于没有类的层级，要认识物物差别，名名差异只能通过两两比较的方式获得，这可能就是类比思维的根源所在；没有层级的类就不太可能有物、名的本质属性。原因之四是类排比。因为类无层级，导致中国古典逻辑中类外延开放，类的实践多以两两相比或序列相比，比如用类似顺序、类似概念、类似语言等来说明“类同”。

这些原因都导致类不太容易把握，何况经、经说的定义本身并非从整体上把握概念、命题和推理，也无严格格式要求，即使定义了类，于整体逻辑学也不会有太大帮助。反而是，从《墨辩》《墨子》乃至先秦文献中来观察类的语言和逻辑实践，会更容易了解古典学术传统中对类的理解和应用。

自然类是按事物相同点标准来划分出的类。自然类以事物可感知或可推知的相同点为基础，可感知或可推知的内容与事物内涵密切相关，没有严格的层级，元素数量不确定，是开放类。中国古典逻辑的自然类中，类元素属性具有同构性质（陶伯华，1986；1987；陈晓平、孙思，1993），自然类元素属性的同构关系是类比推理的客观基础。中国古典逻辑中的推理方式为两两对比元素的属性，以符合同构关系为同类，不符合同构关系为类不同，反之亦然。类比推理是关于“类同”、“类异”、“知类”、“不知类”的必然推理，推类是类比推理的实践活动。

1. “效式推理”

《墨辩 · 小取》中有一种“效式推理”：“效者，为之法也；所效者，所以为之法也。故中效，则是也；不中效，则非也，此效也。”陈孟麟（1987）认为这是不同于三段论式的另一种三段论，但是“这在九种论式中是最为接近的”。之所以不是亚氏三段论的主要原因是“中词首先是充当‘法’（标准），成为‘中效’或‘不中效’的类比尺度（‘若以尺度所不知长’）”。陈孟麟（1987）并且认为《墨辩》类比演绎所依据的则是“法同则观其同”和“异类不比”的原理，即凡对一类事物的本质有所肯定，那么，对具有这种本质的同类事物必然有所肯定，对不具有这种本质的异类事物必然有所否定，这道理也是不证自明的。其结论所断定的，同样没有超出前提断定的范围。陈文根据《墨子 · 兼爱》归纳出如下三段式：

中效式

仁人之事者是务求天下之利、除天下之害，

兼爱是务求天下之利、除天下之害，

所以，兼爱是仁人之事（“兼是”）

不中效式

务求天下之利、除天下之害是仁人之事，

别爱不是务求天下之利、除天下之害，

所以，别爱不是仁人之事（“别非”）

陈文的结论无疑是正确的，《墨辩》“效式推理”非亚氏三段论，然而其论证过程可能还有讨论的余地。陈文似乎认为“效”是指推理格式；“法”是“中词”，是判断“中效”、“不中效”的标准。这是否是正确理解？“中效式”中的结论是否恰当？其次，“仁人”、“兼爱”、“别”分别指何？最后，《墨辩》类比性质是否确为演绎性？以核查“效”、“法”字的语义一致性回读《墨辩》，以演绎或归纳的差异来核对《墨辩》推理，可以发现该文在这些方面有偏差。

首先，由于“法”是理解“效式推理”的关键，而且法在经、经说中已有定义、说明，故先对其综述如下：

法是所顺从（的东西），（顺从法）而得到的结果；（行事的）意图、圆规、圆三项，具备（这三项）可以用来作为法。① 使石块并立、垒起石块，是筑造主房两边夹墙之法，将标准石离开地面一尺，（作为）在下面垒石块（的标准）。将悬锤挂在上方，使之刚好接触标准石，作为“柱”（即准绳）。（用固定物）固定悬锤去掉标准石，（此时固定物对丝线和悬锤系统的作用）称为“挈”。（丝线拉住）悬锤（使之）脱离标准石，称为“引”；与之相同的情形，也可以换一个名称来表达，称为“收”。② 老百姓（行事）如同法则，是（法则）所承认或认同的。③ 在各自不同的小范围内完全适用，但相互之间（所顺从的）不同法，在小范围合并成大范围后不影响法的适用性，范围是关键，物也全部如此。④

（所顺从的）法相同，就查看、核查相同的内容，选取共同者为

① ［70 法所若而然也，法意规圆三也俱可以为法。］

② ［29b 推之必往说在废材，推［谁］併［䜣］石累石耳夹寝者法也方石去地尺关石于其下县丝于其上使适至方石不下柱也胶丝去石挈也丝绝引也未变而名易收也。］

③ ［71 佴所然也，佴然也者民若法也。］

④ ［65b 一法者之相与也尽若方之相召也说在方，一方貌尽俱有法而异或木或石不害其方之相合也尽貌犹方也物俱然。］

法，查看、核查（法之）巧转。①（所顺从的）法不同，就查看、核查法之适宜（的地方），取用此种法，选择另一种法，查询其原因，查看、核查其适宜（的地方），因人有不黑者，而禁其庌人之黑，因人有不爱者，而禁其爱人，二者哪个是适宜的呢？②

从经、经说对法的定义、说明和举例看，法指的是一组用来指导生产实践和社会实践的操作准则，由意图、工具和结果组成，如画圆、建墙、治世等。③ 法有适用范围的不同，选取不同的法会有哪种法更合适、更有效的结果。在经、经说中法有丰富的解释说明，而令人费解的是陈文基本不对法进行解释，却用“传闻”系列中的内容来作为法的关键解说，即：

> 70b 闻所不知若所知，则两知之，说在告。
>
> 闻［：］在外者，所不知也。或曰：“在室者之色若是其色。”是所不智若所智也。犹白若黑也，谁胜？是若其色也，若白者必白。今也智其色之若白也，故智其白也。夫名以所明正所不智，不以所不智疑所明。若以尺度所不智长。外，亲智也；室中，说智也。

其次，再看效字。《墨辩》没有为效字单列词条，只出现在小取中。《墨子》中效字还出现了两次与此同义现象，《尚贤·中》“今王公大人亦欲效人以尚贤使能为政，高予之爵，而禄不从也”，《非儒·下》“其徒属弟子皆效孔丘……夫为弟子后生，其师，必修其言，法其行，

---

① ［95 法同则观其同，法法取同观巧传［转］［法］。］

② ［96 法异则观其宜，法取此择彼问故观宜以人之有黑者有不黑者也止黑人与以有爱于人有不爱于人心［止］爱人。是孰宜［心止］。］

③ 从这个意义上说，将其成为现代社会的“操作手册”最为恰当，只是法还有较为抽象的意义。

力不足，知弗及而后已”。此两次均作“仿效、效法”之义，① 此义与小取中“效”字义不矛盾。“效法”之意与现今使用的意思完全相同，即“仿照别人的做法去做，学习别人的长处”。

实际上效与法是位于同一系列中，属于“效、学、法、术、道”的效法似类群：

“是故子墨子言曰：‘今天下之君子，忠实欲天下之富，而恶其贫；欲天下之治，而恶其乱，当兼相爱，交相利，此圣王之法，天下之治道也，不可不务为也。’”

“虽子墨子之所谓兼者，于文王取法焉。”

“虽子墨子之所谓兼者，于汤取法焉。”（《墨子·兼爱》）

凡可无学而能者，唯息与食也。故先王传道以相效属也，贤君循成法，后世久长，惰君不从，当世灭亡。（《鹖冠子·道端》）

君子之学如蜕，幡然迁之。故其行效，其立效，其坐效，其置颜色、出辞气效。无留善，无宿问。（《荀子·大略》）

故时当乱也，尧、舜用术，不能立功；命当死矣，扁鹊行方，不能愈病。射御巧技，百工之人，皆以法术，然后功成事立，效验可见。（王充《定贤》）

效与法在这个似类群中作动词时是可以互换替换的，语义完全相同，只是效作名词时是“效果、功效”之义，法作名词时则是“方法、法则、律法”之义，自然不能互相替换。似类群中其他元素也存在类似较小差异。

再次，陈文引用了《兼爱》部分字句，即下文下加直线部分：

① 另外还有两次为“交”，即“相交”之义的通假，一次作“具备”意，均与“效式推理”无涉。

圣人以治天下为事者也，必知乱之所自起，焉能治之，不知乱之所自起，则不能治。（《兼爱·上》）

子墨子言曰："仁人之所以为事者，必兴天下之利，除去天下之害，以此为事者也。"然则天下之利何也？天下之害何也？子墨子言曰："今若国之与国之相攻，家之与家之相篡，人之与人之相贼，君臣不惠忠，父子不慈孝，兄弟不和调，此则天下之害也。"（《兼爱·中》）

子墨子言曰："仁人之事者，必务求兴天下之利，除天下之害。"然当今之时，天下之害孰为大？曰："若大国之攻小国也，大家之乱小家也，强之劫弱，众之暴寡，诈之谋愚，贵之敖贱，此天下之害也。"（《兼爱·下》）

子墨子曰："非人者必有以易之，若非人而无以易之，譬之犹以水救火也，其说将必无可焉。"是故子墨子曰："兼以易别。然即兼之可以易别之故何也？曰：藉为人之国，若为其国，夫谁独举其国以攻人之国者哉？为彼者由为己也。为人之都，若为其都，夫谁独举其都以伐人之都者哉？为彼犹为己也。为人之家，若为其家，夫谁独举其家以乱人之家者哉？为彼犹为己也，然即国、都不相攻伐，人家不相乱贼，此天下之害与？天下之利与？即必曰天下之利也。姑尝本原若众利之所自生，此胡自生？此自恶人贼人生与？即必曰非然也，必曰从爱人利人生。分名乎天下爱人而利人者，别与？兼与？即必曰兼也。然即之交兼者，果生天下之大利者与。"是故子墨子曰："兼是也。且响吾本言曰：'仁人之事者，必务求兴天下之利，除天下之害。'今吾本原兼（指兼爱）之所生，天下之大利者也。吾本原别（指别爱）之所生，天下之大害者也。是故子墨子曰：别非而兼是者，出乎若道也。"（《兼爱·下》）

在《兼爱》中"仁人之事者，必务求天下之利，除天下之害"或其类似字句共出现了三次，如引用中划直线部分。可是，如果将上文下划波浪线与下划直线部分串联起来读，不难发现《兼爱》一文的主旨：墨家的目的与“仁人”、武王、文王、禹、汤等圣王治世一样，即“务求天下之利，除天下之害”。在达到这个意图的途径上，不提倡“别（爱）”，即“有差别的爱”，而“易”之以墨家“兼（爱）”为先。这些都与前文提到的经、经说中的“仁”的定义、“法”的解释以及儒墨之争完全一致。如果脱离上下文排比，就某单个字、单个短语、单个句子来理解，很容易导致误解。

陈文说：“《墨辩》三段式和亚里士多德三段论式的根本不同在于两者对中词在理论上的不同理解。《墨辩》的中词则被理解为说明本质属性的、作为‘中效’或‘不中效’的标准的那个概念。”前文提到，亚氏的中词是建立在类概念的层级和对词项外延范围进行比较的基础上，而儒墨乃至整个古典逻辑的类概念没有层级，更谈不上外延范围比较，所以说《墨辩》逻辑有中词概念是不太恰当的。按陈文所归纳的“三段式”，其结论也应该是“所以，仁人之事是兼（爱）”，这与《兼爱》一文主旨相冲突。

《兼爱》的行文路径为：将圣王、儒家、墨家的治世意图进行异同比较，将儒家的治世途径“别（爱）”与墨家的治世途径“兼（爱）”进行异同比较；将儒墨治世结果同异进行比较：儒家，别爱治世导致国相攻、诸侯野战、家相篡、人相贼，墨家：兼爱治世会带来的结果：惠君、忠臣、慈父、孝子、友兄、悌弟。（圆，采用圆规画圆，得到的就是圆；察看是否符合“意图”。）结论：兼是，别非。

最后，“效式推理”不是三段论式推理，而是效法前人或他人的做法，将儒法及墨法的意图、工具（途径）、结果进行比较，不同的工具（途径）对应不同的结果，所以工具（途径）是原因，结果符合意图为“中效”，不符合意图则“不中效”。这是比较典型的类比，这也反映在行辞为文的组织结构上。只是在这种类比中，两两比较意图，结论相同；两两比较工具（途径），结论不同；两两比较结果，结论不同，其性质讨论见下文。

2. 逻辑类、自然类和似类

逻辑类是按单一属性和穷尽标准来划分出事物的类。事物属性有、无对立二分为最简单和最普遍的划分方法。亚氏逻辑的理论预设以归纳和抽象客观存在为基础，类的概念考虑了包含特定属性的全部事物。由此可以把亚氏的类理解为：所有特定属性相同的事物是特定同类。事物属性的层级决定了类的层级，三段论比较大前提和小前提主词、谓词的外延，通过中词的传递，得出蕴含于大前提中的必然结论。本书中逻辑类暂时仅指尽分事物所得到的类，不涉及外延层级。

自然类是按事物相同点标准来划分出的类。自然类以事物可感知或可推知的相同点为基础，可感知或可推知的内容与事物内涵密切相关，与二分法关系不大。自然类没有严格的层级，外延不明确，因而自然类元素数量不确定，是开放类。但是，“分类分种底办法主要的根据是性质”（金岳霖，［1983］2000：262），也就是说自然类的相同点的主要内容是事物属性上的相同点。

同一属性在不同事物中表现出来的具体形式会因历史、环境、认知主体的差异而有变化。金岳霖先生（［1983］2000：263）就将属性或性质的差别分为殊相（如特殊的红或白）和共相（如普遍的红或白），并说：“殊相可觉而不能讨论，除非讨论的是殊相之所以为殊相，所能讨论的总是共相。”（［1983］2000：263）“性质殊相有些为专官所司，例如耳之于声，目之于色；有些虽不为专官所司，然而既有前项的性质，它们底存在不成问题。”（［1983］2000：265）

同一事物又是多种属性复合的整体，“事实上，任何一种事物和属性都不可能孤立地存在，它必然同其他事物、其他属性处于某种联系之中”（杨于高，1992）。同一事物的各种属性之间的关系为属性的内在关系。不同事物的属性之间的关系为外在关系。中国古典逻辑的自然类中，类元素之间以属性的内在关系来说具有同构性质（陶伯华，1986；1987；陈晓平、孙思，1993），自然类元素属性的同构关系是类比推理的客观基础，自然类属性的外在关系是认识类的依据。“类之所以为类要靠类共相，而且类共相总是性质。可见性质之为性质靠关系，不但靠内在关系，而且靠外在关系。”（金岳霖，［1983］2000：268）

正是因为自然类的外延不确定，推理方法只能是将事物进行两两比较，判断其异同，即成对比较的类比推理。“类比法是由两个对象内部属性关系的某些方面相似，而推出它们在其他方面可能相似的推理方法。”（林康义，1981：116）准确地说，一方面，类比推理是通过比较两元素（事物）的内部属性是否同一来判断两元素是否同类的推理。另一方面，如果已知两元素（事物）同类，则“我们在运用类比推理时，正是把已知属性作为前提来推知未知属性的，这一过程本身就潜藏着已知属性同未知属性之间的某种联系”（杨于高，1992（6）：19-23）。对于所比较的事物属性来说，成对比较的结论是可靠的必然，从逻辑类看类比推理可能是跨类、跨层级，有时是跨范畴的比较，所得结论是特殊和具体的（陶伯华，1984；杨于高，1992）。

由于古汉语孤立语、单音节以及句法、语义或语用甚至历史等原因，自然类存在一个或多个相似的类名，如上文所述，其元素在短句或短句组中有时可以互相替换，或由于句法、语义、语用上的差异导致不能互换，从而形成开放的似类系列。似类系列是以自然类为基础，由于语言、历史等因素而形成的，并非逻辑的必然，在讨论《墨辩》或其他古典逻辑的概念或推理形式时，应尽量将其排除在逻辑系统之外。确定和排除自然类的似类可以采用文献排列对比的方法。

3. 自然类和属性排比

自然类和似类系列的开放性决定了古典逻辑和其他文献的形态。《墨辩》被公认为逻辑学著作的一个重要原因，可能是如亚里士多德在《形而上学・卷五》中一样（吴寿彭，1997：85；Mckeon，［1941］2001：［1013a］-［1025a］），用经、经说的形式对一些简单常用词进行界定、说明。经、经说的条文顺序，实际上是几个相关概念组成的一个个的自然类（顾如，2017：16，17），即注解墨经沿用的“旁行句读”传统（谭戒甫，［1964］1987：17）。如经文有：86 同重体合类；87 异二体不合不类；88 同异交得放有无；89 闻耳之聪也；［90 循所闻而得其意心也［之］察也］；91 言口之利也；92 执所言而意得见心之辩也；93 诺不一利用；［94 巧转则求其故］［大益］。显然，尽管第 90、94 条可能有错简或漏简现象，但是从语义、行文格式不难看出：86～88 为“异同自然类”，89～94 为另一个“传闻自然类”。墨经概念只有处在系列中，才不至于偏离本义太远。

自然类系列并非只出现在《墨辩》经、经说中，《墨子》和先秦诸家在阐发自己的主张时，在组织行文中多采用自然类排比，这在中国悠久的学术历史中也有广泛的应用。如《尔雅》之“天、地、丘、山、水”顺序，《释名》之“天、地、山、水、丘、道”系列。

历史文献在各学科具体内容安排上都有特定的模式，各学科具体内容安排模式并不相同是因为学科属性之间的差异，即类属性的外部关系的差异。如秦汉时《九章算术》的“问、答、术”模式，隋代陆法言《切韵》中音纽代表字、载字、反切、注解、又音的体例，唐代《齐民要术》的“‘解题’、‘本论’、‘引论’”，同时期的数学著作《九章算术注》（刘徽）几乎有相同的行文模式等等。刘邦凡（2013：172）将这种行文编排称为比类。“其具体步骤是：首先建立一个‘类’，这个类可能是一种方法，也可能是一个结构、规范，然后，给出能用此‘类’的问题；其次，根据‘类’所提出的方法、标准、要求，使用比较、比照等方法进行阐述。”各具体学科一再重复的模式实际上反映了历代学者对于该学科的比较一致的认识，因而可以将其称为学科属性，不同的模式、规范即是各学科属性的内在关系。

4. 比类思维

排比自然类元素可以确定其属性，对应比类则可以确定差异，这些一起统称为比类思维。现在从比类思维的角度来看《墨子》中所提到的与“法”有关的“自然类—类比”分析。主要结论，见表 3-1。

横向：行事类是由画圆、夹寝、治世等元素组成的自然类，如前所述自然类具有开放性，此行事类还可包括更多的“行事”，如画方、事鬼等。法类是由作圆法、建墙法、治世法等元素构成自然类，同理还有意图类，工具类，结果类。

纵向：行事类内部由法、意图、工具、结果等属性元素构成自然类，之所以说属性组也是自然类，是因为事物都是多属性而复杂的，而人的经验总是不完全的（陶伯华，1986；杨于高，1992），所以属性类也是开放的，如在表 3-1 意图类之下可以轻易加入“过去、现在或将来的意图”来描述意图类的“时间类”属性，在工具类之下加入“途径、执行类”等来描述工具类的“抽象”程度和“使用”步骤等属性。在行事类中，属性类内在关系可能是法的定义（法，意、规、圆）较为重要；而法似类属性元素从《墨辩》来说应该是由意图、工具、结果构成，但属性的内在关系就不易确定，如果再考虑意图似类或工具、结果似类，内在关系就更不易确定。这些都与自然类从事物相同点来划分的标准有关。

表 3-1　**《墨辩》行事自然类**

行事类	画圆	夹寝	治世	
法（类）	作圆法	建墙法	法$_1$：别爱法	法$_2$：兼爱法
意图（意类）	欲画一圆	欲建墙	必务求兴天下之利，除天下之害	必务求兴天下之利，除天下之害
工具（规类）	规	併［豍］石累石	别爱	兼爱
结果（圆类）	圆图形	墙	大害国相攻、诸侯野战、家相篡、人相贼	大利惠君、忠臣、慈父、孝子、友兄、悌弟

自然类元素属性同构假设：如果不从试图决定自然类已知、未知的属性之间的主次或结构关系出发，而从特定属性的“有、无”出发，情况就简单了。此时只需要做出一个简单的假设：假定自然类的元素有相同的内部属性，否则，该元素不属于此自然类。如上文“行事类”

可能添加的属性完全适用于“行事类”所有元素，即如果增加意图类的“时间类”属性，在画圆、建墙、治世以及可能的画方、事鬼等“行事”中，都不难发现其对应项。这正是事物自然类元素属性的同构关系（陶伯华，1986；1987；陈晓平、孙思，1993），也可在此基础上提出“类比法就是根据两个模型之间的同构关系（亦即某种对应关系）而进行的推理。类比法分为相似类比法和渐近类比法”（陈小平、孙思，1993）。

自然类属性同构假设从理论上对类比推理做出了界定，具有较强的实践性。例如陈文所言“效式推理”的详细推理步骤可重新表述如下：

今有治世二法，别爱法、兼爱法，

问，孰是孰非？

已知有治世二法，

治世之法如同画圆法、画方法、建墙法、事鬼法，统属于“行事类”（如果“行事类”元素未知，上面的知识为归纳所得；如果“行事类”元素为已知，下面推理为演绎性质）。

则行事类元素治世，有属性：法、意图、工具（途径）、结果等，则根据自然类属性同构假设：

有二法则有二意图、二途径、二结果。

已知，如表 3-2 有二法、一意图、二途径、二结果。

因为别爱法对应兴利除害意图、别爱途径、无利大害结果（意图结果相反）

兼爱法对应兴利除害意图、兼爱途径、兴利除害结果（意图结果一致）

表 3-2　　《墨辩》别爱 · 兼爱类比

行事类	治　世	
法（类）	$法_1$：别爱法	$法_2$：兼爱法

续表

行事类	治　世	
意图（意类）	必务求兴天下之利，除天下之害	必务求兴天下之利，除天下之害
途径（规类）	别爱	兼爱
结果（圆类）	大害国相攻、诸侯野战、家相篡、人相贼	大利惠君、忠臣、慈父、孝子、友兄、悌弟

答：结论，兼爱（途径）是，别爱（途径）非。

自然类元素属性同构假设保证了类元素在属性上的“同一”。如果认为治世二法同属于行事类，由于属性同一，则要求意图与结果一致，现在结果与意图不一致，则必然是：①此法$_1$、此途径别有所图（违反治世共识，抛弃）；②或者是此法$_1$、此途径非（结论）；③否则，不知类（即不知治世为行事类），这是演绎类比推理。如果不知道治世二法是否同属于行事类，两两比较各种行事类元素，发现行事类元素属性同为法、意图、工具（途径）、结果，并且不存在一法对应二意图之类的情况，即类元素属性同构，则必然是：①此法$_1$、此途径别有所图（违反治世共识，抛弃）；②或者是此法$_1$、此途径非（结论）；③否则，不知类（即不知事物有类）；这是归纳类比。由于有自然类元素属性同构的假设，两方面推理结论都是必然的因果关系，并非或然。

5. 推类之难

自然类的定义、结构都比较简单，而知类和推类则不是很容易：

一年视离经辨志，三年视敬业乐群，五年视博习亲师，七年视论学取友，谓之小成；九年知类通达，强立而不反，谓之大成。《孟子·学记》

公输盘曰：吾义固不杀人。子墨子起，再拜曰：请说之……义不杀少而杀众，不可谓知类。公输盘服。《墨子·公输》

可以看出先秦学习的最后阶段才是“知类”，是对个人学业和修养的最高肯定，可见其难度。公输盘的两种“杀”实为一类，都为“不义”，则①公输盘追求的就是“不义”。②公输盘“不知类”。可能都是公输盘不愿承认和接受的，因此只能接受。③攻宋之事不对的结论，所以“公输盘服”。

崔清田先生（2004）认为“辞‘以类行’和‘以类取，以类予’”，不仅指明了墨家推类的依据是类同，同时也说明了推类的一般程序，这是非常正确的。但是，“这就是以类同为依据选取理由，再以类同为据从理由推出结论，成立所要论证的命题”。这种解读似乎有待商榷。他对小取中“夫物或乃是而然，或是而不然”这一大段进行过分析：

> 夫物或乃是而然，或是而不然。或一周而一不周，或一是而一非也。
>
> 白马，马也；乘白马，乘马也。
>
> 骊马，马也；乘骊马，乘马也。
>
> 获，人也；爱获，爱人也。
>
> 臧，人也；爱臧，爱人也。
>
> ①此乃是而然者也。

从行文排比看，“或一周而一不周，或一是而一非也”没有歧义，因为后文对应列举的正是“爱人，待周爱人，而后为爱人（一周：周身）。不爱人，不待周不爱人，不周爱，因为不爱人矣（一不周：只要不爱一人即为不周爱）”。所以“物或乃是而然”准确的理解应该是“物或乃一是而一然”的自然类，即①是而然：白马，马也；（是：此一如此）乘白马（然：则此一必然如此），乘马也。其元素为四个，元素属性即为其名“一是而一然”。

接下来则是“或一是而一不然”自然类，即②是而不然：获之亲，人也（是：一如此），获事其亲（不然：则一不必然如此），非事人也。

其自然类元素为 a~h 八个元素，元素属性为其名“一是而一不然”。

a. 获之亲，人也；获事其亲，非事人也。

b. 其弟，美人也；爱弟，非爱美人也。（b’. 盗，人也；爱盗，非爱人也）

c. 车，木也；乘车，非乘木也。

d. 船，木也；入船，非入木也。

e. 盗人，人也；多盗，非多人也。（e’. 杀盗人，非杀人也）

f. 无盗，非无人也。（f’. 不爱盗，非不爱人也）

g. 奚以明之？恶多盗，非恶多人也。

h. 欲无盗，非欲无人也。

世相与共是之。

下面 b’、f’、e’ 三个元素都与“一是而一不然”属性相同，即“此（b’、f’、e’）与彼（a~h）同类”。见上面 b、f、e 后括号内排比，三个元素在文字上也多有重复，其中“一是”与上文一样承前省略。完成墨家的“推类”。当然“无难矣”，此为归纳性类比必然推理。

若若是，则虽，

b’. 盗，人也；爱盗，非爱人也；

f’. 不爱盗，非不爱人也；

e’. 杀盗人，非杀人也；

无难矣。此与彼同类，世有彼而不自非也，墨者有此而非之，无他故焉，所谓内胶外闭，与心毋空乎，内胶而不解也。此乃是而不然者也。

所以正如崔先生所言：“以类取，以类予”确实是“推类”的程序，此处所取为“‘世相与共是之’的 a~h 自然类②是而不然”，所予为“属性相同的元素 b’、f’、e’ ”并且声明“此与彼同类”。完全符合小取所言“推也者，以其所不取之，同于其所取者，予之也”。现在，世人不自非而非墨，则他们不知类，无法完成推类过程。此为演绎性类比必然推理。

然而，崔先生另外构造了一个排比：

(1) 白马，马也；乘白马，乘马也；获，人也；爱获，爱人也。

(2) 白马，马也；乘白马，乘马也；盗人，人也；爱盗，爱人也。

“对墨家而言，上例中（1）被认为是正确的推类，（2）则被认为是错误的推类”，其理由为：“例（2）中的‘盗人，人也；爱盗，爱人也’被墨家认为有悖事理，而‘白马，马也；乘白马，乘马也’不悖事理，所以二者不类，构成错误推类，不能成立。”这里有几点值得讨论：

首先，例（1）、例（2）如果是“推类”，结论是什么呢？前文《兼爱》例中结论“兼是别非”，《公输》例中结论“不知类或不义”，上例中结论世人“不知类或内胶外闭”都是确定的结论，这与“对墨家而言”“正确、错误的推类”似乎差别很大。

其次，“正确、错误的推类”可能指“推类”程序的正确与否。然而，前举各例其程序大致为：《兼爱》例中“行事自然类对应”对比，《公输》例中“义不杀少而杀众”对比，上例中“所取与不取”对比，如果不作结论，仅仅是对比，则为纯粹归纳以明类，即解释说明“自然类①物或乃是而然”，这是可以说得通的。但这样也就无所谓“正确、错误的推类”。

最后，例（2）是将自然类②是而不然的元素“b’. 盗，人也；爱盗，非爱人也”的属性改为自然类①是而然。实际上，以现在的语言知识，还有很多可以有更多改造的元素，如：

（1）白马，马也；乘白马，乘马也；获，人也；爱获，爱人也。

（2）白马，马也；乘白马，乘马也；盗人，人也；爱盗，爱人也。

（3）白马，马也；乘白马，乘马也；盗跖，人也；爱盗，爱跖也。

（4）白马，马也；乘白马，乘马也；盗泉，泉也，爱盗，爱泉也。

对自然类元素的属性进行改造，必然使其既“不类”①也“不类”②。理由是：首先：小取在讨论推类之前就明确提醒，“辞侔之也，有所至而止［正］”，并且陈述了相当强烈的理由，“是故辟、侔、援、推之辞，行而异，转而诡，远而失，流而离本，则不可不审也，不可常用也。故言多方，殊类异故，则不可偏观也”，认为构造一个不同属性的元素并不可取。其次，自然类①是而然，“然”字在“白马，马也；乘白马，乘马也”中应为“必然”；而在“获，人也；爱获，爱人也”很可能就不是“必然”而是“或然”，因为小取说过“爱人”须“周爱”。这也就是说自然类①是而然很可能仅仅从结构的角度，或许墨者给的两个例子根本就没有意识到“爱获，爱人也”可能有“不周”，这两者都不是按“事理”标准推断的。

另外，《墨辩》的“辞”不是命题，是“言、辞、说、意、志”的行文系列。因为，首先，小取如上所引“是故辟、侔、援、推之辞”，用“说、言”等替换“辞”，语义无太大变化。其次，本节①是而然、②是而不然两个自然类，其元素由两个判断组成，按现代逻辑来看就是两个命题。然而小取却说“夫物或乃是而然，或是而不然”，用“物”而不用“辞”字。最后，通过前面“法、效、实”等用字排比，《墨辩》《墨子》在重要字的使用上基本保持语义的一致。

所以，《墨辩》很可能没有命题的概念，只有自然类。“有以同”的自然类是“知类”、“类同、类异”、“推类”的基础。对照亚里士多德的演绎逻辑，其只会扭曲《墨辩》原意。《经下》说：“2b 推类之难，说在［名］之大小”，应该是指类比推理中自然类元素数量和决定自然类的属性数量。

第四章　影响《切韵》比类重构的因素

在儒、道、名等诸家中，有关于“类”的大量语言的和逻辑的实践语料。排比、观察、分析归纳这些一致性很高的古典文献就可以发现：与亚里士多德的演绎逻辑的全面考察事物属性及其外延不同，中国古典逻辑中的“类”是以可以观察和可以推知的相同点为标准所得到事物的类，即关于事物相同点的自然类。假定自然类属性同构，则以自然类和属性同构为基础的推理形式只能是类比，其推理过程只能是两两对比自然类元素、两两对应对比属性自然类，得到的结论是关于自然类的稳定、必然的因果关系。中国古典逻辑中类比推理的性质可根据具体应用的场合而分为演绎性质（类已知）和归纳性质（类未知）。

中国古典文献按自然类编排具体学科的内容，按属性的自然类来表达对具体学科的理解和继承，以似类系列和类比推理来证明学科主张，即比类思维是先秦乃至《切韵》的学术思维。推类之所以难就在于“类”难以确定其属性自然类，其核心也是因为自然类的开放性。在提出和维护政治主张的行文中，以似类系列辅以类比推理极大地增强了言辞的艺术感染力和说服力。

新兴学科的创立也可能是与其他学科进行比类的，如韵学之初很可能是借用乐理之名而形成的五音自然类。陆法言《切韵》整理前人反切、载字，建立平上去入四声、193韵的自然类系统，这代表着音韵学的独立，也成为后人完善和丰富音韵学的比类参照对象。

《切韵》原本重构从考证直接史料的时序方向出发不太可行，因为现存韵书史料涉及历史过程，著述者写书、抄书者抄写、校勘者比类校对，这三个过程相互交织，很容易模糊和丧失其零碎的时序信息。系统地应用比类思维模式，在现存《切韵》系史料的自然类元素之间建立对应关系，两两比较其相应属性类，基本可以判断《切韵》原本所包含的序言韵目、韵、音纽、载字、又音及这些自然类元素的排序。

重构《切韵》原本也要考虑字形因素。在数千年的传承中，汉字字形的改变、书写、书法的发展、字义的变迁、读音的流变、方言的巨大差异使得确认汉字的同一性变得尤其困难。《说文解字》载字九千多，字形沟通古今，以六书分类。然而六书是无法贯彻分类法的，“清人朱骏声统计象形字 364 个，指事字 125 个，会意字 1167 个，形声字 7697 个。转注、假借不属于字形结构问题，故不在统计之列。许慎标明为‘指事也’的只有一个‘上’字”（何九盈，1995：62）。唐代学者颜元孙《干禄字书·序》里将汉字分为正、俗、通三种，现代学者也有正俗分法的（裘锡圭，2002：43；张民权、田迪，2013）。各字具体归入哪一类，实际上不太容易处理。从外延尽分对字形分类为规范和非规范字形的逻辑类，从字形相同点进行划分的字形分类为自然类，则从理论上可以沟通古今、地域、正俗的字形差异。以泽存堂《广韵》所载字形为规范字形，查询统计《异体字字典》所载异体字形数量，结果显示，每一汉字异体字形平均为 7 个，异体字字形数量与汉字多读基本无关，但常用字异体数量约为非常用字的 2 倍。

计算机在字形分类储存与检索、异同判断、数据汇总等方面具有强大的优势，建立起《切韵》史料之间的对应关系，选择《广韵》① 字头作为参照标准，考虑字符集、种输入法、计算机应用软件及它们之间的“兼容”等因素，基本可以满足《切韵》重构的字形需求。

---

① 周祖谟先生（2011）曾根据段玉裁等人的校本对泽存堂《广韵》进行了较为全面的重校（下文简称周校；如未特别说明，本书《广韵》指泽存堂《广韵》），余迺永先生（2008，2010）又以周校本为参照，分别对泽存堂的宋本《广韵》再次进行了校勘（下文简称余校）。

第一节 从比类思维看音韵学的类

从上章分析可知《墨辩》“效式”并非推理，“效”是“法似类：效、学、法、术、道”的似类元素。如果将似类行文看做推理，在排比中又脱离上下文系列，即比类不对应，则得到结论与《墨子·兼爱》所要表达的主旨基本无关。其主要原因在于不是按先秦以来的似类思维看待事物，推理上不是中国传统的类比推类，而以近代才传入中国的亚氏演绎逻辑模式进行，其结论自然不易令人信服。

似类元素不是自然类元素，是自然类的语言表现形式，似类系列会合并不同的自然类。以似类作为推理的基础，无论采用演绎还是归纳的方式推理，还是类比，其结论最多是或然，而非必然。音韵学的类可以分为逻辑类和自然类，似类主要表现于音韵学史料的整理考证中。

1. 音韵学的类

从汉字读音来说，韵的逻辑类为反切下字相同的韵；音纽的逻辑类为反切相同的音纽，反切由上下字构成。韵、音纽的逻辑类是相对概念。韵、音纽的逻辑类是处在调（摄）、（声）韵、反切的层级中，以低一级类来定义高一级类。韵逻辑类的元素为同一韵书里所有不同的韵，音纽逻辑类的元素为同一韵下的所有反切字。

历代韵书四声下所载的韵、韵下所载的音纽、音纽下所载字系列等所形成的系列是相应的自然类。如：韵自然类是由特定韵下音纽及其载字构成；音纽自然类是由必需的纽头、反切、计数、载字字头序列，和可选的释义、或体、又音构成。这些称为普通自然类。韵自然类的元素为不同韵书的对应韵，音纽自然类的元素为不同韵书的对应音纽。音纽中的必需、可选部分是用以解释说明音纽属性的，音纽必需部分和可选部分也构成一个自然类，其元素为纽头、反切、计数、载字、释义、或体、又音等，这称为属性自然类。普通自然类和属性自然类可以互相转化。对于韵自然类来说，音纽是属性自然类元素，对于纽头、反切、载字、释义等属性自然类来说，音纽是普通自然类，即从属性名转化为类名。

西方演绎推理以逻辑类（属性）层级和是否包含所有逻辑类元素（外延）为基础，一次只能判断一个逻辑类及其包含关系的真伪；中国比类思维的类比推理以自然类元素（事物）和元素属性自然类（属性组）为基础，一次只能比较两个元素（事物）的一组属性是否同一，从而判断两个元素是否同类，或者从已知同类元素中推出元素（事物）的未知属性。单纯使用西方演绎或归纳来判断中国文献或史料很多时候扞格难通，不使用逻辑类的层级关系则会使论证陷于琐碎。在整理和讨论音韵学史料或事实时，比较合理的办法是在逻辑类的层级关系下进行对应类比推理。

2. 比类考证——“切韵西域断片”

（1）直接史料及其描述

“切韵西域断片”摹写件如图 4-1、图 4-2。（摹写件及原件影印件见周祖谟，1983：70）

图 4-1　切韵西域断片，正面

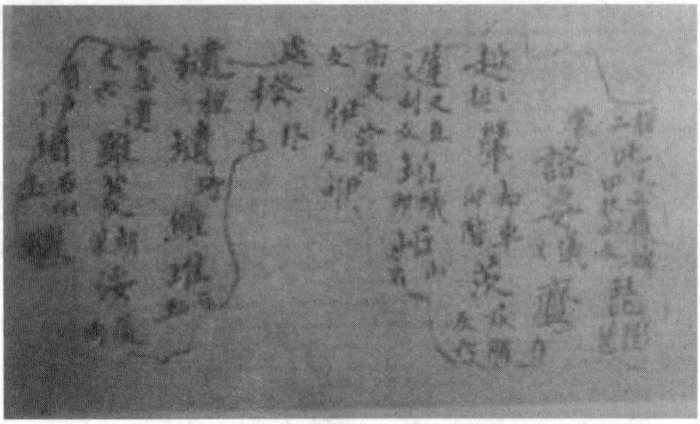

图 4-2　切韵西域断片，反面

史料描述：切韵西域断片，存支脂，《汇编》“西”类，魏称“日”。出新疆吐峪沟，日本橘瑞超所得，见于大谷光瑞《西域考古图谱》(1915)，王国维考证以为是长孙讷言笺注本，周先生认为是陆法言原书传本之一（魏建功，1935：56-57）。

（2）断片时序属性的几种不同结论

王国维撰写的《陆法言断片跋》（［1917］2003：613-615）对此断片的时序进行了推断，见以下引文，有下划线者为魏序（魏建功，1935：56-57）所引：

> 余以为此殆长孙讷言之陆法言《切韵》也。①孙愐《唐韵》无字无注，蒋氏所藏残本二卷足以证之。此断片中，支韵之“危枝”二字，脂韵之“諮維雖”三字，皆无注文，②又支韵之“皮”，脂韵之“比茨遲伊”四字，但注反切，反切者陆韵所本有，非长孙氏所加也。《净土三部经音义》引陆法言反切十二条，又《陆序》支脂鱼虞先仙尤侯八字下皆加反切，是陆韵旧有反切之证也。③是断片四十字中，无注者多至十字，则全书可推而知此当是

长孙氏注本。笺之为表识也，意以绪正为注，不必字字有注。此断片有不注之字，而孙愐以下书无字不注，故知当为长孙笺注本也。④又此断片中有反切者凡七字，以唐人诸韵及《广韵》反切比较之［反切比较：大徐《说文》所用孙愐反切，小徐《篆韵谱》所用某切韵，大徐《篆韵谱》所用李舟韵、广韵］，则唐人诸家韵书反切与此断片大略相同。⑤其余此四十字所隶部目无出入也。惟断片“伊”字上有“市支反”三字，不知为何字之音。⑥以形款求之，此三字无他注，则非此字之第二音脂韵中字，以支字切之，殊失界限，或系转写之讹。［又“茨”字例］故此断片自其反切观之，无以别于唐人诸韵，惟有无注之字，必唐人韵书注本之最古者，视为长孙讷言所笺注之陆氏《切韵》，当无大误也。［序号为本书所加，方便下文讨论。］

①王国维说，孙愐《唐韵》“无字无注”，而此断片有字“无注文”，有字“但注反切”，则此断片应早于《唐韵》，因而是“长孙讷言之陆法言《切韵》也”。其他学者也对该史料的时序感兴趣。②刘盼遂[①]说：“‘此断片注皆简短’，无按语，无注字多，比‘敦煌第一种［切一］’更古，敦煌第二种［笺二］多出趙字，且有按语，断片无趙字，无按语，则此断片早于笺二，非长孙笺注本，应为陆氏原书。”（聂石樵，［1926］2002：581-582）③魏建功（1935：56-57）说，蒋藏孙愐《唐韵》载字“但注反切”举不胜举，则《唐韵》非“无字无注”。此断片反与他所谓的长孙笺注节钞本［切三，笺一］[②] 相近，而

① 又见《跋唐人写韵书二残笺》（刘盼遂，［1926］2002：247-250）。

② “第三种［切三，笺一］，余考订为长孙讷言注节本，则此本［第一种，切一，切韵残叶］韵字较少，当是陆法言原本。第二种［切二，笺二］存卷首至九鱼凡九韵，前有陆法言、长孙讷言二序。陆序前有一行云‘伯加一千字’。长孙序云：‘又加六百字，用补阙遗。’……是法言原书本自有注，故讷言称（案）以别之。”见王国维（《书巴黎国民图书馆所藏〈唐写本切韵〉后》，载《观堂集林》，河北教育出版社 2003 年版，第 173～176 页。

所谓长孙笺注本［切二，笺二］反有不同，趡字切三也没有，未尝不可是孙愐诸人的书。④周祖谟（1983：824-825）认为：收字既少，注解亦简略，不似长孙讷言本。与此本最接近的是伯 3696［（切韵残叶二）］，不是长孙讷言的笺注本，足证此断片为陆法言原书传本之一。

也就是说四人得到的结论有四个：王国维，长孙笺注本；刘盼遂，陆氏原书；魏建功，未尝不可是孙愐诸人的书；周祖谟，陆法言原书传本之一。同一则史料的同一属性，即时序应该是客观的，不太可能是四个差异很大的结论。

（3）断片比类分析

该断片的历史时序未知，需要根据已知事实来推断事物属性。音韵学史料整理似乎一直都希望最好是《切韵》原本。暂抛开字形、字序、载字和无心错误等因素，从比类思维的角度来看，如果《切韵》原本已知，与原本作对应比较，与《切韵》完全一致则是，否则不是；现在《切韵》原本未知，则将史料与已知最早的史料进行比类对应作比较，从实践的角度看，只有三种可能：完全不一致，两者不同类，实际上很快会被排除；完全一致，两者同类，实践中较少出现；部分一致，这是最常见的一种，这就要通过两两比较自然类的元素，两两对比自然类元素的对应属性，一致性愈多，两元素属于同一自然类的可能性就愈大。

因此已知最早史料《切韵》便是判断该史料时序属性的第一步。王国维于 1917 年撰写本文时（王国维，［1917］2003：613-615），《切韵》系史料情况是：蒋斧本《唐韵》1908 年发现，① 1911 年据伯希和照片知晓笺一卷一序目及其韵目②（仅平声韵目表，与本讨论关系不

① 清光绪三十四年二月晦（1908 年 3 月 31 日），蒋斧通过罗振玉的介绍从北京琉璃厂书铺里得见了此书。

② 1917 年 8 月，另一信又说（致沈曾植的信）："陆法言《切韵》四卷，缺去声，敦煌出唐写本，今在法京巴黎图书馆。辛亥秋（1911），伯希和影照寄罗叔言参事。参事手录卷一序目并所为韵目表见寄，因录呈"（袁英光、刘寅生，1996：219）。

大)，此史料中国学界获知于 1915 年。1921 年，王国维曾据后来新发现史料修改过从前文章，但此文不在修改之列（胡逢祥，2009：483-585）。

就是说王国维 1917 年所知最早《切韵》系史料只有蒋斧本《唐韵》。然而蒋斧本《唐韵》仅存去、入二残卷，此断片收字明显属于平声支、脂两韵，无法进行比类对应。王国维采取的办法是：用③《广韵·叙录》各序“笺”字的使用排比；④此断片所载的 7 个反切与“大徐《说文》所用孙愐的反切、小徐《篆韵谱》所用的某切韵、大徐《篆韵谱》所用李舟韵及《广韵》所载反切排比；⑤此断片所载四十字[与《广韵》载字排比]，得到的结论是：②“反切者陆韵所本有”，④“又此断片中有反切者凡七字……唐人诸家韵书反切与此断片大略相同”。⑤“其余此四十字所隶部目无出入也”。王国维虽未言明，此三条事实上可用于判断：断片、蒋斧本《唐韵》、《广韵》为《切韵》同类，只是时序属性有差异，是大概率或然事实。

前文的结论是，比类思维中的类比推理是自然类中元素属性的两两对应进行同一性比较，属性全同则所比较的元素同类，属性自然类中只要有一项不同，就可以否定两元素为同一自然类。

现在，①孙愐《唐韵》无字无注（下文继续讨论此点），蒋氏所藏残本二卷足以证之。查蒋斧本《唐韵》残卷可辨载字约为 5022 字且全部都有注，虽仅存去、入残卷，则蒋斧本《唐韵》全书字字有注，是大概率或然结论。但是，③“是断片四十字中，无注者多至十字”，结论：此断片与蒋斧本《唐韵》不同类是大概率或然事实，也肯定不与《广韵》同类，则“惟有无注之字，必唐人韵书注本之最古者，视为长孙讷言所笺注之陆氏《切韵》，当无大误也”。

王国维采用孙愐反切与《广韵》反切基本同一，断片载字不超出《广韵》载字范围，用这种方法来满足比类思维中必须是自然类元素的属性的自然类对应比较异同。限于当时史料，属无奈之举，所以得到的断片的时序属性结论只能是大概率或然事件，即“必唐人韵书注本之最古者”，最多也只能“视为长孙讷言所笺注之陆氏《切韵》，当无大误也”。王国维治学严谨程度可见一斑。

这是比类思维中的类比推理，其文目的可能只是在确定断片的时序属性，但还是得出超越材料、符合比类思维的结论：长孙笺注本或《切韵》原本必定有字无注，“③是断片四十字中，无注者多至十字，则全书可推而知”，这同样超出了《广韵》诸序文、牒文记述。陈澧用几乎相同材料和方法来确定《切韵》反切，进而确定《切韵》声类，而事实上，在载字、反切等方面《广韵》几乎包含了《唐韵》的全部内容。

（4）断片似类推理

《切韵》系其他重要史料都是随后发现的。王二“这部书因为归入书画范围而得保存，直到十四五前［1920］罗振玉王国维等在清室整理书籍才发现，计三十八页”（魏建功，1935：33-34）。伯希和1921年寄回其他唐写本残卷，“民国初年伯希和寄了许多古书摄影给罗振玉王国维，韵书不在内；等民国七八年间，罗、王先后写信向伯希和指明了要这写本的摄影，到民国十秋季才寄到了天津。当时王氏在上海费了二十三天功夫钞写成了，并且加以考跋（同年12月8日脱稿），这是我们近年学者籍资论据而通称的‘王写切残一、二、三’三本。”（魏建功，1935：43；又见袁英光、刘寅生，1996：332-333）。全本王三直到1947年才被发现。

直接史料大幅增加，深入整理新史料更需要从理论上弄清中国学术思维的传统。尽管王国维早年曾研究过哲学，① 但他可能没有系统思考

① “（1905年）6月，（王国维）撰《论平凡之教育主义》及《论新学语之输入》二文。在《论新学语之输入》一文中提出：‘我中国有辩论而无名学，有文学而无文法，足以见抽象与分类二者皆我国人之所不长。’认为‘我国夙无之学，言语之不足用岂待论哉！……言语者思想之代表也，故新思想之输入，即新言语输入之意味也’。”（袁英光、刘寅生，1996：34）

中国古典逻辑和学术思维与西方演绎逻辑之间的系统差异，从其材料使用、论证排序、论证语言和获得结论的方式来看，他并不是有意识地使用类比必然推理。

限于所得史料，王文最大的弱点是结论的或然性，即类比时并非音纽自然类元素的类比，王国维弟子刘盼遂（［1926］1935）在已知大部分史料的情况下给出额外原因“无按语”和额外例证“无䞈字”（聂石樵，［1926］2002：581-582.）。周祖谟先生（1983：824-825）再给出例证“与此本最接近的是伯3696［切韵残叶二］”，两者得出的结论基本都是修正王文，此断片应为陆氏原书或传本。这只能证明王文所注意的方面包含关键信息，所作的结论没有方向性错误。如果按较严格的类比推理，因为伯3696［切韵残叶二］、笺一［切三］、笺二［切二］也包含部分或全部“支、脂”二韵，准确的结论是：此断片与伯3696［切韵残叶二］同类，不与笺一、笺二同类。后两文没有给出论证过程，说明也没有从比类思维类比推理的角度来看待《切韵》系材料整理，不从比类思维角度观察这些史料，更多的例子只会陷于琐碎。

王文中：②“［此断片］又支韵之‘皮’，脂韵之‘比茨遲伊’四字，但注反切……而孙愐以下书无字不注”。①［而］“孙愐《唐韵》无字无注，蒋氏所藏残本二卷足以证之”，但“但注反切”这一现象不仅出现在此断片史料，而且蒋斧本《唐韵》也很多，残卷可辨载字约5022字中有162字但注反切或又音，《广韵》全书也有91字但注反切或又音。正因为如此，魏建功先生（1935：56-57）说：“蒋藏孙愐《唐韵》载字‘但注反切’举不胜举”，则《唐韵》非‘无字无注’”。如前章所述，比类思维中的类比推理只需要属性自然类中一项不一致，“《唐韵》非‘无字无注’”是事实，但不足以否定断片与蒋斧本《唐韵》极可能非同类的结论。可是必须有合乎逻辑的方法证明②①与论题无关。

“注”是韵书中字头之外的内容，是用来说明解释字头性质的，因而“注”是字头的属性。载字是自然类，“注”为字头属性。“注”的类元素多寡取决于要达到的目标。① 考察全部韵书史料中字头训释后，“注”的内容包括：

①有注无训：字头与下一字头间不为空白，没有字义训解，但有反语，或又音，或字形信息，如上图正面“皮”，反面“比茨遲伊”四字，这些字下有注无训。②有注有训：字头下既有字义注解，如上图正面“㐌靡”，又有反语，或又音，或字形信息。③无注无训：韵书字头下直接连下一字头或为空白，如上图正面“庀［卮］枝”，反面“諮維雖”。无注无训字是《切韵》或早期韵书非常突出的特征，甚至可以根据无注字的多少来判断史料的相对时序。④仅有训：字头与下一字头间不为空白，但只有训义注解，无又音、字形信息，如上图正面“醃炊騎羲”。有训字在所有韵书史料中所占比重最大。其中①②两个属性既可以是音纽纽头字属性，也可以是非纽头字属性，③④两个属性则只能是非纽头字属性。

王国维没有核查蒋斧本《唐韵》和《广韵》训释情况，也没有注意到普通自然类“载字”和属性自然类“注”的区别，很少区分或不加区分地使用“无字无注、无注文、但注反切、无注者、有注、不注、无他注、无注之字、注本、笺注”。这个系列混同“注、训、字、反切”等信息，其实构成了“载字自然类”和“注属性自然类”似类，如前文所说，似类是语言因素作用于逻辑，非逻辑必需，既不能用以演绎归纳，也不能用于类比推理。魏序批评王文抓住了其弱点“如果‘但注反切’的就当作‘无注’论，王氏说蒋氏藏孙愐《唐韵》无字无注便是问题”（魏建功，1935：56-57），却也没有抓到比类思维的关

① 音纽载字有纽头字和非纽头字的差异，因为是全分尽分韵书、音纽载字，所以字头/非字头是逻辑类，则有纽头“注”和非纽头“注”两个地位不同的属性自然类（有多少属性，事先并不知道）。细分四类“注”似乎将载字两个自然类合并为一个自然类，这是不对的想法。违反认识事物逐步深入的规律，即已经分出了纽头、非纽头的属性差别，按比类思维的类比推理，就不是一个自然类。此处只是全面描述出属性即可（详见第五章）。

键，更因此认为此断片“未尝不可是孙愐诸人的书”，否定王文合理的结论，没有按比类思维类比推理的方式来看待材料，零碎事实增加则容易导致混乱。

本书第一章提到王显先生（1993）不同意姜亮夫关于伯 2017 残叶的讨论，两人的讨论与此相似，即以似类行文代替逻辑推理。姜亮夫先生跋文标题为《P 二〇一七为陆法言原书韵目跋》（姜亮夫，2002：295-296），但在行文中使用陆法言“书式”，这就让人不知姜文是谈《切韵》韵目还是谈伯 2017 残叶的“排版布局”。姜文论证似乎是谈《切韵》193 韵及其韵序，王文看来是就后者而论，周祖谟先生则未使用“书式”，只谈时序。三者所讨论的不是该史料的同一属性，结论自然不同。

3. 具体时序难证——“笺二配王韵”

1935 年出版的《十韵汇编》，如前文所言：与其说《汇编》是整理《切韵》的史料，不如说是对古逸丛书本《广韵》的考证。音韵学要充分发掘这些越千年而重现史料的学科价值，《切韵》一书原貌，即音韵学的历史起点，既是比较简单和可以完成的任务，也是其他研究的基础；相反，这些史料的具体时序在现阶段不易重建，也不是最紧迫的任务。因为《切韵》系史料的特殊属性，手书、参与人数、学术性或实用性、通用性等等因素都会打乱史料之间的具体时序，更常见的历史过程是抄书与改书交错进行导致的材料时序属性模糊。

（1）笺二所含两事

斯 2055，存东冬锺江支脂之微鱼虞，笺注本二（又称切三，王国维摹写第二种，见前文）卷子本，书法粗劣，且有讹误，抄录的年代也比较晚。王国维断定本书为长孙笺注本。该史料含两件事实，其一为之韵“鯔”字到鱼韵“鱟”字共约 20 行为王韵抄配。刘复刊出王一以后（刘复、黄永武，［1925］1985：453-566），人们注意到笺二九韵里混杂王韵的情况。第二件是“攲”下注“四行全無”。

（2）笺二两事似类行文

周祖谟先生（1983：835）对此两事的解释为：

> 为什么抄写的人把王韵抄录在内呢？这可能是由于原本有残缺，而不得不根据另一种韵书来增补。从本书所抄录长孙序文有空阙和支韵“攲”下注明“四行全無”来看，原来的底本一定有缺损。写书人没有别的本子可以依据，所以就用王韵抄配在内。王韵没有长孙讷言的序文，抄者遇到原本残缺处也就无法增补，只好空阙了。[下划线为本书所加。]

周书将此两件事联系起来，而推理使用了两个似类系列，所为者：抄书的人、写书人、抄者；本史料的前一状态：原本、另外一种韵书、原来的底本、别的本子。似乎认为这两件事是同时发生的。

（3）笺二两事比类分析

《王韵》目前所知有四个版本，而用以抄配的应该是王一，非王三，更非王二内府本或王二延光室本。因为抄配部分与王一在载字、训解甚至错误方面均相同（随机因素详后）。《王韵》四个版本在“四行全無”区间内载字情况为：王三有94字、王一有48字、两本王二均有108字，笺一也零星有30字。此五者于这四行位置全都有字。

如果本史料，即笺二，与五书在时序上大体同类，即同属于唐代，则抄配王一的“抄配者”面临的笺二“前前一状态”如有残缺，应该同样也会在“攲”字之后遇到“䲙”到“齾”之间的残缺，用王韵或者笺一类甚至是《切韵》作为参考，予以补齐，而不会留下一补一缺的情况，则笺二的“前前一状态”本有此四行，也有王一抄配，后来由于某种原因那四行脱漏、残破而缺失，而所缺四行是否为《王韵》

抄配，就不得而知。即抄配王一的“抄配者”与“四行全無”“所为者”非同一人。

笺二的“前一状态”可能也本有此四行，笺二“所为者”很可能是原样照抄的“抄书者”，笺二的其他属性，“书法粗劣，且有讹误”与“抄录的年代也比较晚”（周祖谟 1983：834）的推理结论不矛盾。

而且，可观察另一例残缺在流传中的表现：王二延光室摄影本（周祖谟，1983：534-625），在九之韵“瓱，瓦之屬”与卅三肴韵“［敿］擊又口彫口的二反”连续［中间缺 25 韵］，完全保持文献所发现的面貌，不作提示。而内府本王二在九之韵“瓱，瓦之屬”中间添加诸如“下缺”① 之类的提示，再接“［敿］擊又口彫口的二反”，作出标记，而缺多少就应该是不确定的。内府本的“提示者”与内府本“抄书者”可能是同一人，也可能非同一人，但应该与王二“写书人”绝非同一人。

“四行全無”是个确定的数字，非三行也非五行，则其“标记者”确知缺四行，“四行全無”的“标记者”极可能面临笺二“前一状态”的残缺，据其残缺位置估算出四行而添加提示。则“四行全無”“标记者”在很有可能笺二“前一状态”发现残缺而标记出来，即“四行全無”“标记者”与笺二“抄书者”可能非一人，与“抄配者”更非同一人。也不能排除，笺二“四行全無”的“标记者”可能就是笺二“抄书者”，即“标记者、抄书者”，可能是同一人，也可能非同一人，但与王一“抄配者”应该非同一人。

“四行全無”还有语义方面的歧义，这里的“全”可能指的是“标记者”所能得到的所有底本，只有存在这种情况，抄配王一、标记“四行全無”才有可能为同一人所为。客观上看，五本韵书全都在此处

① “以上本第七页”是抄者按编页次序例加，是否与“下缺”同时添加，不得而知。上声十八吻韵与卌二有韵之间为“下阙”字样，并且中间留有空白。延光室摄影本平上所缺处都是连续行文，不作提示。

缺四行的极端情况几乎是不可能的。以上推测都是假定笺二与五书大体为同时序的情况，如果是不同时序，则笺二抄写有可能发生更晚，更证明王一抄配者、“四行全無”标记者、笺二抄写者不会是同一人，两事不会同时发生。

似类行文与中国文学传统中语言求变有关，然而措辞不同会导致原本不同类的事物成为似类，以此似类行文代替逻辑推理，很难求得事物真相。

4. 韵书自然类著、抄、校

流传至今的《广韵》和重新发现《切韵》系史料以及相关间接史料，都是历史过程的最终状态，都曾经经历过著述、抄写或校勘等历史过程。前文引傅斯年（［1927］2003：308）关于历史过程，“历史的事件虽然一件事只有一次，但事件既不尽止一个记载，所以这个事件在或种情形下，可以比较而得其近真；好几件的事情又每每有相关联的地方，更可以比较而得其头绪”。韵书史料的这三个不同性质，但又有共同点的过程从时序上代表三个阶段，是史料形成的自然类。

（1）著述循惯例和创新

著述者要表达“立言”的需要，既要遵循沿袭已久的社会和学科惯例，也要表达对学科的新见解。相对于其他经史子集经典，音韵学独立较晚，没有现成的学科惯例可以遵循。最初，韵书大部分反切很可能是分散、独立地选择切语上下字，然后“类集反切成为韵书”（濮之珍，2002：202）。“［吕］忱弟静别放［仿］故左校令李登《声类》之法，作《韵集》五卷，宫商觕［角］徵羽各为一卷。”① 他完全有可能借用《礼记·乐记》论乐之名来类比言语之声，“声音之道，与政通矣。宫为君，商为臣，角为民，徵为事，羽为物。五者不乱，则无怗懘

① 北齐魏收撰《魏书·江式传》。

之音矣”。此事并非杜撰：“齐太子舍人李节［李季节］，知音之士，撰《音谱决疑》，其序云：‘案周礼，凡乐，圆钟为宫，黄钟为角，大蔟为徵，沽洗为羽，商不合律，盖与宫同声也。五行则火土同位，五音则宫商同律，暗与理合，不其然乎。吕静之撰《韵集》分取无方。”而在音韵学经典陆法言《切韵·序》和该书韵目小注中出现吕静《韵集》、李季节《音谱》，应该不是偶然。

著述立言者对具体学科的一般认识主要体现在学科具体内容的安排上。《切韵》以平上去入四类分卷的形式来取代宫商角徵羽五类，更符合音韵学事实。其后的著述者，如长孙讷言笺注、王仁昫增字加训、孙愐增韵添加名物山川等内容，都是因袭陆法言《切韵》创立的韵学体系，在其开放的自然类里添加新元素，形成历史性的比类系列。陆法言在编撰《切韵》时，也可能存在不同于最终版本的底本（平山久雄，2014），但平上去入分卷、韵分193类等是音韵学的最初状态，是学科的属性自然类，而今传各种唐写本及残卷都是以《切韵》为蓝本的再传或多传写本。

（2）依底本抄书

中国古代书籍传布和储藏的主要方式是手抄，即使到印刷业已很发达的明清，对于一些大型图书，政府在组织编修、录制副本时也采用人工手抄的方式：

> 当明成祖朱棣令翰林学士解缙等修书［《永乐大典》］的时候，在饬谕中就要求将“凡书契以来经史子集百家之书，至于天文、地志、阴阳、医卜、僧道、技艺之言，均辑为一书，毋厌浩繁”，气魄是非常宏伟的。此书修成计22777卷，凡例目录60卷。“其时公车征召之士，自纂修以至缮写几千人，缁流羽士亦多预者。书成，选能诗古文词及说书者二百人充试吏部，拔其尤者三十人授官，其余亦有注籍选人者。”后来明世宗朱厚熜害怕它被毁

坏，于嘉靖四十一年，“诏阁臣徐阶照式模钞一部，与时书手180，每人日钞3纸（一纸30行，一行28字），至隆庆改元始毕”。抄写一部180人就费时6年（杨燕起、高国抗，2003：32-33；也见［明］全祖望《鲒埼亭集外编》卷十七《钞永乐大典记》）。

其图书规模已经很大了，而清乾隆年间编修的《四库全书》又是该书约四倍的规模，仍然是手抄。中央政府尚且如此，普通读书人抄书更是常见。

抄书者可能同时是作者、藏书家、读者、专职官员或者“佣书者、抄手”（董火民，2007）。抄书者可能是因为著述、藏书、学习，或者只是出于单纯的书法艺术等目的而抄书。

现在所得《切韵》直接史料是写本的最终状态，写本传抄时所依据韵书的前一状态称为相应的底本，底本是个相对概念，其所为者可能是著述者；或者同于当前的抄本状态，其所为者仍然为抄写者。从抄书的难度和抄本流通、使用、磨损和保存的难度来看，后一种情况可能多些。即是说写本的底本、写书人与所得史料之间从时序上间隔可能很远。唐五代韵书残卷多为写本，是否注明著者或抄写者是很难确定的，其传播范围亦是如此。要在文献中搜索其他不知名《切韵》写本著者的主名，就更是徒劳无益。以此思路来逐步接近《切韵》原貌可能永远都达不到目的。

（3）抄书中的随机性不一致

由先秦竹木刀刻到汉代帛纸墨书，一些客观原因如脱简、错简，水、火、虫蚀，和一些传抄、传刻等主观原因，导致史料、古书不可避免地出现与底本不一致现象；汉语孤立语的性质、缺少句读、书写系统等都使得古书极易出错。

抄书并不是一件容易的事，从《切韵》到《广韵》四百年间，韵书辗转传抄很难保证书者一字不差地复制原本。王国维用23天抄完三种重要的史料，其抄写态度严谨，然而，按字头计算，将约万字头①的抄写件与史料照片对照，也发现至少有错、漏、串等49条随机性因素导致的不一致。随着传抄次数增加，一些不一致现象很容易积累。

手抄韵书出错概率比其他图书要高，“余［陈垣］以元本及诸本校补沈刻元典章，凡得谬误一万二千余条”（陈垣，［1931］1959·序；戴南海，1986：48）。《元典章》② 字数大约120万字（张帆，2008），则其全书出错率约1%，相对于手抄韵书来说是很低的。韵书的字头脱漏、训释抄串、字序参差、计数误差等无心之误都可以称作随机性失误。

如，字头脱漏是每种写本材料都有的现象，以音纽对应中字头有无来看，基本脱漏情况为王二33字占0.3%，蒋本《唐韵》16字占0.3%，笺二5字占0.5%，王一67字占0.7%，笺一53字占0.7%，笺三16字占0.9%，王三164字占0.95%。王三脱漏发生最频繁，表明王三在抄写过程中，写者最为疏忽。这基本印证了魏先生校勘的结论：“我们只能相信这故宫博物院印行的王仁昫《刊谬补缺切韵》完整本《国三》不可能是唐代很早的写本，更说不到是王仁昫的原本，甚至于要怀疑它是唐以后的人根据唐本传抄的。”（魏建功，［1951］2001：642）

再如，各种韵书及残卷音纽标数与实际载字数不一致或者音纽没有标载字数的大致情况为：（标实不一致+无标）/总纽数：《切韵》残叶

① 王国维：切一10页，笺一42页，笺二9页，共计55页，23天，平均每天2.7页。抄写内容：斯2683［切一］192字头，［切三］笺一8049字头，［切二］笺二1697字头，共计9938字头。

② 全名《大元圣政国朝典章》，是一部元代前、中期（世祖朝至英宗朝）法令文书的汇编。《元典章》共六十卷，收录文书年代自元世祖中统元年（1260）始，至仁宗延祐七年（1320）止，分诏令、圣政、朝纲、台纲、吏部、户部、礼部、兵部、刑部、工部十大类。……光绪三十四年（1908），法学家董康将从日本抄得的《元典章》稿本于北京刊行，刊本中附载另一位著名法学家沈家本的跋文……这个刊印本因为附载了沈家本的跋文，因此习惯上被称为沈刻本（张帆，2008（18）：57-67）。

（4+48）/328 = 15.9%；笺二（21+8）/221 = 13.1%；笺一（32+125）/2208=7.1%；王三（108+125）/3634=6.4%；王二（18+26）/2640=1.7%；广韵（35+4）/3874=1.0%。比较明确的趋势是韵书越晚出，载字标数越完整，音纽载字数与实际载字数越一致。

这两例仅仅是就韵书比较重要的字头、音纽而言，如果加上篇幅比较大的训释，手抄出错率就更可观了。其原因可能一是手抄不比刻板，很多情况下是私人行为，其次韵书基本上是以相互间没有语义联系的字条为单位，自然出错率高。

但是，如果这一小概率现象同时发生两个或多个写本的相同位置，只能说明这两个写本同源或者其底本就是如此。以字头脱漏为例，如王一、王三同无，其他材料又同有，训释也相同或相似，则有可能是底本《王韵》脱漏，此类有七字（又切不一致以及字形差异与当前讨论无关，略，后文仿此）。

①笺一歌韵：諾何反$_{5}$：儺$_{5}$，逐疫

王二：　　　諾何反$_{7}$，儺$_{5}$，儺駈逐疫鬼

②笺一马韵：所加反$_{6}$：沙$_{6}$，沙文

王二：　　　所加反$_{7}$：沙$_{2}$，沙汏

③笺一覃韵：徒含反$_{13?}$：糧$_{12}$，糧粽

王二：　　　徒含反$_{15}$：糧$_{8}$，糧糝

④笺一覃韵：丁含反$_{5}$：耽$_{3}$，耽耳

王二：　　　丁含反$_{8}$：耽$_{2}$，耽耳

⑤笺一阳韵：時羊反$_{6}$：尚$_{4}$，又時亮反

王二：　　　時羊反$_{7}$：尚$_{7}$，尚書官名，又食亮反

⑥笺一庚韵：符兵反$_{7}$：枰$_{4}$，局碁

王二：　　　符兵反：枰$_{5}$，枰仲木名

⑦笺一尤韵：莫侯反$_{12}$：蛑$_{12}$，蝤蛑似蟹

王二：　　　莫浮反$_{20}$：蛑$_{7}$，蝤蛑

由于笺一与王二差别较大，有可能时序差距也大，不太可能在相同

的音纽中增加相同的载字、几乎相同的义训和又音，而认为王仁昫所见的《切韵》底本，即《王韵》底本就缺此七字较为合理。这同时也说明王二底本来源比较混杂。

又如：

①笺一仙韵有“式連反$_3$：埏$_2$，打瓦；挻$_3$，柔挻”。

王三对应纽“氏連反”无“埏”字，但是第二字为“挻$_2$，打瓦，又柔挻，又醜𨒂連反二”，很显然，王三将埏$_2$、挻$_3$二字的训释抄串合并，从而漏掉了上字“埏”。王一对应纽“氏連反”也无“埏”字，但是第二字为“挻$_2$，打瓦柔挻又醜連反從手”，说明很可能王三、王一共同的底本《王韵》就已出现了抄串漏字。

②笺一止韵：“滓$_1$，側李反四，茡$_2$，草，或作葶”；

王三：　　　　“滓$_1$，側李反三，料，亦作葶”；

王一：　　　　“滓$_1$，側李反三，粈，亦作葶”；

王二：　　　　“滓$_1$，側裡反三，粖，亦作葶”。

后三者都没有笺一的第二字“茡$_2$，草，或作葶”。

从笺一来看，很容易判断此处在《王韵》即已抄串，从而漏掉第二字。这样看来并非王三、王一同时抄串，而是其底本《王韵》原本如此，也就是说，从本纽载字及训释看，王三、王一同源。

这种随机性因素导致的不一致可以透露韵书版本之间的因承关系，又如前文笺二同时含王一抄配内容和“四行全無”、王二两个相同版本所缺一有提示一无提示，这些相关事件可能提供更多一层信息，也只能在写书人原书状态与最终版本之间多增加一抄本状态。以这种方式来接近《切韵》原貌只能是零碎不系统的，但作为检验比类重构的验证却是不可多得的证据。

（4）比类校勘

自汉代至今，古书校勘一直是文献学的重要学术活动，西汉刘向

《别录》① 说："校雠：一人读书，校其上下，得谬误为校；一人持本，一人读书，若冤家相对为雠。"字形更革，语义流变，为古籍经典加注以传承，注之外再添疏，成为中国学术的传统。

如何看待和利用这些性质相近但有差异的文献史料，古人在实践中总结颇多。宋代岳珂在其《相台书塾刊正九经三传沿革例》"注文"一条专讲此事，如："诸本于经正文尚多脱误，而况于注！间有难晓者，以疏中字微足其义……如《诗·角弓》：'教揉升木'，注云：'若使之必也。'依疏增一'能'字，为'必能也'，意始明。"清末民初叶德辉在《藏书十约》中说："以群书所引，改其误字，补其阙文。又或错举他刻，择善而从；择善而从，版归一式。"（均转引自戴南海，1986：60-89）

陈垣先生（［1931］1959：144-149）在校勘《元典章》时，结合校勘史，提出校书四法。**对校法**，即以同书之祖本或别本对读，遇有不同之处，则注于其旁。**他校法者**，以他书较本书，凡其书有采自前人者，可以前人之书校之；有为后人所引者，可以后人之书校之，其史料有为同时之书所并载者，可以同时之书校之。所谓**理校法**也，遇无古本可据，或数本互异，而无所适从之时，则必用此法。此三法都是从不同角度找出所校之书与不同来源的版本之间的差异。而**本校法**者，以本书前后互证，而抉摘其异同，则知其中之谬误。也就是前后不一致或者矛盾的地方。

校勘过程是建立起不同时期、不同来源的自然类元素之间的对应关系，在元素属性同构假设下，以类比推理来判断是否同类或根据已知属性推断、寻找证实未知属性的过程。

陈垣（［1931］1959·序）曾说："余以元本及诸本校补沈刻元典章，凡得谬误一万二千余条，其无心之误半，有心之误亦半。"其判断有心、无心之误很可能就是通过比类推理的结果。抄者或者著者往往并

① 《太平御览》卷六一八。

非单纯复制底本，在写本中必然留下一些“有心之误”的痕迹，多次传抄和重复校勘很常见。校勘中还常见一种形式，原样记录而不做判断即为“死校”，死校用于校书者难以判断孰是孰非。例如周祖谟先生（2011）校勘泽存堂《广韵》，涉及字形方面共有 882 字头，其中绝大部分（608 字条）涉及异体字形。

在书籍产生方式原始、存量稀少、流通缓慢的古代，为了获取图书和保留来之不易的版本信息，校勘必不可少，校勘是零碎地使用比类。现在存储介质发生根本改变，获取不同书籍及其信息的方式多样、快捷。制约学科发展的不是来源问题，而是如何选择正确优质的信息，综合整理史料则是制约学科发展的瓶颈。探求学科原貌，在原貌或接近原貌的基础上继续向前推进一步，从比类思维的角度重新审视《切韵》系史料，我们完全有信心看到原貌，至少也可无限接近其原貌。

第二节　从比类思维看汉字字形

理解音韵学起源、系统整理《切韵》系史料离不开比类思维。音韵学自然类名和元素变化反映了对音韵学认识的加深，开放的韵自然类、音纽自然类、载字自然类则为增添新元素，从而为丰富音韵学提供了可能。而自然类与属性自然类相互转化则是类比推理判断同类、推知未知属性的基础。音韵学逻辑类在《切韵》史料整理中的功用主要体现在自然类元素的比类对应上，和讨论问题的细分上。以似类代替自然类或逻辑类，无论是从演绎、归纳还是类比等方向推理，至多是或然性的结论。

悠久的中华文明产生了不计其数的古籍文献，种类和数量繁多的小学辞书更是连续地记录了中华文明的每一个细节。几乎是每一朝代都曾组织编修过辞书，规模越来越大的辞书既反映了汉字字形的巨大变化，也向今天整理和研究古籍提出了严峻的挑战。《切韵》系史料基本上为唐代私人抄写，手写汉字不同于刻板印刷字形，不同于国内当今使用的简体汉字，更不同于计算机信息化显示字形，如何高效迅速而准确地整理史料，重构《切韵》原本，需要一套既能最大限度记录史料信息，又能可靠地达到目的的方法。

《切韵》系史料几乎全都是唐代写本，连同王三、《广韵》两个全本，总数接近四十种。全本韵书无疑在重构《切韵》原本的工作中起着无法替代的作用，纸质古籍的信息数据化更需要坚实的理论基础，在规范与非规范字形逻辑类的基础上，以韵书的自然类进行比类对应，才能保证重构工作沿着正确的方向进行。

1. 辞书收录的规模

汉字从甲骨文、古文、籀文经秦篆、秦隶到汉隶（汤可敬，1986），隶定楷定后，还有“后人以楷书的笔法来写古文字”（裘锡圭，2000：78）。在这之前和之后的历史过程中，又产生了不同批次的新字。

历代不同机构、学者整理和刊刻的辞书比较详细地记录了汉字规模的发展过程。《说文解字》收字 9353 个，王三收字 17201 个（字头，本书统计），《广韵》收字 25334 个（字头，本书统计），《康熙字典》收字 47035 个（字头），1986—1990 年出版的《汉语大字典》收字 56000 个（字头）左右（裘锡圭，1987）。汉字《异体字字典》共收正字 29829 个，相应的异体字形 76338 个，共计收 106167 字①（陈新雄、曾荣汾等，2001）。粗略地列举一些辞书收字情况，就可以看到汉字数量成倍增长的趋势。

① 陈新雄、曾荣汾等，（2001）20 多位台湾学者历时五年编撰的《异体字字典·正式版》，参考了几乎所有重要的字书、韵书乃至古文碑帖，其正字以港澳台地区使用的繁体字字形为标准，或者依学理标准定正字。

2. 汉字分类

辞书收字规模越来越大，但并不意味着使用的字越来越多，而是不同时代所通用字形和旧字及旧字形的累积。以下为唐代封演关于具体文字总数的记录：

> 平帝时，征沛县人爰礼等说文字于未央庭中，黄门侍郎扬雄采以作《训纂篇》，并前仓颉等共四篇，五千三百四十字[5340]。……后汉和帝时，始获七千三百八十四字[7384]。安帝时，许慎特加搜采，九千之文始备[9000]，著为《说文》，凡五百四十部，皆从古为证，备论字体，详举音训，其鄙俗所传，涉于妄者，皆许氏所不取，故《说文》为字学之宗。魏时李登者，撰《声类》十卷，凡一万一千五百二十字[11520]，以五声命字，不立诸部。晋有吕忱，更按群典，搜求异字，复撰《字林》七卷，亦五百四十部，凡一万二千八百二十四字[12824]，诸部皆依《说文》；说文所无者，是忱所益。后魏杨承庆者，复撰《字统》二十卷，凡一万三千七百三十四字[13734]，亦凭《说文》为本，其论字体，时复有异。梁朝顾野王撰《玉篇》三十卷，凡一万六千九百一十七字[16917]。（封演，2005：7）

在这里确实可以看到汉字增加的趋势。裘锡圭先生（1987）说："从商代到现代，一般使用的汉字数量似乎并没有显著的变化，很可能一直在五六千左右。在这三千多年里，新字不断产生，但是旧字也在不断退出历史舞台。二者相抵，字数的变化就不大了。"这是辞书发展趋势的描述，但"通用"、"一般使用的汉字"、"旧字"、"新字"具体指那些，是否能有较为清晰的界定，目前尚无人探究这个问题。

裘锡圭先生（2002：43）用正体、俗体来对汉字进行区分，"所谓正体就是在比较郑重的场合使用的正规字体，所谓俗体就是日常使用的比较简便的字体”。这种分类法很有代表性，如“俗字是相对于正字而言不为当时社会普遍接受的一种文字书写形式，只有当它被广泛接受以后才会成为正字。所谓正字，一般是由政府机构提倡的正式书写文字”（张民权、田迪，2013）。其实，早在唐代，颜元孙《干禄字书·序》就有类似的分法：“所谓俗者，例皆浅近。”“所谓通者，相承久远。”“所谓正者，并有凭据。”正、俗、通的分法至少包含使用、形体、历史等三个标准，所以属于描述性的自然类。

本书的目的是力图重构《切韵》原本，考虑到现存史料多为写本，五代隋唐时期韵书传播的主要途径为手写抄书的事实，以及《切韵》并非字书，对字形要求并不十分严格等因素，需要有较为客观的评判标准，所以描述说明字形显然不符合要求。

3. 规范与非规范字形

王宁先生（2014）提出“汉字在‘有典有册’的每一个历史时期，都有两种存在的状态：一种是使用的状态，一种是贮存的状态”。从《切韵》系史料的形成过程来看，唐写本韵书及残叶却既可以看成是使用状态，也可以认为是贮存状态。虽然有秦时“书同文”的记载，汉时有许慎的《说文解字》，唐人也有较强的正字观念。如唐时除《干禄字书》外，还有张参撰《五经文字》、杜延业撰《九经字样》等，并且在残卷也有反映，如笺三“檢，居儼反三又按說文杜延業字樣為檢”，王三“倉先反，阡，阡陌又且見反杜俗”，王二“古挍反，挍，檢々杜延字樣二並從木”。但是，真正从手段上、实践中、制度上贯彻正字思想，很可能只是进入宋朝之后才开始的，如二徐校定刊刻《说文》，陈彭年等奉诏编撰刊刻并发行《广韵》等字书、韵书等。

规范字形是特定机构，从实践中总结整理、制定、规定使用的汉字字形；不满足规范字形定义的任何一条都是非规范字形。《广韵》《集韵》《礼部韵略》《康熙字典》《简化总表》《新华字典》等的各种版本所规定的字形就是规范字形。现存的《切韵》史料基本上为个人根据底本编撰或手写，无论写者如何努力保持与底本一致，以及王三、《广韵》等训释中出现的或体，其字形总体上都属于非规范字形。在特定机构颁行的辞书中，规范字形仅指作为字头出现的字形。以规范标准划分出的字形类为字形逻辑类，字形逻辑类在不同时代、不同地区并不一样，是一个相对概念。不以规范标准划分，如以字形的结构、历史或使用范围或其他标准划分出的字形类为字形的自然类。

在信息时代，规范字形多了一种新的形式：字符库。其原理大致为：假定我们用数字 1~10 给十种颜色不同的苹果编号（Byrant，2016：22），比如 1 代表未成熟的青苹果，10 代表最红的苹果，计算机只认识和处理数字 1~10，① 并不认识苹果。我们可以将十种苹果换成十种苹果的图片或者十种橘子，都不影响它们在计算机中的编号，关键是编号和实物要一一对应，建立了对应关系的编号和实物都是有限集。这些编号也就是字符代码（encoding points），编号格式由国家或者国际机构根据计算机硬件处理特性来规定（尉迟治平、汤勤，2007）；苹果或者橘子或者苹果图片就是不同的字符，比如苹果是汉字形体，橘子、苹果图片是韩文、日文形体。很明显英文、法文等拼音文字远远少于汉字所需的苹果数量。

现在最大和普遍使用的代码库是 Unicode，该代码库试图给全世界的形形色色所有苹果或橘子或苹果图片分配一个唯一的编码。编号和字形文件一起构成计算机的字库（习惯上成为字符集），或内嵌于系统或作为独立的字库软件后加进系统。Super-CJK 中日韩越超大字符集包含了近十万标准字形和对应的 Unicodc 编码（汉字、部首共 76785 字，有的系统需要下载安装），是当前国际上跨平台通用性最好的字符集，也是兼容了各种汉字输入法，这就是通过输入设备选字的方法。

在当今，尽管信息交换的硬件和速度似乎以加速度方式在发展，而且各种类型的字符库包括 Unicode 代码库一直在持续添加新字符，但始

① 严格地说，其只能识别和处理两种物理状态，即二进制的 0 和 1。

终不能完全满足使用者的需求，因而字符库的规范性作用显得越来越突出。

4.《切韵》史料字形比类整理

采用规范与非规范字形作为标准，则正体与或体辨认的困难（陈新雄、曾荣汾等，2001；张书岩，2005；李运富，2006）会明显减小，正体与异体的差异①的重要性也会显著降低。因为规范字形在各个时代里都是可以通过不同的手段明确其外延，理论上是确定的；非规范字形则包括个人手书、私人使用，字辞书中除字头外的所有字形，也可能包括各种古俗字形、罕用僻字、避讳用字和一些专用字（裘锡圭，1987；苏培成，1994：40），其外延也是确定的。

更重要的是，以规范标准形成的字形逻辑类与以其他标准形成的自然类之间，存在字形对应转换关系。在漫长的汉字发展历史中，记录、书写方式、记录载体发生了巨大变化，不同时代的规范字形之间存在系统性的差别，而不同时代单字字形之间存在对应传承关系。如《说文解字》记录了先秦篆书与汉隶及唐宋楷书之间的对应关系，1956年《汉字简化方案》的简化规则明确了旧时繁体和推行新时简体字形之间对应关系的总原则，汉字字符集的一再扩展则反映了随着技术和硬件的发展，人们能够建立统一和规范的对应关系的范围有快速扩大的趋势。

（1）《切韵》史料的字形比类

汉字《异体字字典》是由我国台湾学者陈新雄等组织编撰的（陈

① 关于异体字，裘锡圭先生（2002：205）说：“异体字就是彼此音义相同而外形不同的字。严格地说，只有用法完全相同的字，也就是一字的异体，才能成为异体字。”苏培成先生（1994：95）则认为：“异体字有两个含义：一个指形体不同而读音和意义相同的字，几个字互为异体；另一个是与正体相对而言的，与正体只是形体不同而读音和意义相同。对于尚未整理的异体字取前一个含义，对已经整理过的异体字，取后一个含义。”

新雄、曾荣汾等，2001）。其编撰收字标准和目的很明确，“本典收录约10万个中文字，收字系以‘教育部’公告之标准字体为纲领，陈列文献中所见之相应异体字，为汉字字形的大型数据库，可供语文教育及学术研究利用，并可作为计算机中文内码扩编的基础。适用对象为汉字研究者”。该字典与《汉语大字典》的编撰过程类似，而文献更加丰富，载明其使用的基本文献有63种，参考文献812种（参见《异体字字典·编辑凡例》）。该字典建立起从《说文》到当前我国香港、澳门、台湾等地区的繁体字形，以及国内使用的简体字形。更重要的是，《异体字字典》可能是迄今为止最为详备的汉字字形对应资料，而且使用者可以在互联网上进行电子查询，每一字形或以Unicode编码形式，或以图片扫描形式在计算机上得到完全的显示。①

《异体字字典》并非是以整理《切韵》《广韵》等古籍字形为目的，正因为如此，该字典所收录的字形数量可以看做一种比较客观的标准。以《广韵》字形为线索，观察其在《异体字字典》中所记录的异体数量，包括简体字形，则基本能衡量每一汉字字形变化的范围、字形与多读之间的关系、规范字形一般趋势等。例如：

王三王二，力追反，縲，落

《广韵》，力追切，纝，網絡論語注云黒索也亦作縲

《异体字字典》，【縲】缧𦃇纝絫纍累（黑括号内为该字典确定的正体，下同）

《新华字典》，缧（縲）léi［缧绁］捆绑犯人的绳索。借指牢狱。

首先，王三王二均以“縲”为字头，《广韵》以“纝”为字头，并注“縲”为或体，《异体字字典》以“縲”为正体，另外给出六个异体。《新华字典》则以“缧”为正体，“縲”为异体。这个发展过程虽然历史较短，但也可以看到规范字形是具有相对性的历史现象。其

① 信息比较全面的查询地址为：国学大师 http：//www. guoxuedashi. com/zidian/5F13. html。

次，《异体字字典》收集了该字不同来源的七个可能的字形，而《切韵》系史料只出现了两种，那么另外五种字形出现在《切韵》原本中的可能性要小很多。对于久已失传的《切韵》原本，以《广韵》字形为参照就不至于离原本太远。① 再次，具体字形如何变化，縲与纝，孰先孰后等问题可能不太轻易找到答案，而字头字形的对应关系则是相对容易确定。最后，《异体字字典》中，“絫”为图片，实际上，受字符库或者输入法的影响（参看下节），该字典中大量的字形差异都是用图片显示，在下面的统计中只统计数量。另，王三该字训作“落”，很明显是“絡”误书（龙宇纯，1968），而王二同样错为“落”，说明王三王二在该字或该纽同源。

（2）字形差异与使用频率

规范字形与非规范字形的差异到底有多大？汉字多读一直是音韵学关注的重要方面，多读与字形差异之间的关系如何？《广韵》是中古由政府组织撰写刊刻和颁行的韵书，可以作为中古时的规范字形，观察异体字形的数量以及其他韵书与其关系，对于了解规范、非规范之间的关系有一定的帮助。

以泽存堂《广韵》② 字头为线索查询《异体字字典》，记录下每一字头的或体数目，即《异体字字典》中正体加异体数目，字库无字形

① 在《切韵》原本中，共有 900 多字的字头可能有不同字形，以字后加“·”的方式标明。

② 《广韵》校勘以周祖谟（2011）为主。周校《广韵》涉及字形方面共有 882 字头，其中有判断黎本《广韵》、敦煌《王韵》等文献字形有误 140 字条，与泽存堂《广韵》字形无关。剩下绝大部分（608 字条）涉及异体字形，有校出字形字库无对应的（20 字条），另有周校认为当删的（15 字头），这三类暂时都以泽存堂《广韵》字形为准保留。

无法查询的暂以 1 计,① 多读暂以字头发生次数为根据。《切韵》、王三、②《广韵》统计结果见表 4-1。

表 4-1　　**韵书读数与异体数**

读数	切韵	王三	广韵	切韵字	王三字	广韵字
1	7.8	6.9	6.9	9536	12006	14997
2	8.6	6.8	6.4	1608	4338	7410
3	10.2	6.9	6.5	141	819	2286
4	7	7.0	6.4	12	100	512
5		7.3	8.5		15	110
6			10			12
7			2			7
总	7.9	6.9	6.7	11297	17278	25334

泽存堂《广韵》有 25334 字头、③ 王三 17278 个字头字形数量大约

① 因为平均值对极值敏感，对记录数反而不敏感，如，《广韵》所载字头中，异体最多的是龜字，该字在《异体字字典》中的字形多达 116 个，《广韵》记录了其中龜、龜、龜、龜四个字形。其次是靈字，字形有 110 个，《广韵》记录了其中的靈、霛、霊三个。第一个为正体，其余为异体。这其中包括中国民俗“百寿图”中的壽字，《异体字字典》只记录了 88 个壽字形。如果不计字形记录最高的 99 个字头，则各组字形均值将减少约 0.2 个。这 99 个字头的其字形数为 54~116 个，均值为 73.4。也就是说字形数大于等于 54 的汉字字头，可以看成极端情况下非正常使用字形。

② 王三的校勘参考龙宇纯（1968）。王三补入各种脱漏 188 字，增字 51 个，本书统计全书载字为 17278 字。其中有 463 字在《广韵》中无对应，这一部分计入到统计中，以王三字形为准。这也说明在《广韵》编撰时，陈彭年等人很可能没有看到《王韵》原本了。另有 463 字头与《广韵》不一致，暂全部看做异体，而以《广韵》字形为准。

③《广韵》字头数量由于版本、校勘、统计等原因出现不一。《广韵》牒文记为 26194 言，宋邵光祖《切韵指掌图检例》为 25300 字，余校泽存堂本为 25029（2008）字、25339（2010）字，赵庸（2014）认为有 25335 字，本书以电子表格形式统计得泽存堂本《广韵》所收为 25334 字头，含周祖谟认为当删字头（共 12 字）。

都是接近7，即每一汉字大约有7个字形与之对应，这也可以说明为什么一些校勘会在字形方面发现如此多的不一致。《切韵》11297字头字形均值接近8，比王三、《广韵》明显要高，这可能与《切韵》收字有关系。多读看来对于字形无影响，也就是说某字是否有多个读音与字形多少并没有太大联系，这在王三、《广韵》中表现得很明显。《切韵》则由于多读记录较少因而表现出较大的差异性。

既然多读与字形关系不太大，字形与那些因素有关呢？上文注释中提到龜、靈、壽等字在中国民俗中使用较多，其字形数量也很多，说明字形与使用频率有关。《广韵》一书将一些字形信息一方面以训释标准“古文、并古文、籀文、篆文、俗”等形式注明该字头与上一字头之间的关系，另一方面在训释中注明某字头有其他或体。这两种情况都表明正是由于使用比较频繁，所以才会出现或者注意到或体形式，可以把这两部分称为“常用字”，而没有注明这些信息的称为“普通字”，见表4-2。

表4-2　**汉字读数与使用频率**

	常用	普通	常用	普通
切韵	12.2	7	2046	9251
王三	11.2	6.1	2665	14613
广韵	10.9	5.7	4915	20419
	纽头	非纽头	纽头	非纽头
切韵	10.9	6.6	3374	7923
王三	10.9	5.9	3656	13622
广韵	10.3	6.1	3782	21442

虽然采用《广韵》字头作为规范字，其或体信息并不全等于《切韵》或王三载字，但已经充分说明异体字形多少可以按照是否为常用字清晰地分为两组，常用字异体字形数量是普通字2倍。这种关系也可以近似地反映到音纽纽头与非纽头字形上，也就是说音纽纽头字有使用

常用字的倾向（纽头无训是另一证据，详见第五章）。另外，从《切韵》经王三至《广韵》，常用字和普通字字头字形都逐渐减少，这反映了低频字增加、韵书规模扩大的趋势。

汉字或体均数从一个侧面证明汉字读音演变和汉字字形变化的规律具有很大的独立性。王宁先生（2014）说："汉字（字形）除受汉语的制约与推动外，同时又有属于它自己的、不受语言制约的发展变化规律和使用规律。"韵书编纂过程中纽头用字可能有一定的倾向性。

第三节　从比类思维看字形的计算机处理

中国文明在漫长的发展过程中，汉字字形发生了巨大变化，辞书的收字规模也越来越庞大。特定机构从实践中总结整理、制定、规定使用的汉字字形是规范字形，规范字形通常只指辞书所载的字头字形。不满足规范字形定义的任何一条都是非规范字形。以规范标准划分的类是字形逻辑类，是个相对概念。汉字字形分类时以结构、历史、使用范围等标准划分出的字形类是字形的自然类，自然类与逻辑类之间存在对应转换关系。以泽存堂《广韵》所载字形为规范字形，查询统计《异体字字典》所载异体字形数量，结果显示，《切韵》、王三、《广韵》每一汉字异体字形平均为 7 个，异体字字形数量与汉字多读基本无关，但常用字异体数量约为非常用字的 2 倍，韵书纽头字异体数量也基本是非纽头字的 2 倍，表明纽头字可能是经过选择的，多为常用字。

在计算机上输入和处理类似《广韵》、王三等古籍时，尉迟治平先生（2007）认为应该本着辞书从严、字头从严和字形辨认从严的原则。余迺永先生在手工剪贴整理泽存堂本《广韵》又音又切的基础上用计算机处理黎庶昌本《广韵》校注、眉批，初步显示了计算机处理古籍的多种可能性。赵庸（2009：12；2014）在统计王三未明确注明又音情况之前，"进行了一些文字处理工作"，将"俗字、讹字、异构字、异写字等正其本原以关联异读"。

而要重构《切韵》原本，充分发挥计算机在字形分类储存与检索、异同判断、数据汇总等方面的优势，可能最重要的是首先要建立起《切韵》史料之间的对应关系。虽然韵书是“以音系字”（周祖谟，2011：3；余迺永，2008：22），但是《广韵》乃以隶定楷定后的规范字形刊刻颁行，所以《广韵》字形实际上起着沟通隋唐宋乃至繁简字形的桥梁。选择《广韵》字头作为参照标准，将其字形与其他《切韵》史料字头字形进行比类对照应该是比较合适的。① 由于汉字字形的继承性和时间跨度较小，不同《切韵》史料之间的可比性很强，因而字形差异实际上并不是太大。

要发挥计算机在检索、分类和分析方面的优势，准确输入字形是前提，需要考虑多方面的因素：Super-CJK 字符集有“过大”和“过小”的矛盾。一方面超大字符集包含数量巨大的字形，单一汉字输入法不一定能解决“选字”的问题，同时使用多种输入法可以一定程度上弥补选字与效率的不足；另一方面，由于记录汉语的书面字形的相对性，即使字符集再大规模扩充，也无法覆盖《广韵》等古籍的全部字形，以固定格式描写的传统可以较好地解决字符集“过小”的问题。不同类型字符集的规模、版本、编码思想同计算机应用软件之间存在着不同程度的“兼容”问题，以 Unicode 编码体系实现的 Super-CJK 5.3、5.4 版在兼容性方面较为稳定，基本可以满足泽存堂《广韵》的字头输入。为了保持字头字形的同一性，建立字形相同、相近的易混汉字字形表，在输入完成之后结合各种纸质文本进行核查是一项必不可少的步骤。

传统校勘材料一方面可以提供输入的线索，核查、验证字头输入的正确性；另一方面，一一对应的古籍校勘方式存在某些方面的不足。从字形合并的角度看，《广韵》多读以一字二读、三读为主，而比较严格的又切、又音体例在其中所占比例不到一半。对《广韵》多读现象全面而准确的描写是分析和解释中古汉字多读的基础，也可能是准确理解

① 周祖谟先生（2011）就根据段玉裁等人的校本对泽存堂《广韵》进行了较为全面的重校（下文简称周校；如未特别说明，本书《广韵》指泽存堂《广韵》），余迺永先生（2008，2010）又以周校本为参照，分别对泽存堂和黎庶昌宋本《广韵》再次进行了校勘（下文简称余校）。

现代汉语方言文白异读的前提。

下面将以《广韵》字头、字形为主线，对照其他《切韵》史料，就输入过程中的实际操作总结出一些影响对应关系的问题及其相应的处理方法。

1.《切韵》史料对应输入

在计算机应用程序中输入韵书史料字形，如上一节所述就是要从超大汉字字符库中选择出与字形对应的代码（廖继莉，2002；尉迟治平，2007），这些代码是计算机储存、读取、分类、检索以及其他计算处理的依据或内容，具体字形只是应用程序根据代码调用和显示的字形文件。代码与字形文件一一对应是字符集设计的最重要原则。在计算机软件里完全输入《广韵》、王三及其他《切韵》系史料，牵涉到史料本身字形、汉字字符集、输入法、应用程序运算和显示等诸多方面的问题。

（1）字形差异与对立

Super-CJK 字符集里存在一些通过视觉对比不太容易分辨的字形差异，这是一个字的不同表现形式，也可称之为或体。同一汉字如果以不同的或体字形做字头，必然影响对应关系的准确性。例如，字符集中下列各组字形差异很小，而王三、《广韵》中不同切音下有相同载字，如果输入不同字形，计算机会将其判断为不同单字。

𣑡 u233461 㿦 u3FE6：赤之反，告又乃經反；奴丁反，告又乃定反①

呑 u541E1 吞 u5451：吐根反，咽又又吐蓮反；他前反，吐根反

抛 u629B 拋 u6FC61：匹交反，抛擲；匹皃反，拋車又普交反

① 大家早以熟知，反切如果使用“某某反”为王三内容，“某某切”则为《广韵》内容，《广韵》有时在下面加横线以示醒目。除开少数王三缺漏、泽存堂《广韵》脱漏外，一般情况下是王三所载内容在《广韵》中相应位置可以找到对应，反之则不然。所以对举《切韵》史料与《广韵》时就不再另注。字符后面的代码即为 Unicode 字符集里给该字形分配的代码，按统一编码的一般惯例均在前面加上 u 以区别于其他编码。下同。其他编码系统包括后文提到的不同阶段和地区的四个字符集。

榝 u699D 榝 u6A271：所八反，茱萸；山列反，茱萸又山八反

簃 u421B　簃 u25C96：苦回反，箭竹又苦懷反；苦壞反，箭竹又苦迴反

搉 u64091 搉 u3A41：古岳反，舉又苦角反；苦角切，擊又苦學反

从《广韵》所载字形来看，即使有些字形差异比较大，这些差异也很少用来表示对立，尤其考虑到《广韵》"上同"收字体例，如：密同崇、唇同唇，结构差异；蒁同菘、梨同棃，声符不同；絾同狨、膄同窻，形符不同；僩同顛、燻同熏，省形符；剷同封、播同鄱，省声符等。这些字形差异较大的字头可能有语用风格方面的差异，但在辞书编纂者甚至是文字使用者看来是一个字。

值得注意的是，王三或者《广韵》也有少量字头依靠这些细微差异表示对立，如：

夆 u5906 夆 u21557：符容反，施又敷恭反；胡蓋反，相遮要。

壬 u58EC 壬 u2123C：如林反，北方；他鼎反，善。

祆 u7946 祆 u7945：呵憐反，胡神；於高反，亦作祥。

苟 u8340 苟 u82DF 苟 u830D：苟，相倫反人姓；苟，古厚反且；苟，紀力切，說文曰自急敕也。

朦 u6726 朦 u4443：莫紅反，大皃；莫孔反，大皃；

（或从艹，未编码）莫紅切，月下。①

朏 u670F 朏 u80D0：妃尾反，月；普佩反，向曙色；苦骨反，臀；普乃切，說文云月未盛之明又音斐。

菏 u83CF 渮 u6E2E：古俄反，澤名在山陽；胡歌切，菏蔽草也。②

蘫 u862B 藍 u7046：盧甘反，瓜葅；盧瞰反，瓜葅：呼濫切，瓜葅也出說文。

卉 u5349 卉 u20984：許貴反，百草苗正作芔从三中從三中；許偉

---

① 泽存堂《广韵》为朦一从艹，一从艹，也有可能应是一从月，一从肉。据字义看，两字差别较大。按《广韵》体例，同切不重字，此二字必不同形。

② 菏渮对立，周校据段玉裁校本和故宫王三认为为一字，余校也认为菏渮为一字，然而训释不通，本书暂从余校。

切，百草摠名又音諱。

蘇合切，說文云卅三十也今作卅直以為卅三十字；私盍切，三十。

这几组字头从音切、字义、考证①看大致可以判断为不同汉字，这些微小的字形差异即使在文献校勘中也易被忽略。周校基本都未加以说明，余校似乎只注意到“袄袄”这一组。但是根据字形，用计算机统计软件配对就很容易发现这些似乎同形的字头在音切、字义方面的不协调，结合考据就可以判断为字形在传抄、翻刻中逐渐失去结构上细微的差异从而失去字形的对立。

（2）字库重码

由于包含中日韩越字形 Super-CJK 超大字符集定义的字符数量接近十万，很多形态上细微差异的字形都分配了不同编码，这是由于字符集兼容了不同时间、来自不同机构字符集的原因。有些从视觉上不太容易分辨的“同一”字形被分配了两个编码，从而形成了字符集里一形两码的“重码”。“重码”处理不当统计时会影响到数据的检索与统计。例如：

幐 u5E50 幐 u3B3A：王一、王三、《广韵》有字头：幐，徒登反，囊可帶者；徒亘反，囊屬。朚 u4420 朚 u3B3B：《广韵》有字头，呼郎切，狼朚南夷國名；呼晃切，朦朚月不明皃。② 如果使用手写输入，一组输入幐 u5E50 朚 u4420，另一组输入幐 u3B3A 朚 u3B3B，则两读字会失去联系而变成两个一读字。

① 考证依据分别是：朏朏，据《玉篇》《篆隶万象名义》抄本；苟苟茍，夅夅，据段玉裁《说文解字注》；壬壬，据《说文解字》；袄袄，据《汉语大字典》。

② 朚，余校以为“朚”的讹字，当删。朚，本韵呼光切作“朚”，曰：“朚，目不明。又狼朚，南夷国名，人能夜市金。”《玉篇》作“朚”，无朚朚二字。周校认为：朚，当作朚，注同。案呼光切下云：狼朚南夷国名。两个校本都似乎只注意到部分事实，可能的情况是：朚朚为一组，均训“目不明”；朚朚为另一组，训“月不明儿”，而“南夷国名”既可以写作“狼朚”，音“呼光”，也可以写作“狼朚”，音“呼郎”，也就是说朚朚实为后起字，这样就可以解释“《玉篇》作‘朚’，无朚朚二字”，还可以从“朚，他朗反，朚朚，月不明也”得到旁证。

因为有些字在单一史料中只有一读，即在该史料中只出现一次，一形二码在单一史料中虽无影响，但却影响史料对应关系，也影响到数据的查询和使用。如：辛 u8F9B 辛 u2840B，蓫 u8481 𦳯 u26CEF，膃 u8192 𦟾 u267FE，胶 u80F6 㬵 u3B35，忏 u225B3 忏 uE08C 等。Super-CJK 字符集里具体有多少重复编码可能需要更加细致、彻底的排查。从编码的所在区域可以看出，一形两码大部分是同一字形在不同字符集里的重复编码。

另外，Super-CJK 字符集定义了 1002 个兼容字（Unicode Consortium，2017：857）。每个兼容字都有一个字形基本相同的普通字，如，丽（u2F800）、丽（u4E3D），这两个字字形相似，代码不同。为了“简化和其他编码系统之间操作互换性以及确保与其他来源的数据之间的可转换性”（Unicode Consortium，2017：25），也就是说在 Excel 软件中，无论使用输入法、外部引入还是用代码查询，该软件都会把这两个字符、两个代码看做同一字，类似情况还有部首扩展字 115 个。但是这些兼容字却是基本上对应用软件敏感，比如，在 Word 中这些字符就被当做两个字来处理。

更多兼容字的例子如，更 uF901 更 u66F4，車 uF902 車 u8ECA，丽 u2F800 丽 u4E3D，丸 u2F801 丸 u4E38，喙 u2F847 喙 u5599，枅 u2F8E0 枅 u6785，青 u9752 青 u2ED8。

（3）应用软件因素

不同应用软件的编译过程（读取和输出数据方式）并不太一样，字符映射指针移动单位①也不一样，即一次性读取和输出的数据量

---

① 可观察软件编译差异、内存读取指针移动的一个例子：覒，莫報切，邪視也亦作𧠑。覒，在搜狗输入法 U 模式下，用拼音输入可以将该字拆为：mao（毛）+ jian（見），有趣的是，拆为：jian（見）+ mao（毛），输出仍然是覒，两者的编码都为 u8992，意味着无论以左右结构还是以相反的右左结构作为输入码，内存指针都指向同一个字符，覒 u8992，同时也意味着在搜狗拼音模式下是不可能输入：𧠑。搜索搜狗拼音输入 mao 或者 jian 下所有字符，确实只有覒无𧠑。内存指针移动或偏移单位都跟应用软件的编译方式有关。用逍遥游手写输入则两者都可以从字符集中选出。覒 u8992 属于早期 GBK 字符集，𧠑 u27811 则属于后期 GB180300 字符集。

（Bryant Hallaron 2015：233）不同，所以即使在同一台计算机上，字形显示有时也会随软件而变化，上文对此种现象已有涉及。实际输入工作开始前，有必要协调各应用软件，包括软件版本之间的协调性，主要体现在平衡软件之间的差异：不同汉字输入法之间的差异，输入法与应用软件之间的相互作用，不同应用软件输出显示的差异。

各种汉字输入法通过输入设备选择字形，最终输入的是该字形文件对应的编码。在计算机上安装超大字符集后，几乎所有汉字输入法都会遇到选不出或选出过多的问题（廖继莉，2002；朱腾云，2009）。多种汉字输入法配合使用可以最大限度地保持《广韵》等古籍字头字形信息，也能充分发挥各种输入法的长处，如仓颉、五笔等字形输入法能让输入者熟悉汉字结构及编码基本原理，搜狗、微软等拼音输入法繁简模式、U 模式（其实就是该输入法的 Unicode 模式）可以提高速度，而逍遥游等手写输入几乎可以挑出字库中的所有字形等。各种汉字输入法都不能输入输出兼容汉字字形，这也是设计兼容字的目的之一，即方便平台之间交流。

包括输入法在内的应用软件在字形显示方面的差异较大。输入法能否“打出”特定字符既是选择也是显示的问题。网页浏览器如微软的 Internet Explorer 能显示 Super-CJK 字符集的所有汉字字形，火狐 FireFox 类似，而猎豹 Liebao 以及其他一些便携式设备的浏览器在显示方面就明显受限，比如上文提到的兼容字形在猎豹浏览器里与正常汉字无区别，GBK 字符集以外的繁体汉字则被显示成乱码或者空白等。值得注意的是，不能正常显示的字符代码是否保持不变也会受到软件编译模式的影响。文字处理软件和统计分析软件也会影响到字形辨认和代码是否一致，从而最终影响到读数。

下面就《广韵》字形输入列举几例相关现象并进行简要描述：

宼滱簆：周校，“故宫敦煌唐韻從支作宼，是也。下滱簆亦當作滱簆。”（周祖谟，2011：1028）

在输入时，簆簆最具代表性。搜狗拼音只可以打出簆，打不出簆，在 Excel 中搜狗拼音输出的𥲃只能显示为簆，其代码同时也由𥲃 u25C83 变为簆 u7C06；手写输入可以输出𥲃、簆，在 Excel 中都能正常显示，代码不变；Word 中输出什么就是什么，代码不变，但是经不同版本打开过的 Word 文档有可能不能还原显示原字形，还有，Word 2010 如果同 Super-CJK 第 6 版一同装入计算机，则有可能出现 Word 崩溃，与 Office 2010 组合比较协调且“兼容”较好的是 Super-CJK 5.3 版、5.4 版；用复制、粘贴输入代码文字始终不变。在《广韵》输入过程中目前仅发现一例由于应用软件而改变代码的情况，是否还有其他类似情况，需要继续检查对比。因为𥲃簆只在《广韵》中有一个字头，即苦候切，織具，其他史料中并无此字，所以暂无影响。

另外两个字头，情况略简单，搜狗只能输出寇滱，不能输出寇滱，逍遥笔手写则两者都可输出，显示正常，代码不变。王三、《广韵》中有：滱滱：苦候反，水名；恪侯反，水名在北地又口候反。周校《广韵》时改其一，使一字二读变为二字一读；余校泽存堂本（2008）、黎本（2010）都未改，反倒不影响。

2. 建立“重码”、易混字形表核查字头字形

为了尽可能避免因字符编码而导致错误的字形联系，应该将输入时涉及的各种字形收集汇总，按字形配对分组建立一个“重码”、易混字形核查表。该表应该包括上文提及的兼容汉字及其相应普通字形、繁简差异，以及在输入过程中逐步增加的易混字形和相应的 Unicode 编码，以方便使用函数查询和返回结果进行对比。

在将《广韵》字头音切和其他相关信息、又音等全部输入完毕后，通过查询配对的方式，结合查询纸质文本，可以最大限度地保证《广韵》字头的字形准确性。

3. 用固定格式描写“字库无”字形

因古籍版本、刻工、校勘、研究者需求及其他因素使得古籍汉字字

形成为一个巨大的开放系统（尉迟治平、汤勤，2007），所以尽管 Super-CJK 字符集所包含的字符数越来越多，字符库字形始终不太可能完全覆盖汉字古籍的全部字形。就泽存堂《广韵》而言，如 194 页有字形从缶交，525 页也有字形从缶交，甚至本身有可能就是错字，如$_{512}$窬，文本从穴商等。字符集不包含《广韵》中的某些或体是很正常的，错字字形不占字库编码空间（encoding space）就更有合理性。

如实记录或者描写字符集疑似缺失的字形，如，依照《说文》描写字形的一般格式，上述各字形基本可以描写为：194 页，从缶交，左右；525 页，从缶交，左右；512 页，从穴商，上下。固定描写格式是确定两个或多个字头是否为一字两读、多读的标准，也是与其他史料建立对应关系的依据。如，在应用 Excel 函数分类时，这两者就可以确定为一字两读。实际上，从字头注文以及《广韵》系统外文献来看，比如根据周校、余校或《异体字字典》可以确定这两个字头其实是“䤭”字的讹字，即：

䤭，古肴切，樂器以土為之雙相黏為䤭也

䤭，去激反，吹；苦擊切，吹器。

字形从穴商，上下是“窬”的讹字。窬，陟格反，窟窬；陟格切，窟也。

固定描写格式须对字形进行分解，如《广韵》第 406 页有字形，从目奐，奐从犬（睌）①；从火奐，奐从犬（焕）；从氵奐，奐从犬（涣）；从口奐，奐从犬（唤）；奐从犬（奐）等。如果简单地输入“从犬”，势必将这 5 字头和其他类似的如 63 页从阝㽞，㽞从犬（陑）；486 页從雈犬（歓）等字头合并为一个字。

泽存堂《广韵》共有 133 个疑似字库阙如字形，其中 119 个字为一读字头，7 个字为一字二读，没有三读及以上的字。

① 括号内字形为周祖谟校本或者依《异体字字典》查出的字形。

第五章　《切韵》序言、韵目、音纽的比类重构

直接史料匮乏使得一些问题的探讨基础不牢，而间接史料的趋势是逐步减少，至少从宋代起，韵书的起源就一直是音韵学关注的问题，韵书起源也就是音韵学从小学中独立出来的标志。音韵学的学科属性决定了认识难度，明了汉语每一方言或共同语中具体的声调数，即使在今天，对很多人来说也不很容易。韵书编撰者所面临的第一个问题就是按调类归字。声调自然类的元素虽可能只有四个，最早的韵书却极可能从音乐中借用整套的五音宫商角徵羽，“［陈］澧谓李登吕静时未有平上去入之名，借宫商角徵羽以名之，可也；既有平上去入之名而犹衍说宫商鱼徵羽，则真缪也”（陈澧，2004：159）。虽然在韵书成书之前就有反切作线索，但是也正是有流传下来不同来源的反切，将一万多字的归类从四类划分成五类，原书的混乱程度可想而知，在零碎而越来越少的间接史料基础上加以讨论，其混乱程度可想而知。

前文曾说《切韵》原本很可能在唐代就已消失（主要根据唐写本避唐讳而不避宋讳及宋人魏了翁、王应麟等间接史料而言）。其后宋人直至晚清陈澧，对于《切韵》韵目、韵序、平声分卷、正文韵目编号的原貌的探寻及争论绵延不绝。陈澧之所以是了不起的学者，在于能透过《广韵》看到六朝人编撰韵书的过程，在于对陆法言“切语之法”的理解，更在于其科学方法。

《切韵》系新史料在短时间内大量发现，如何整理和有效利用是迫切的任务，比类对应可以接近其原貌。以不同逻辑类为基础，将自然类

元素进行排比对应，简单来说，直接史料共有内容即为《切韵》原本所载。《切韵》原书分为三部分：陆法言序言、韵目，韵序，各韵（各纽）载字正文等，史料表明，《切韵》系韵书在这些方面保持着很大的稳定性。

第一节 《切韵》序言与韵目的稳定性

音韵学的独立可能自魏时李登《声类》和稍后晋时吕静《韵集》的成书开始。两书亡佚之后的历代所存的间接史料表明，不同于孙炎仅在注解经典时使用反切注音，两书收集并整理了反切及其收字。借用音乐中宫商角徵羽等来给字音分类，可能是了解到语言和音乐一样同属于声音，这样字音自然类不可能精确，即使沈约等发现了汉语四声，也不时与之比附，足见掌握字音自然类之难。

《切韵》新发现的直接史料与已有的材料相对来说就很丰富，通过简单的比类对应就能发现《切韵》在传承中有很强的稳定性。本节从比类思维的角度来对比和重构《切韵》序言、韵目、韵目编号、韵目小注。以比类思维的观点来对比分析涉及两书的间接史料，尽管在汉代孙炎就已经开始用反切为汉字注音，但是音韵学与早期小学中《尔雅》训诂字义、《说文》解释字形的学科属性完全不同，需要采取不同的音韵学自然类来安排其学科内容。在沈约等发现四声之前，古人使用不太严密的五音来排字分类是有可能的。两书在反切归类和字音归类上很可能差别较大，但都有音韵学独立的首创之功。从《切韵》系直接史料的比类对应看，其序言、193 韵目的稳定性很强；而平声分上下卷、上下卷韵目编号连续似乎是《切韵》的原貌；《切韵》韵目应该带有小注，这既符合直接、间接史料所反映的事实，也符合《切韵·序》的八家论韵的史实记载，否则如此多来源不同的直接史料得有如此多的相同的史料来对应。

1.《切韵》系韵目间接史料

我国最早的韵书是魏时李登编撰的《声类》和晋时吕静的《韵集》，两书均仅存零星间接史料，分别是：①北齐魏收撰《魏书·江式传》：[吕] 忱弟静仿左校令李登《声类》之法，作《韵集》五卷，宫商龣 [角] 徵羽各为一卷。②《隋书·经籍志》著录：卷三十二志二十七经籍一，《声类》十卷魏左校令李登撰；《韵集》十卷晋安复令吕静撰。③前文提到的《隋书·文学传·潘徽传》卷四十一，《韵纂·序》：《三苍》《急就》之流，微存章句，《说文》《字林》之属，唯别体形。至于寻声推韵，良为疑混，酌古会今，未臻切要。末有李登《声类》、吕静《韵集》，始判清浊，才分宫羽，而全引据，过伤浅局，诗赋所须，卒难为用。④唐《封演闻见记》：魏时有李登，撰《声类》十卷，凡一万一千五百二十字，以五声命字，不立诸部；晋有吕忱，更按群典搜求异字，复撰《字林》七卷，亦五百四十部，凡一万二千八百二十四字，诸部皆依《说文》；《说文》所无者，是忱所益。⑤遍照金刚(774—835)(弘法大师，空海，日僧侣，略晚于封演)《文镜秘府·四声论》：齐太子舍人李节，知音之士，撰《音谱决疑》，其序云：'案周礼，凡乐，圜锺为宫，黄锺为角，大蔟为徵，沽洗为羽，商不合律，盖与宫同声也。五行则火土同位，五音则宫商同律，暗与理合，不其然乎。吕静之撰《韵集》分取无方（弘法大师、郭绍虞，1975：33，34）。⑥前文提到南宋王应麟（1223—1296）《困学纪闻》卷八：然后魏江式曰："晋吕静仿李登声类之法，作《韵集》五卷，宫商角徵羽各为一篇。"

间接史料有渐趋减少的趋势：《隋书》两处均提到两书，所载信息不同；唐代封演已不载吕静《韵集》，而李登《声类》则载字数、体例等不同信息，南宋王应麟重复《魏书》所载。据此间接史料推测此两书亡佚很可能就在隋唐之时。比类思维在学科著作内容的安排上以自然类方式出现：在魏晋之前的《尔雅》《三苍》《急就》等训诂以字义为纲；《说文》《字林》等字书以部首字形为纲；此两书始判清浊、才分宫羽，自然类变化差异很大，全为另外一个以语言声音属性的新系统。据此间接史料推测两书似为韵书之始。

因两书为韵书发端，难免粗疏。所以潘徽也说李登《声类》吕静《韵集》“而全引据，过伤浅局，诗赋所须，卒难为用”。可能正是因为声调刚为人所认识的初期不甚明了而导致间接史料不一致，如①五卷、六卷之差异及其与五音、四声的联系。②又如齐梁间，陆厥与四声发现者沈约就曾有过辩论（吴正岚，2002），《南齐书·陆厥传》在《与沈约书》中说：“前英已早识宫徵。此但言宫徵，盖宫为平，徵为仄软。”沈约在《答陆厥书》中说：“宫商之声有五，文字之别累万。以累万之繁，配五声之约，高下低昂，非思力所学［此段前见，为南宋王应麟所引］，又非止若斯而已。十字之文，颠倒相配，字不过十，巧历已不尽，何况复过于此者乎？……若以文章之音韵，同弦管之声曲，则美恶妍媸，不得顿相乖反。”③沈约在《答甄公论》（弘法大师、郭绍虞，1975：32，33）说：“经典史籍，唯有五声，而无四声。”

这些间接史料来源不同，相互间信息也不太一致，也反映深入认识音韵属性的难度，所以李登《声类》“不立诸部”似应该理解为：不按《说文》《字林》字书部首安排全书内容，或许既与声调有关，也与韵类相关（赵荫堂，1957：10-15；耿振生，2010：68-69），并非后代的“韵部”（何九盈，1995：105-110）。虽然，唐代陆德明在《经典释文·尔雅音义》中录有吕静分韵情况，清代马国翰的《玉函山房辑佚》辑录《声类》佚文二百余条，《韵集》佚文七十余条，但是，此二者全书内容属性完全有别于《声类》《韵集》内容属性。如果用以说明反切演变则可，同孙炎注《尔雅》音义用反切注音一样，用以说明全书内容属性，即李登和吕静对全书的安排，则不合比类思维需要对应比较的要求，得到的结论自然值得讨论，也就是说间接史料的讨论一样符合比类思维。

2.《切韵·序》基本相同

《切韵》其序言在直接、间接史料中出现很多，无论存在的形式是残是全，相互之间差异并不大。现以涉及的直接史料中的序文为参照，逐句进行比类排比，不难确定其原文文本。为了直观，下文中〖王〗即《刊谬补缺切韵》，也即王三，〖伯〗即伯 2129（周祖谟，1984：243-245），或〖伯 2017〗即伯 2017（周祖谟，1984：225-227），〖斯〗即斯 2055，笺二（周祖谟，1984：149-150），〖廣〗为《广韵》泽存堂藏本。【定】为本书确定文本。（完整序言见附录，也可参看周祖漠，1966：434-473）。

【定】切韻序　陸法言撰

〖王〗陸詞字法言撰切韻序

〖伯〗陸詞字法言撰切韻序曰

〖斯〗切韻序　陸法言撰

〖廣〗［無］

昔開皇初【定】有劉儀同臻顏外史之推盧武陽思道魏著作彥淵李常侍若蕭國子該辛諮議德原薛吏部道衡

〖王〗有劉儀同臻顏外史之推盧武陽思道李常侍若蕭國子該辛諮議德源薛吏部道衡魏著作彥淵

〖伯〗有劉儀同 顏外史　盧武陽 李常侍 蕭國子 辛諮議 薛吏部 魏著作

〖斯〗有劉儀同臻顏外史之推盧武陽思道魏著作彥淵李常侍若蕭國子該辛諮議德原薛吏部道衡

〖廣〗有儀同劉臻

【定】等八人同詣法言門宿夜永酒闌論及音韻以古今聲調既自有別諸家取捨亦復不同

〖王〗等八人同詣法言　宿　　　　以古今　　　　取捨

〖伯〗等八人同詣法言門宿　　　　以古今　　　　取捨

〖斯〗等八人同詣法言門宿　　　以古今　　　取舍

〖廣〗等八人同詣法言門宿　　　以　今　　　取捨

【定】吳楚則時傷輕淺燕趙則多**涉**重濁秦隴則去聲為入梁益則平聲似去

〖王〗吳楚則　傷輕淺燕趙則多**涉**重濁秦隴則去聲為入梁益則平聲似去

〖伯〗吳楚則時傷輕淺燕趙則多**涉**重濁秦隴則去聲為入梁益則［諸家取捨亦復不同］平聲似去

〖斯〗吳楚則時傷輕淺燕趙則多**涉**重濁秦隴則去聲為入梁益則平聲似去

〖廣〗吳楚則時傷輕淺燕趙則多**傷**重濁秦隴則去聲為入梁益則平聲似去

【定】又支章移反脂旨夷反魚語俱反虞遇俱反共為不韻先蘇前反仙相然反尤羽求反侯胡溝反俱論是切欲廣文路自可清濁皆通若賞知音即須輕重有異

〖王〗又支章移反脂旨夷反魚語俱反虞遇俱反共為不韻先蘇前反仙相然反尤雨求反侯胡溝反

〖伯〗又支　脂　魚　虞　共為不韻先　仙　尤　侯

〖斯〗又支章移反脂旨夷反魚語俱反虞遇俱反共為不韻先蘇前反仙相然反尤　侯

〖廣〗又支章移切脂旨夷切魚語居切虞遇俱切共為一韻先蘇前切仙相然切尤于求切侯胡溝切

〖伯 2017〗又支章移反脂旨夷反魚語居虞遇具反共為一韻

【定】呂靜韻集夏侯詠韻略陽休之韻略李季節音譜杜台卿韻略等各有乖互江東取韻

〖王〗夏侯該韻略陽休之韻略李季節音譜

〖伯〗夏侯詠韻略陽休之韻略李季節音譜

〖斯〗夏侯詠韻略陽休之韻略李季節音譜

〖廣〗夏侯該韻略陽休之韻略［周思言音韻］李季節音譜

〖伯 2017〗夏侯　韻略陽休之　略李季節音譜杜台卿韻略等各有乖互

【定】与江北復殊因論南北是非古今通塞欲更捃選精切除削疎緩顏

外史蕭國子多所決定

〖王〗與江北復殊　　　　欲更捃選精切除削踈緩顏外史蕭國子

〖伯〗与江北復殊　　　　欲更捃選精切除削踈緩顏外史蕭國子

〖斯〗與江北復殊　　　　欲更捃選精加除削踈緩顏外史蕭國子

〖廣〗與江北復殊　　　　欲更捃選精切除削疏緩蕭　　顏

〖伯 2017〗与江北復殊　　欲更捃選精切除削踈緩顏外史蕭國子

【定】魏著作謂法言曰向來論難疑處悉盡何為不隨口記之我輩數人定則定矣

〖王〗向來論難疑處悉盡何為不隨口記之

〖伯〗向來論難疑處悉盡何為不隨口記之

〖斯〗向來論難疑處悉盡何為不隨口記之

〖廣〗向來論難疑處悉盡何 不隨口記之

〖伯 2017〗向來論艱疑處悉盡何為不隨口記之

【定】法言即燭下握筆略記綱紀後博問英辩殆得精華於是更涉餘學兼從薄宦十數年間不遑修集

〖王〗握筆略記綱紀後博問　辩殆得精華於是　涉餘學兼從薄宦

〖伯〗掘筆略記［後］經紀後博問　辩［士］殆得精華於是更涉餘學兼從薄宦

〖斯〗握筆略記綱紀後博問英辩殆得精華於是更涉餘學兼從薄宦

〖廣〗握筆略記綱紀後博問英辩殆得精華於是更涉餘學兼從薄宦

〖伯 2017〗握筆略記綱紀［文藻即須］問辩殆得精華於是更涉餘學兼從薄官

【定】今返初服私訓諸弟　凡有文藻即須聲韻屏居山野交遊阻絕疑惑之所質問無從

〖王〗初服凡訓諸弟　　有文藻即須　聲韻屏居山野交遊阻絕疑或之所

〖伯〗初服私訓諸子弟凡有文藻即須　聲韻屏居山野交遊阻絕疑惑之所

〖斯〗口口私訓諸弟　凡有文藻即須　聲韻屏居山野交遊阻絕疑或之所

〖廣〗初服私訓諸弟子凡有文藻即須明聲韻屏居山野交游阻絕疑惑之所

〖伯 2017〗初服私訓諸弟凡　有文藻即須　聲韻屏居山野交遊阻絕疑惑之所

【定】亡者則生死路殊空懷可作之歎存者則貴賤禮隔已報絕交之旨遂取諸家音韻古今字書以前所記者定之為切韻五卷

〖王〗存者則貴賤禮隔已報絕交之旨

〖伯〗存者則貴賤禮隔已報絕交之旨

〖斯〗存者　貴賤禮隔以報絕交之旨

〖廣〗存者則貴賤禮隔以報絕交之旨

〖伯 2017〗存者則貴賤禮隔已報絕交之旨

【定】剖析毫氂分別黍累何煩泣玉未可懸金藏之名山昔怪馬遷之言大持以盖醬今歎楊雄之口吃非是小子專輒乃述群賢遺意寧敢施行人世直欲不出戶庭于時歲次辛酉大隋仁壽元年也

〖王〗未可……蓋醬……專輙……元年也

〖伯〗? 可……盖醬……專輙……元年也［書者僧善德? 記 三藏法師義淨奉 金光明最勝王經序品第一 製譯］

〖斯〗未得……盖醬……專輙……元年也

〖廣〗未得……蓋醬……專輒……元年

〖伯 2017〗未可……盖醬……專輒……元年也

尤的反切最为杂乱，王三在序中、韵目表中均为雨求反，《广韵》此处为于求切；而笺一、王三、《广韵》正文中则均为羽求反［切］，定为“尤，羽求反”。需要指出的是“共为一韵”有误。王显（1993）说“共为一韵”，“一是不符合五家韵书的实际；二是割断了上下紧相呼应的语脉文意，从而使‘欲广文路，自可清浊皆通；若赏知音，即须轻重有异’的评论，失去了所评的依据；三是点金成石，把优等的反对变成了劣等的正对；四是破坏了对仗的工整。总之，作‘共为一韵的，绝不是陆法言的原文”。从文脉方面论证固然有其道理，但从比类对应看，似乎更加合理。另外，除伯 2017 影印件之“共为一韵”模糊不可辨识外，“不韵”之含义并不清晰。TIL1015 刻本韵书残叶寒桓，似为五代刻本，“二十七 桓（陆入寒韻不切今别--姓本自姜姓齊桓公後曰）”，此“不切”即从寒韵切不出“桓”字来，因此需要另立来“别”出“桓”韵，则“不韵”应为“不同韵”，这样才可以说符合颜之推等人批评前人韵书的主旨，即“又支（章移反）脂（旨夷反）魚（語俱反）虞（遇俱反）共爲不韻先（蘇前反）仙（相然反）尤（羽求反）侯（胡溝反）俱論是切”。

3. 《切韵》系材料韵目相对稳定

《切韵 · 序》说：“遂取诸家音韵，古今字书，以前所记者定之为切韵五卷。”直接史料也均能显示《切韵》原本确分五卷。陆法言“十数年不遑修集”，在“返初服”次年就拿出《切韵》五卷全本，因此其父陆爽是否曾为太子杨勇编纂过“十卷”本（平山久雄，2014，2016），或者是否还有其他类似底本，是可以继续讨论的问题，如果存在这种情况，可能也只是分卷，而不涉及韵序，否则陆法言或其父的学术思想就应该发生过较大变化。

本书关注的是其完成作品五卷本的早期面貌。对于韵目，伯 2017 序韵目，平 54 不分上下，上 51，去 56，入 32，合计 193 韵，韵目的叙次和反切都与笺注本一（斯 2071），笺注本二（斯 2055）相合。很清楚，这是陆法言的分法，最完整的 193 韵分法。比较难以确定的是《切韵》系材料正文韵目编号和韵目小注问题。

(1)《切韵》系材料正文韵目编号

《切韵》系材料在正文编号上很不一致，但有一定的趋势。周书第一类中，(1) 伯 3695、伯 3696 两纸存锺江支脂之，模齐灰咍真，“书法完全相同，当为一书”（周祖谟，1983：40-62；809）。(2) 斯 2683，存海轸吻隐阮混很旱潸产铣，伯 4917 感敢养。由字迹和内容来看，伯

4917与斯2683实为一书。斯坦因和伯希和各劫去一部分，因而割裂为二。王国维摹写“切韵”时只见斯2683……这种韵目字多半提行高一格写，不注数次，仅阮韵和同属一书的伯4917养韵未提行（周祖谟，1983：64-65，819）。（3）王一。此三种材料都明确无误，正文部分各韵没有编号，尤其王一残卷是抄写比较严谨的，但整本正文材料没有编号的迹象，“韵中每韵都是提行起头，不注韵次，没纽有点标识（是否朱笔待问）”（魏序，1935）。

平声上、下卷正文编号情况大致为：（1）周祖谟第一类中，斯6187，存幽侵盐，“此本‘侵’上残存一‘六’字……原来数目也当是‘卌六’（影印件不能辨，无转写）。由是知平声五十四云由东至凡是相连的，并不分为上下，正是陆书原来的面目”（周祖谟，1983：63，817）。（2）伯2017，在序文后列平上去入全部韵目，平声上下连续编号（周祖谟，1984：225-227）。（3）王三。（4）王二。（5）伯2014。（6）列TIL1015，刻本韵书残叶寒桓，似为五代刻本，与《广韵》是很接近的。此五种材料，在平声上、下之正文都是连续编号。不连续编号者，为斯2071（笺一）。

从以上材料的排比看，如果假定后代韵书编者、抄者没有特殊理由，一般不对底本进行改动（即不是像《唐韵》《广韵》《集韵》等有目的地改编前代韵书），那么，不仅《切韵》原本正文无韵目编号，《刊谬补缺切韵》原本也应无，平声上下卷仅仅只是根据载字多少作的区分，并且下平声前可能无韵目。在随后的传播中，《切韵》正文增添了编号，如周书区分的三种笺注本正文全部都有编号（斯2071笺一，斯2055笺二，伯3693，伯3694，伯3696，斯6176笺注本三）。平声正文则为两种编号，一为连续，如斯2071笺一，长孙（仪凤二年，677年）；一为非连续，如王三（神龙二年，706年）、伯2014（6）、列TIL1015，“当与夏竦所见《唐切韵》和魏了翁所见《唐韵》是一类书无疑”（周祖谟，1983：775-776，944）。

为阅读方便，本书在《切韵》重构原本中全书对正文编号，平声连续编号，下平声不列韵目。

(2) 比类对应——韵目小注为《切韵》原本所有

几乎所有的中古音韵研究者都认为《切韵》原本韵目带有小注，只有魏建功先生①坚持此韵目小注为后加。从分析材料伯 2014 开始魏先生说："陆法言《切韵》以前的几种韵书最初写韵者韵目数字非为确定，韵次乃亦无绝对先后。"（魏建功，［1932］2001：10）这一观点是魏建功先生的预设，而且基本没有改变。

如在专门讨论韵书韵目②时他说："敦煌本广、嚴、范三韵下注陆韵情形，可知此乃王仁昫所谓'刊谬补缺'之刊补而加之注者，非陆书原注。"（魏建功［1932］2001：37）在音韵学界影响很大的《十韵汇编·序》里他说："我们不能不注意陆韵韵目和唐人韵目有无同异，那么这本［王一］韵目下面的注字既和故宫本［王二］平声相应，而故宫本入声之有格韵又与《唐韵》讲的陆韵相合，③ 王、陆混合之迹象更加明显；然则唐人韵目是否已有变化，不问可知。现在，在王仁昫的韵目下面看到取舍分合的注，我们说王仁昫韵目同于陆氏，又安知不是改自王氏呢？"（魏序，1935）他并且指出，王一无"宣"韵，刻本"刊谬补缺切韵"即伯 2014（6），有三十一宣。

在把新出的全本王三与《广韵》《集韵》进行详细的对比后，魏先生总结说：

因为我们先见到国二［王二］，后见到法四［王一］，再见到

---

① 《唐宋两系韵书体制之演变——敦煌石室存残五代刻本韵书跋》，见《国学季刊》1932 年第 1 期，又见《魏建功文集》，江苏教育出版社 2001 年版，第 7~30 页。

② 《陆法言〈切韵〉以前的几种韵书》，见《国学季刊》1932 年第 2 期，又见《魏建功文集》，江苏教育出版社 2001 年版，第 31~57 页。

③ 即蒋本《唐韵》麦韵"鰝"字注"陸入格韻"，王二即在格［陌］韵格纽，《切三》［笺一］也在陌韵格纽。

> 国三［王三］，逐步认识了（1）这种注字是刊补的一端，（2）国二不是王书原本面目，（3）陆韵没有这一套，正是他序里记魏渊说“我辈数人定则定矣”的态度。等到德四［刻本列TIL1015］发现以后，增加了一个观念：（4）陆法言以后的人注意到韵的分合才加注字，所以法四、国三比较完整地就见到讲陆韵情形的注字，（5）分韵与陆氏不远的或直接继承陆氏原书，并不加注，所以一定是刊补系统的表征。至于德五［列TID70+71］则只有很少的材料，我们从韵字计数上明白，（6）《刊谬补缺切韵》又另多出一个本子，至少可以透露国三、法四以外各本还有的是，所以国三固然晚出而法四也还不是原本。（魏建功［1951］2001：580）①

虽然，周祖谟先生说“我们从宋跋本王韵（王三）在上声腫韵‘湩’字下所说‘此是冬之上聲，陆云冬無上聲，失何甚’一语同上面冬韵注‘無上聲’正相应一事可知这些小注应当是陆法言所加，小注中所说‘今依某家’或‘今並别’等，正是陆法言根据颜之推、萧该等人共同讨论所决定的结果写出来的，以表明与五家书的异同，绝非后人所增。”（周祖谟，1983：883）但这并不能从总体上否认魏先生的观点，因为魏先生所说的也都是依据直接史料，是事实。真正原因恐怕是，由于魏先生没有考虑比类须对应，从而产生韵书韵目无定的预设。如，王一平声韵目缺失，所以王二小注在王一中没有对应；没有将王一与王二能形成对应关系的部分进行系统排比，如从音纽、载字等方面，也没有将王一与切一、笺一、笺二进行对比；在发现王三后，不是将其与有密切对应关系的王一对比，而是与已经发生很大改变的《广韵》《集韵》进行对比。这样得出的结论自然是不一致的地方远远多于一致的地方。事实上，如果以比类对应的原则来观察、整理《切韵》系材

① 《故宫完整本王仁昫〈刊谬补缺切韵〉续论之甲》，见《国学季刊》1951年第7卷第2期，又见《魏建功文集》，江苏教育出版社2001年版，第575～649页。

料，结论刚好相反。

按此原则，有对应关系的直接史料中，韵目下有小注有：王一，缺平声；王三，全；王二，存上平 4 个小注；斯 6156（周祖谟，1983：235），存“十六錫”小注；列 TID70+71，存五十艷、五十四陷小注。以此原则进行排比：

项跋本王二，存上平部分韵目，共 4 个小注：

【定】　　二冬都宗反無上聲陽与鍾江同韻呂夏侯别今依呂夏侯

〖王三〗　二冬都宗反無上聲陽与鍾江同韻呂夏侯别今依呂夏侯

〖王二〗　二都宗冬　無上聲陽与鍾江同　呂夏侯别今依呂夏侯

〖王二延〗二都宗冬　無上聲陽与鍾江同　呂夏侯别今依呂夏侯

【定】　　六脂旨夷反呂夏侯与之微　大亂離陽李杜别今依陽李杜

〖王三〗　六脂旨夷反呂夏侯与之微__大亂離陽李杜别今依陽李杜

〖王二〗　八章夷脂　呂夏侯与之微韻大乱雜陽李杜别今依陽李

〖王二延〗八章夷脂　呂夏侯与之微韻大乱雜陽李杜别今依陽李

【定】　　十七眞職鄰反呂与文同夏侯陽杜别今依夏侯陽杜

〖王三〗　十七眞職鄰反呂与文同夏侯陽杜别今依夏侯陽__

〖王二〗　十八職鄰眞　呂与文同夏侯陽杜别今依夏侯陽杜

〖王二延〗十八職鄰眞　呂与文同夏侯陽杜别今依夏侯陽杜

【定】　　十八臻側詵反無上聲呂陽杜与真同　夏侯别今依夏侯

〖王三〗　十八臻側詵反無上聲呂陽杜与真同__夏侯别今依夏侯

〖王二〗　十九側詵臻　無上聲呂陽杜与真同韻夏　别今依夏

〖王二延〗十九側詵臻　無上聲呂陽杜与真同韻夏　别今依夏

王二有两个版本，但是来源并不相同，即故宫本和延光室本（见第二章）。两个版本系统性地改变韵目格式，反语去掉“反”字并前移，连错误也一样，如“八章夷脂”，因为“七章移支”，两版正文中均为旨夷反，可能是书者涉上文误书“旨”为“章”。连错误也一样表明二者实出一源，这样的例子很多，也说明很多时候并不会随意改变底本原文。

斯 6156 存“十六鍚”韵目小注。《集存》影印件大概可以辨认出为入声韵目表的第四行顶端，残缺小注可辨者为“昔同夏 口口与昔”。周先生“考释”中识别为“李与昔同，夏口口陌同，吕与昔口口麥同，今口口”，并据位置认为是“鍚”韵小注（周祖谟，1983：863）。

【定】 十六鍚先擊反李与昔同夏侯与陌同吕与昔同别与麥同今並别

〖王三〗 十六鍚先擊反李与昔同夏侯与陌同吕与昔同别与麥同今並别

〖影印件〗 昔同夏 口口与昔

〖周〗 李与昔同夏口口陌同吕与昔口口麥同今口口

〖王一摹写件〗 十六鍚先擊反李與昔同夏侯與陌同吕與昔同與麥同今並别

〖王一影印件〗 十六鍚先擊反李與昔同夏侯口口同吕與昔同

列 TID70+71，存五十艶、五十四陷两条韵目小注。《集存》无影印件，有摹写件

【定】 五十豔以贍反吕与梵同夏侯与桥同今並别

〖王三〗 五十豔以贍反吕与梵同夏侯与㮇同今並别

〖T 摹写件〗 五十以贍豔 吕與梵同夏口與桥同今並口

〖王一摹写件〗 五十豔以贍反吕與梵同夏侯與桥同今 别

〖王一影印件〗 五十豔以贍反吕与梵同夏侯与㮇 今 别

王一影印件并无“同”字，而刘复的王一摹写件添加了，这些多字、少字、缺字、错字方面的不一致即是陈垣所说的“无心之误”（［1931］1959·序），可以统一称为随机性不一致。不同来源的直接材料不应该在同一处出现随机性不一致，而如果出现了如上例中“八章夷脂”，则只能认为此直接材料同源。

【定】 五十四陷戶韽反李与鑑同夏侯别今依夏侯

〖王三〗　　　　五十四陷戶韽反李与鑑同夏侯别今依夏侯

〖T摹写件〗　　五十四戶韽陷　李與鑑同夏侯别今依夏侯

〖王一摹写件〗五十四陷戶韽反李與鑑同夏侯别今依夏侯

〖王一影印件〗五十四陷戶韽反李与鑑同夏侯别今依夏侯

王一所存上去入韵目小注部分与王三能形成完整的对应，不一致的大都与上面这些性质相同。如果如魏先生那样认为韵目小注为后加，那么，就必须首先解释高度一致的地方为什么如此之多，即不同时代、不同地域的韵书作者、书者在相同的地方增加相同的内容，其难度之大可以想见。按比类对应原则而找不出对应的列 TIL1015 可以认为是晚出，敦煌本广、嚴、范三韵下注陆韵情形则为刊补内容。

第二节　《切韵》音纽结构基本保持稳定

《切韵》系直接史料的对应音纽形成史料音纽自然类，其元素是不同史料里的音纽，各音纽载字系列是其属性自然类。自然类的维持依靠沿用的学科惯例。每一音纽是由必需的纽头、反切、计数、载字字头序列，和可选释义、或体、又音构成，音纽结构是音纽的逻辑类，《切韵》系史料表明音纽的逻辑类保持着很大的稳定性。确定《切韵》原本载字需要以音纽的结构为基础，以音纽的自然类元素为单位进行比类对应，其共有字则是《切韵》原本载字，也可以验证王三保持《切韵》原本的字序、王序的增字体例及根据随机性不一致重叠而发现的一些版本信息。

王三保持了《切韵》原貌，很多的研究主要集中在《切韵》韵目的考证（古德夫，1982）及一些韵类的有无分合上（邵荣芬，1982：80-82；冯蒸，2015）。而其原貌具体是怎样的，涉及的研究较少。清人陈澧删《广韵》音纽来求《切韵》声类的方法虽有瑕疵，但是“陈氏切韵之学之所以可贵，不仅在于他能通过反切的研究看出切韵一书的音类，而尤其在于他研究的结果可以给人以一些大略的线索，窥见六朝人编写韵书的经过，从而对于《切韵》一书的性质有认识的可能”（方孝岳，1962）。要探求《切韵》原貌，需要有比较系统、比较可靠的方法逐步接近《切韵》原本。

1.《切韵》史料的增字

一般认为王三（也称《王韵》），完整保存了《切韵》原貌（陆志韦，1963；魏建功，［1951］2001：646；周祖谟，1983：885）。古德夫先生（1983）说：“《王韵》写于唐中宗神龙二年（公元706年），宋跋本前面除陆法言《切韵·序》和王自序外，没有提到其他人，也找不到其他本子如长孙讷言笺注本加‘案’‘几加几’的痕迹，我认为是王仁煦直接以陆法言《切韵》原本来刊谬补缺的。”他也认为“王韵保存了陆法言切韵的面目”。

《刊谬补缺切韵》是如何保存《切韵》原貌呢？邵荣芬先生认为王三中，范、凵、劫、妅等字为增加字，王二据此增加字而强行划分的广（去声）、严（去声）二韵在《切韵》中并不存在，《切韵》中严凡韵系乃至真臻韵系应该合并（邵荣芬，1982：80-82）。冯蒸等先生则认为增加字并非都是后起字，即使是增加字也有其语音基础（冯蒸，2015），王三、王二增加韵反映了《切韵》底本中“南北是非，古今通塞”的语音差异（黄典诚，1994：34-56）。这些都是由于增加字导致韵数增加，或韵数增加导致的增加字的原因。陈澧根据生冷僻等标准从《广韵》中识别出300多个增加字。王三毕竟不是《切韵》，载字多达17000多字，比封演记载的要多出约6000字，《广韵》增加字就更多了。王仁昫增字加训是明确而系统性的，因此零散地确认增加字对于重建《切韵》原本没有太大帮助，需要有系统的方法来识别增加字。

《刊谬补缺切韵·序》说“謹依《切韻》增加，亦各隨韻注訓，仍於韻目具數云爾［王二、王三序］所有新加字並朱書，其訓即用墨書。或［朱］有正體及通俗者，皆於本字下朱書；若有數字同所從者，唯於通字下注其正及通一字，餘類所從皆准此。其正通等既非韻數，並不韻數之限也［王三序］”。“朱书、墨书”的差别早已随着传抄而湮没，但是音纽载字系列及其顺序基本完好保存，而增加字的本质实际上是以尽量穷尽同音字组的方式进行的，所以确定增加字的方法不应以声、韵、调为单位，而应该以音纽为单位进行比类对应。

2.《切韵》音纽与韵书增字

音纽是音韵学里非常重要的单位，韵书史料中每个反切及其载字所组成的是音韵学史料的自然类，《切韵》原本所载音纽也是自然类元素。自然类的元素即为不同史料里对应音纽及载字，各音纽载字是史料音纽自然类的属性。不同韵书不同系统里音纽参差不齐，即音纽的属性自然类元素多少不一。根据各韵书史料的序言所载，抄书者、后来著述者一般只是对《切韵》音纽进行增字、加训，则对应类比即可判断《切韵》原有音纽属性自然类元素和后加元素。实践中通过对应音纽求共有属性元素即为《切韵》原本所有。

自然类是开放的，但是《切韵》系直接史料表明韵书的音纽结构是稳定的，由必要部分和可有部分所形成的结构为韵书音纽的逻辑类。按音纽结构逻辑类方式排比自然类元素，可以确保《切韵》原本音纽信息的完整性，也可将直接史料中的信息有效地转化为“有、无”，从而基本确定《切韵》音纽及其载字的原貌。

(1) 按史料音纽逻辑类排比自然类元素

《切韵》正文部分则是以音纽为基本单位构成，音纽的结构包括必有信息如字序、纽头、反切、计数、载字等，也包括可有信息如训释、或体、又音等，示意如下表。为了直观，下表不包含可有信息，本节讨论也以必有信息为主。

表 5-1 每字下标数字为该字在相应韵书该组中的实际发生位置。如蕻$_1$字在所有史料中都是纽头字，桵$_4$字在各韵书或残卷相应的音纽中，位置变化较大。

表 5-1　**音纽结构与自然类元素**

韵书	纽首			纽中		纽末						
	纽头	反切	计数			尾						
笺一	蕤$_1$	儒隹	三		绥$_2$	桵$_3$						
笺二	蕤$_1$	儒隹	三加一		绥$_2$	桵$_3$					撋$_4$	
王二	蕤$_1$	儒隹	三加四		绥$_2$	桵$_4$	檽$_3$	浽$_6$	葰$_7$			挼$_5$
王三	蕤$_1$	儒隹	五		绥$_2$	桵$_3$	檽$_4$					楼$_5$
广韵	蕤$_1$	儒隹	七	猚$_2$	绥$_3$	桵$_5$	檽$_4$			桵$_6$		挼$_7$

将王三与众多的《切韵》残卷以及《广韵》按这些结构单位(类）进行排比对照，直接史料大部分不一致的现象都可以转化为对应结构的“有、无”，从中不难发现各纽的增加字。

如上例，笺二、王二两个对应音纽系统共有字数刚好是三，即“蕤，绥，桵”，很有可能此三字为原有字，也就是说底本音纽纽头注解几 1 应该也为三。如果没有增加字，则底本“儒隹”纽基本信息应该为“蕤，儒隹反，三；绥，桵”。《切韵》残叶切伯 3696 对应音纽有残缺，为“□，□□反三。绥，々缨。桵，白桵，木名”，部分证明笺二、王二中该音纽共有字即为底本原有字。从下文可知，残缺纽头很有可能就是“蕤，儒隹反，三”，因为除非韵书编者有特殊要求，一般不会替换音纽代表字，即假定后代韵书都维持了《切韵》属性同构。笺二的增加字为“撋”确实在纽末；王二的增加字则为“檽，挼，浽，葰”四字，有的在纽末，也有的在纽中。

在王二中“挼”字注解还有“又雨專反”，如果“挼”为后加字，则在《切韵》原系统中，儒隹切下既没有“挼”字，也没有“又雨專反”，暂把这现象称为又音增字，至于王二有没有“雨專”一纽和该组是否收有“挼”字，需要考察王二整个系统才能知道。事实上王二仙韵整韵缺失，而且王二整本韵书还存在体例差异，因此回答这个问题没有实际意义，也就是说要讨论又音至少应该在一个完整的系统内进行

(古德夫，1982)。

(2) 史料音纽逻辑类的稳定性

笺二、王二的共有字与原有几1相等是否是偶然巧合？音纽比类对应求共有字的思路有多大程度的可靠性呢？首先要看各韵书、残卷中音纽结构是否稳定。

首先，在各本韵书、残叶中，该纽的全部信息为：

切伯3696脂韵：□，□□反三。緌，々纓。桵，白桵，木名。

笺一脂韵：蕤，儒隹反，三。緌，纓。桵，白桵，木名。

王三脂韵：蕤，儒隹反，葳蕤，或作甤，五。緌，纓々。桵，白桵，木名。檽，染，又而樹皮。棲，摧，又雨專反。

笺二脂韵：蕤，儒隹反，三加一，说文草木。緌，冠纓。桵，白桵，木名。撋，相着。

王二脂韵：蕤，儒隹反，三加四，律管名。案，说文草木花垂。緌，纓々。檽，染也，沾也。棲，白棲，木名。捼，摧，又雨專反。涹，木皃，又作濉。葰，兼薑。

《广韵》脂韵：蕤，葳蕤，文草木花皃，又蕤賔，五月律，儒隹切七。甤，說文曰：草木實甤甤也。緌，緌纓。檽，染也，又而樹切。桵，白桵，木也。稑，禾四把也，又息遺切。捼，摧也，又奴禾切，俗作挼。

直观上，我们又看到了直接史料越来越丰富的趋势，这是由于韵书的音纽是一个开放的自然类。韵书音纽自然类的“有以同”为读音相同，即与反切所显示的读音相同，属性自然类为所有相同的同音字。同一字在不同时代、不同地域的不同读音可以经由对比审音程序“相对自由”地进出相同反切所表示的同音字组。即使如此，从上面“儒隹”例可以看到：音纽代表字，即纽头基本保持一致；改变较大的王二、《广韵》也只是在纽头或字序方面有所变化，而这些变化是韵书编撰者有意识地“增字加训”和各自所据底本的不同等原因导致的。很明显，韵书音纽和音纽属性都是开放的自然类，自然类的一致性是靠学科惯例来维持的，[1] 而字序不是维持《切韵》属性同构假设的内容。

每纽都是由必需的纽头、反切、计数、载字字头序列，和可选释义、或体、又音构成，即音纽的结构，音纽结构是音纽的逻辑类。每本韵书或残卷在音纽结构上其实是相同的，保持了很强的一致性，逻辑类则需要抽象归纳来认识。用自然类的元素来讨论逻辑类会导致很多问题。

（3）史料音纽比类

音纽对应能系统地利用韵书史料的体例信息。按比类对应，即用对应元素的属性自然类来判断该元素是否与《切韵》同类，如同类则判断该元素是否具有《切韵》元素的相同属性。实践中，完整音纽内字头无对应就应该是所在韵书的增加字。如果排比这些不同来源的对应音纽，可以逆推和逐步接近《切韵》原本“儒隹”纽的载字情况。笺二纽首计数“三加一”，三字为笺二底本原有，一字为后加。实际核查该纽收四字，与纽首计数一致。王二纽首计数“三加四”，则三字为王二底本原有，四字为后加。实际核查该纽收七字，与纽首计数一致。二者共同底本即《切韵》“儒隹反”很有可能实际载字为三。笺一该纽计数正是三。

音纽对应可以超越体例限制，但并不是《切韵》所有音纽都能有如此完整和一致的资料。韵书体例不一致和不同程度残缺是客观现状。笺一保存较多，共有八千多字，上平声残缺前五韵，去声全无，其余部分基本保存完整。笺二也只存上平声前九韵，其中微、鱼韵还有相当一部分是用王韵抄配的（周祖谟，1983：835）；笺三只有上、去、入声约一千九百余字，残缺较多；王二采用“几加几”体例的只有平声卷

① 音韵学真正的逻辑类要到韵图发明以后才形成，因为韵图从原则上说同音字组的数量是有限的，即类的外延是确定的。

东、冬、锺、江、支、脂、之七韵,① 剩余部分体例也非“几加几”;孙愐《唐韵》体例较为全面，除了纽首“几加几”之外在增加字注文末尾还标注“加”字，可惜只存去、入部分，共约四千八百余字，而且中间还有很多残缺。但是，如上表例，笺二与王二该纽共同包含“蕤，緌，桵”三字，核查其他韵书可以发现所有《切韵》系韵书全部包含此三字，因此也可以确认此三字为《切韵》原本所载，王三提供此三字的字序，这种思路可称为查找“共有字”。求对应音纽“共有字”成为识别增加字的主要手段，是确定《切韵》原字使用的最多且最可靠的办法。

音纽对应可以系统地显示史料隐藏信息。历代校勘中虽然重视字序，但字序的使用其实是零散的。从前表可以看出，纽末尾是个相对的概念，不同的系统会由于增字而变得边界很模糊，所以陈澧确定的末尾增加字（虽然他是针对韵末增纽）标准在实际应用中很难把握。因为没有充分的证据显示笺二的加字体例为纽末加字，所以不能说纽末尾第四字“撋”为笺二增加字，而且王二“儒隹”音纽加数为四，其字序与笺二不同,《广韵》每纽增字更多，字序变化更大。而用笺二或者王二提供该纽原有字数信息，则王三前面三字为原有字，纽末二字为增字。这种方法可以称为“序推”，一般需要其他材料来证实。

“序推”能利用的信息较多，我们从中可以找出史料中可疑的地方。在王一王三同无某字的音纽内，其他材料同有,② 训释也相同或相似，如前例笺一歌韵“諾何反$_5$：儺$_5$，逐疫”，王二“諾何反$_7$，儺$_5$，儺韣逐疫鬼”，则王一王三共同底本《王韵》在该纽可能有脱漏，此类只有七字。又如笺一微韵有完整音纽“許歸反$_7$，暉$_2$，日”，王三对应纽计数为“十”，与载字数一致，王三无此字，笺二此部分如上文所

① 虽然王二将阳、唐两韵也提前到江、支之间，但是阳、唐两韵没有一纽的收字是“几加几”，这个韵次改变最醒目，上声卷该位置为荡、纸，去声卷为样、宕，入声卷为药、铎，很明显是王二编者有意为之。

② 同有、同无是指音纽在所在韵书中，其他信息都一致的前提下的判断。

言，是以《王韵》抄配，亦无此字，王一虽不全，计数也是“十”，底本也应无此字。可以确定“許歸反$_{7}$，暉$_{2}$，日”或为笺一所加，或为王仁昫《王韵》所脱漏，《切韵》原本“許歸”纽实际可能是六字或者七字，即：輝，許歸反，暉$_{\text{加?}}$①揮徽翬禕徽楎$_{\text{加}}$瀈$_{\text{加}}$旟$_{\text{加}}$黴$_{\text{加}}$。前者因为笺一、王二同有，所以《王韵》脱漏可能性较大；后者仅笺一有，《王韵》脱漏的可能性小一些，这两种情况都需要更多的史料来决定。

音纽对应可以系统地利用残缺史料信息。音纽对应必须以“有”的对应为前提，以确定增加字。以《切韵》原貌为例，《广韵》“儒隹”纽计数也是七，如果韵书材料仅限于王二和《广韵》(有清一朝研究《切韵》所面临的情况)，则纽首计数就变得无实际意义。如果分析对比王二与《广韵》对应音纽，就不太可能获取早期韵书音纽的确切信息。因为，首先，从《切韵》经笺二、王二到《广韵》，由于加字方式不同，音纽结构发生了很大变化，尤其是音纽载字系列（如上表）中，音纽的纽中、纽尾、纽末很难保持一致；其次，如上所述，王二音纽末尾四字显然不全为增加字，根据《广韵》韵字注解，除能够确定韵字位置和载字数为 7 外，其他音纽结构信息如字序都因体例变化所湮没；最后，王二、《广韵》共有四字：“蕤，緌，樤，桵”，② 这既不是王二音纽原有字全部，也与纽头韵字注解几 1 为三不一致。选择王二与《广韵》对比分析，正如拿王三与《广韵》《集韵》进行比类一样，是无法判断早期音纽结构及增加字的。

第三节 《切韵》载字及王三增加字

既然是探讨确定增加字，陆法言《切韵》原本收字多少是不可回

① 笺一中暉为第二字，而王三、笺二加字都在纽末，如果是笺一加字，则笺一加字方式与王仁昫加字方式并不一致。这类字为数并不多，从王三来看，只有三个，见下文。在《切韵》原本中以？标识。

② 王二儒隹切下“樤”其实为“桋”，“捼”与“桵”也很不容易区分，这是唐宋书字时在字样上的差异，需要根据训释或其他手段来确定对应关系。

避的问题。唐代封演所载该书收 12158 字，王国维（［1923］2003：177-178）考证认为这包含长孙讷言所加的 600 字，孙愐在《唐韵》序言中说："今加三千五百字，通总一万五千文，其注、训解不在此数。"王一、王二、王三在上平声、上声、去声及入声卷首也记载了新旧韵（字头）的数目，周祖谟先生（1983：887）据此考证推算《切韵》为 12206 字。这几本韵书全本所包括《切韵》的全部载字，似乎在 11500~12300 之间，所以确定唯一的全本韵书王三的增加字及原有字就可以得出《切韵》原本的大概情形。

1.《切韵》史料输入及比类

从前文讨论与分析可以看出：音纽叠加求共有字具有超越不同底本和体例的稳定性，而手工书写必然会产生脱漏、抄串、衍字重文、更正、添加等各种现象。为了尽可能减小最后结果的误差，在辨别王三增加字时，采用写本韵书两两叠加而非连续叠加，然后逐一检查核对的办法。

具体来说就是：将王三所有音纽，与泽存堂《广韵》建立起音纽对应，分别注明韵部、音纽、载字的顺序信息，同样输入王二全本、全部笺二、笺一、蒋斧本《唐韵》；超出前一书的载字也按字序录入，各书载字都有唯一的字序编码，这是后面核对工作的最重要的根据。然后按音纽为单位两两叠加比较，叠加对比最好是王三与笺二、笺一、《唐韵》、王二，王一作为核查。其中上声卷中有一部分只能使用王二王三叠加，好在此一部分比例不大，只占《广韵》两千字或《切韵》一千来字。其他残叶、断片包括王三主要用来参考、核查和检验字数的正误。

周祖谟先生（1983：886-887）估算王三全书五卷为 16971 字（笔误为 16871 字。见表 5-2 第二列），这并未考虑王三脱漏情况。表中第三、四、五列为王三卷首所载，卷一"旧韵"① 计数明显有误，卷二

① 王韵三种主要写本王一、王二、王三用"韵"来表示"字"，"大韵"表示音纽，"部"表示通常所说的韵。

新、旧韵数目缺（或许原本就没有），表 5-2 数字为周先生核对王一所载字数后推算所得。

表 5-2　　　　**王三载字记录与实际载字比较**

	周计	三载	旧韵	新加	三字	核旧	核加
卷一	3246	*3976*	*2908*	1068	3393	2354	1039
卷二	3350	*3350*	*2273*	*1077*	3410	2295	1115
卷三	3244	3292	2077	1215	3293	2106	1187
卷四	3657	3578	2332	1246	3672	2388	1284
卷五	3474	3489	2156	1333	3510	2154	1356
总计	16971	17685	11746	5939	17278	11297	5981

表 5-2 第二部分，第六至第八列为本书逐纽逐字核对后的数字，计入脱漏、重文字。王三全书实际载字应为 17278 字，其中包括根据音纽韵字信息不一致和经与王一及各写本核对后应补 122 字（加字脱漏未考虑）。王三载字总数，除卷一字数与周祖谟先生统计（第一行）有出入外，其他四卷大致相符。尤其是王三记载“旧韵、新韵”数字除与卷一有误外，核查所得数据基本上与其他卷数字达到高度一致。所以周先生（1983：887）说：“由此看来，各卷卷首所记总数可能都是对的。”这一判断符合事实。下面简要说明音纽叠加从共有字求原字的情况。

2. 叠加音纽的共有字为《切韵》载字

蒋斧本《唐韵》① 残卷可辨载字约为 5022 字，有 648 字在王三中

① 王国维考证《唐韵》有开元和天宝两个版本，徐朝东（2007，2010）考证认为蒋藏《唐韵》源自孙愐开元本（733），也就是更接近孙愐原书的版本，那么，其中载字就更接近孙愐所看到的“《切韵》原本”。

找不到对应字。其中有330字《唐韵》注“加”，由于没有出现在王三载字中，可以直接确定为《唐韵》增加字，不需要参考其体例。例如，王三“**极**，其辄反四，**笈**，**柗**，**骉**”，《唐韵》残卷“**极**，其辄反二加一，**笈**，**衱**加”，音纽叠加对比可知底本其辄纽应只有“**极**，**笈**”二字，而“**衱**”字不为王三收录，《唐韵》该字标“加”为判断增加字的冗余信息。王二、笺一均为“**极**，其辄反二，**笈**”。另一方面，王三该组所增“**柗**，**骉**”两字《唐韵》不含，这种情况相当普遍，表明孙愐编撰《唐韵》时（733/751）并不一定看到王仁昫的《刊谬补缺切韵》(706)，二人可能是在所见“《切韵》原本”的基础上分别加字。《唐韵》648字在王三中无对应没有标“加”的有318字，如下段所角纽的“**数**”字，按对应字叠加，也是《唐韵》增加字，但孙愐并未从其所据“《切韵》原本”辨识为增加字。考虑到残卷只存去入两卷，《唐韵》全书未辨识的增加字更多。这就是说蒋斧本《唐韵》残卷的底本是经过增字的，并非《切韵》原本。因此孙愐所谓“今加三千五百字，通总一万五千文”字数有误，即《切韵》原本字数必定少于11500字。

尽管《唐韵》与《切韵》系统有可能关系不大（徐朝东，2010），但由于同音字组的稳定性，王、孙也会在同一音纽之下增加相同的字。蒋藏本《唐韵》残卷中标“加”或据其体例应该标“加”共有704字。假如《唐韵》体例也为朱书增加字，随后朱书由于转写消失（王三情况正是“旧本墨写，新加朱书”），音纽叠加同样可以确定大部分《唐韵》增加字。例如，上段通过对应字叠加所确定的330增加字，704字中另外374字为两书共同增字，其中有141字也可不依靠《唐韵》体例而确定为增加字。例如，王三觉韵“**朔**，所角反八，**欶**，**槊**，**蒴**，**箾**，**㮶**，槊，**掣**”，对应的王二、笺一均为“**朔**，所角反四，**欶**，**槊**，**蒴**”，音纽结构完整，韵字注解载字信息与所载字一致，则此三者原底本共同部分应该是“**朔**，所角反四，**欶**，**槊**，**蒴**”。王三该组“**箾**，**㮶**，槊，**掣**”四字为王仁昫新加，全部在纽末尾。《唐韵》对应组为“**朔**，所角反七加二，**欶**，**槊**，**蒴**(缺，据位置推测)，**数**，**箾**加，**㮶**加”。

可以确定“**數**，**簫**加，**𣀻**加”为增加字，添加“七加二”及标注“加”字只是增添了更多证据，没有识别和标“加”的“**數**”字同样为增加字。

再者，由于王仁昫增字是“谨依切韵增加，亦各随韵注训”的原则，纽末增字体例严格。在保证各本韵书音纽结构完整信息一致的前提下，通过字序还可以辨识出《唐韵》残卷 104 个增加字。例如：王三“**蜜**，无必反七，**谧**，**醯**，**樒**，瞖，**盌**，**宓**”，王二“**蜜**，民必反六，**谧**，**醯**，**樒**，**盌**，**宓**”。其中“瞖”字为王三独有，必为增加字，该字后面还有“**盌**，**宓**”二字，按王三体例，也应该为增加字。因此王三该纽应该是“**蜜**，无必反七，**谧**，**醯**，**樒**，瞖加，**盌**加，**宓**加”。《唐韵》恰好为“**蜜**，弥毕反六加二，**谧**，**醯**，**樒**，**盌**加，**宓**加”。最后笺一为“**蜜**，民必反四，**谧**，**醯**，**樒**”。在韵书资料有限的情况下，王三字序对于辨识增加字有较大参考作用。

总之，蒋斧本《唐韵》残卷所标 704 字以及未标 318 字，即实际 1022 增加字中，只有 129 字须依靠《唐韵》“加”字来辨认。这就是说音纽叠加共有字来确定增加字的正确率至少可以达到（1-129/1022）= 87. 4%，参考各种韵书及残卷的零星加字记载，正确率应该可以更高。

最后一例，各韵书及残卷、残叶的“余封”纽载字情况如下（字序一依原本，字形以《广韵》字形为准）：

【《切韵》】：容，余封反十四，溶滽庸墉　镕镛墉佣鱅𩑶鳙蓉𤢺

切伯 3798：容，余□反十□，溶滽庸墉𤢺镕镛墉佣鱅𩑶下据切伯3696 鳙蓉实有 14 字。

笺二：容，余封反十四，溶滽庸墉镛墉佣鱅𩑶鳙镕蓉实有 13 字，脱漏倒数第三字“𤢺”。

王三：容，余封反十九，溶滽庸墉槦镕镛墉佣鱅𩑶鳙蓉𤢺褣颂搈槦实有 19 字。

王二：容，余封反十四加八，滽庸墉𤢺镕镛墉佣鱅𩑶鳙蓉螪搈傛镕褣槦槦𩫖颂溶”实有 23 字。

根据前文讨论音纽结构和增加字的分析，最后王三实际情况应为：王三“容，余封反十九，溶滽庸墉𤛱$_{加}$镕镛墉佣鷛𩓥鳙蓉㺎褣$_{加}$颂$_{加}$搈$_{加}$槦$_{加}$”。即《切韵》底本“余封”纽应为 14 字，王仁昫只可以识别或增加纽末尾四字“褣$_{加}$颂$_{加}$搈$_{加}$槦$_{加}$”，而第六“𤛱$_{加}$”字，为其“《切韵》原本”所有。也就是说王仁昫《刊谬补缺切韵》的底本其实也是有增加字的，限于其所见材料，王仁昫没有识别出。此类加字在王三中共有 85 字。同样王三中的加字很可能会超出本书的统计，更精确的《切韵》载字有赖于更多的材料和分析的深度。综合各种加字，补出王三漏字，《切韵》一书实际载字最多为 11297 字，王仁昫及他人共增加 5981 字，合计全书实际所载为 17278 字。

3.《切韵》载字数

《切韵》载字及加字相关文献情况按时序排列，见表 5-3。李登《声类》载字的具体数为 11520 字（封演，2005：7）；隋《郭知玄切韵》增字 300，即《广韵》所述“郭知玄拾遗绪正更以朱笺三百字”。孙愐（733/751）说：“今加三千五百字，通总一万五千文，其注、训解不在此数。”（周祖谟，1983：636-637，《广韵》序所谓天宝本中无此文），笺二长孙序“又加六百字，用补阙遗”（唐仪凤二年，677，《广韵》序亦无此文）。唐代封演说《切韵》载 12158 字（封演，约卒贞元末，2005：14）。

表 5-3　　**《切韵》载字的历代记录**

字数相关者	时间	记录字数	推知字数
李登	魏（魏国 220-280）	11520	11520
吕静	晋仿李登（晋 266-420）	—	11520
陆法言	隋仁寿元年 601	11297	11297
郭知玄	隋 朱笺	300	11597

续表

字数相关者	时间	记录字数	推知字数
长孙讷言	唐仪凤二年（677）又加	600	12197
王仁昫	大唐神龙（706）	有误	？11746
孙愐	唐开元/天宝（733/751）	15000	11500
封演	约卒唐贞元末（785—805）	12158	12158

上文通过音纽叠加的方法确定：《切韵》一书实际载字最多为11297字。假定此字数即为《切韵》原本载字数，则李登、吕静字数11520与陆法言字数+郭知玄加字数11597最为接近；陆法言字数+郭知玄加字数11597与孙愐所见《切韵》字数11500最为接近；陆法言字数+郭知玄加字数+长孙讷言加字数12197与封演记录的字数12158最为接近。陆法言字数+郭知玄加字数11597+王仁昫所见字数11746不好说。

推测：李登与吕静有因承关系，两者字数理应相差不大，都为11520字；《切韵·序》中提到吕静《韵集》，《切韵》一书原本载字数如果就是11297字左右，则两者相差300字左右，而郭知玄朱笺也是300。长孙讷言、孙愐所见或为郭知玄加字后的《切韵》，两者都仅相差数十字。封演记录的很可能就是长孙加字后的笺注本《切韵》。王仁昫所见则或是郭知玄、关亮、薛峋等人加字后的《切韵》，上文“余封”纽中的第六“犝加”即是例证之一。王三全无“按、也”之类的训文，“说文”也极少或许为后人所加。所以《切韵》原本载字11297字左右，符合史料记载。

第六章 《切韵》字头训解、反切、又音比类重构

《切韵》原本字头训解讨论比较多，而且很多时候是以字头有无训解作为判断一种史料的相对时序。这无疑是正确的方向，但只有将字头训解从字头的自然类属性转化为自然类，最终转化为尽分的逻辑类才有可能发挥其作为判断时序和重构《切韵》原本的标准，《切韵》原本在选择音纽的代表字时也是跟训解有关。与字头训解比较起来，《切韵》音纽的反切一直是音韵学的中心问题，正因为重要，其变化在几百年里就比较小，对于重构原本来说反而容易些。又音、汉字字形是在王仁昫之后才有大幅增加的，这可能与增强韵书的实用性有关。

第一节 《切韵》训解的比类重构

以音纽的结构，即音纽逻辑类为基础，能建立起音纽自然类元素的对应关系。假定后代韵书维持《切韵》属性同构，类比推理则可以判断《切韵》原本类同关系，即各自然类元素的属性自然类共有者即为《切韵》原本所有。在史料音纽自然类里，载字系列是音纽自然类的属性，只需要从“有、无”的角度来判断是否为《切韵》音纽载字即可。

无训的常用字虽然绝对数量少，但是大部分被有意识地安排到了纽头位置。反切注音是将三个相关的字音全都分为前后两个部分来比较异同，用常用字作音纽代表字无疑降低了分析和比较的难度，也更容易使人从已知到未知。长孙讷言和王仁昫指责陆法言《切韵》字少且缺训，

因此着手增字、加训。经过改造，韵书实用性增强了，但是也淹没了陆法言对反切属性的理解。

1. 史料字头“注”的逻辑类和自然类

“注”，前文已经提及，是韵书中字头之外的内容，用来说明解释字头性质，是字头的属性。如前文音纽中所述，韵书“注”的内容包括：反切、计数、训释、或体、又音，即字头的属性自然类元素。所以，载字系列由音纽属性转化为自然类，成为要加深认识的自然类，《切韵》音纽“无对应”的载字暂时不是认识的对象。如，周祖谟先生（1983：883）讨论《王韵》的“注”时说：

> 《王韵》根据陆书增修，除增字以外，还增加义训。陆书原有的训释大都仍旧，原来没有训释的，一律增补。即是极普通的字也都有训解（宋跋本有少数字阙义训）。例如：支韵“施$_2$”训为“池$_2$”训蓄水，微韵“飛$_2$”训翔，“衣$_2$”训服裳，鱼韵“魚$_1$”训水虫，“居$_1$”训止，模韵“吾$_1$”训我，“租$_1$”训田税，灰韵“回$_1$”训旋，“雷$_1$”训小霆，寒韵“寬$_1$”训大，“安$_1$”训泰等等，而笺注本一都没有训解。《王韵》每字加训，虽与字书很接近，可是一个字只取其一种通常的意义，还不像字典那样兼备众义。（下划线为本书所加，例字下标表示该字在王三音纽中的序数，为本书所加。）

周祖谟先生使用“义训、训释、训解、训、意义”等来讨论“注”，从其行文来看，应该是指“字义的训释”。这与前文王国维（［1917］2003：613-615）讨论断片性质时所关注现象以及论证方式基本相同。事实上王三所有 17067 字（含 25 个重文或衍字，不含各种方式的脱漏 171 字），没有字义训释的共有 415 字。根据笺一或其他材料，这部分字只有少量是王三或者后人添加（77 字），绝大部分都是《切韵》原有，且无字义训释。王一也还有一小部分字（47字）无字义训释。所以周先生说王仁昫“一律增补”、“王韵每字加训”其实不准确。

早期《切韵》史料给人最直观、最自然的认识是一些字头下“空白、无注、无训、无训解、无训释”等。这是对字义训释的似类表述，不能作为推理的基础，更不能作为重构《切韵》的依据。因为载字自然类可以分为纽头和非纽头字，两者在音纽乃至韵书中的性质不一样，如纽头字的反切、计数是必须的，非纽头字则这些都不是必须的，所以，笼统地讨论“注”无疑会导致误解。纽头字与非纽头字可以尽分所有载字，是韵书、音纽载字的逻辑类。此逻辑类是相对于音纽逻辑类而来，① 是对音纽逻辑类的细分。史料字头的“注”应该分成纽头字的“注”和非纽头字的“注”，简称纽头注和非纽头注。

“字义训释”作为一个自然类，有多种属性，从音纽看，纽头字义训释、非纽头字义训释也可以尽分所有训释，因而也是“字义训释”的逻辑类。例如，周先生所列举的例子4字为非纽头字：“施$_2$、池$_2$、飛$_2$、衣$_2$”，8字是纽头字：“魚$_1$、居$_1$、吾$_1$、租$_1$、回$_1$、雷$_1$、寬$_1$、安$_1$”。逻辑类是单一属性尽分所涉及的事物而得到的类，似类行文的“义训、训释、训解、训、意义”或“无字无注、无注文、但注反切、无注者、有注、不注、无他注、无注之字、注本、笺注”都包含多个属性，容易引起误解。

2. 按史料字头“注”的逻辑类排比自然类“注”元素

从纽头注来看，如前文所述，音纽纽头包括：字、反切、计数等必需部分，也可能包括训释、字形、又音等可有部分，如下列纽头排比。王仁昫对《切韵》的“刊谬补缺”的体例非常严格，几乎全部是按

---

① 音纽逻辑类是相对于韵和反切而来，或者仅仅从结构的角度来定义，如本书，此处的纽头、非纽字也是结构性的逻辑类。

“字：反切-训释-又反-亦作-字数”的顺序。① 该序列第二部分“向”即为训释。在排除笺一脱漏的情况下，根据韵书维持《切韵》属性同构假设，则《切韵》原本该纽头无字义训释，但有反切和计数。

【《切韵》】：窓，楚江反，二

切伯3696：窓，楚江反，三

笺一：窓，楚江反，二

笺二：窓，楚江反，二加一，按說文作此囱，又從穴作此窗

王三：窓，楚江反，向，正作窻亦作牕，四。

王二：窻，楚江反，三加二，案窻牖也，又窗窓窓牕同

正是由于《切韵》原本该字无训解，才有后来其他写本或残卷根据不同的来源为其“加训”。如长孙讷言笺注本序言说，“其有类杂並为训解，但称按者俱非旧说”，此例即有可能为长孙讷言加训。王二的底本来源很不相同，根据其所采用的体例很容易看出，平声前面七韵的来源不应该是王仁昫原本。所以唐写本韵书或残卷中出现了字无训释而后加“按、案”，或者引用《说文》训解，或该字训解在各个写本中差异太大等情况，都有可能是《切韵》原本无训所导致的。

又如，东韵陟仲纽，纽头为“中”字，王三字义训释为“景正”，笺二为“和也”，两者训义完全不同，笺一无此字，那么《切韵》此字义训是什么呢？选王三，意味着笺二删除《切韵》原义然后添加义训，选笺二，同理。根据后代韵书保持《切韵》属性假设，笺二、王三在“字头、反切、又音”上相同，则该纽头原本无义训，这符合所有韵书序里所说的，复缺字义、增训，“其有类杂並为训解，但称按者俱非旧说”。王二义训为“和也當也”也有差异，《广韵》加训更多，部分证明原本无义训。又王三全本基本不用“也”结句。所以，最终与结论

① 仅有241个例外，其中绝大部分为《切韵》原有，其余为王仁昫本人或者后人添加所致。

不矛盾。字头义训有无的推断标准：如果两对应元素的义训全异，则《切韵》原本无义训。

【《切韵》】：中$_1$，陟隆反又陟仲反三

笺二：中$_1$，按説文和也陟隆反又陟仲反三

王三：中$_1$，陟隆反景正又陟仲反四

王二：中$_1$，陟隆反和也當也又陟仲反三加一

广韵：中$_1$，平也成也宜也堪也任也和也半也……陟弓切又陟仲切四

同样的情况也发生在非纽头字义训上，如同韵同纽的“忠”字，王三训“讜言”，王二训“貞也誠也”，《广韵》训“無私也敬也直也厚也亦州名……”三者各不相同，则《切韵》本纽必定无义训。

【《切韵》】：忠$_3$

笺二：忠$_3$

王三：忠$_3$，讜言

王二：忠$_3$，貞也誠也

广韵：忠$_3$，無私也敬也直也厚也亦州名……

《切韵》该组最后情况可能为：

【《切韵》】：中$_1$，陟隆反又陟仲反三；衷$_2$；忠$_3$

3. 无训字头

将时序较早的笺一①与王三及其他写本残卷进行对应比照，本残卷

① 笺一可辨字头约为8057字，增脱漏基本信息为：增字69字，脱漏46字，训释残缺44字，难以确定原本是否有训释者68字，可能无训者25字，如下表。相对应部分王三脱漏95字。

笺一	或无训	难定	缺训	加	笺漏	王三漏
纽头	13	18	16	0	7	9
字	25	68	44	69	46	95

笺一与王三可以相互比较载字为 2141 组共 7717 字。这些载字及组头经比较应该属于《切韵》原有，基本情况如表 6-1：

表 6-1 **笺一、字头义训统计**

笺一	有训	无训			可比
		无训	无训按	异训	
组头	1141	926	8	66	2141
字	6234	1175	12	296	7717

首先，如上节和前文所述，组头结构一般包括：反切、训释、又反、字数等信息。字义训释即为本节所说“有训，无训”标准，“无训按”为训释部分只有明确的按语，无其他释义；“异训”为同一字头在不同史料中训释不同，如上文“中$_1$、忠$_3$”。这两者统称为“无训”。从上表看，《切韵》原书所载字头有训者约占 81%（6234/7717），远比无训者多。这是因为反切的一个重要作用就是为生字注音，只有读音无字义训释不能算是认识一字，所以一些比较生僻的字就需要训解，而《切韵》义训极为简略。

另外，如果陆法言在编撰《切韵》时优先选用无需训解的常用字作音组代表字，那么在一个音组中如果音组字头已有训解，则该组其他载字全都应该有训解，否则就有矛盾。例如，篠韵的古了组，全组共载七字，全部有训：

【《切韵》】：晈$_1$，光古了反七

璬$_2$，珮玉

曒$_3$，行縢曒脛

皎$_4$，月光詩云月出皎兮

鐃$_5$，鐵文

皛$_6$，白又匹白反

瓈$_7$，珠玉白皃

纽头有义训的 1141 纽中，除单字音纽 363 纽，残缺或更改纽头等 23 纽外（无法在纽内核对），只有 86 纽纽头字有义训，而纽中字可能无训，其余 669 纽完全符合纽头有义训则全纽有义训的规则。

其次，无训字占总数不到 20%，但是纽首字无训的却占全部可比音纽的一半 47%（1000/2141），大大超出了无训字应该占有的比例。同样，如果存在优先选择无训解常用字作纽头的话，那么音纽中如果非纽头字出现了无训字，则其纽头字理应无训。例如唐韵“徒郎”纽：

【《切韵》】：唐$_1$，徒郎反十五

煻$_2$，煻煨火煨字烏回反

糖$_3$，飴

堂$_4$

鶶$_5$，鼠一月三易腸

搪$_6$，搪突

棠$_7$

蓎$_8$，蓎蒙女蘿

瑭$_9$，玉

餹$_{10}$，餹餅黍膏餅字杜嵆反

篖$_{11}$，笭篖竹

螳$_{12}$，螳蜋

犝$_{13}$，犝牛

塘$_{14}$，陂

螗$_{15}$，蜩蟬

全纽载 15 字，纽中“堂、棠”二字无训，纽首“唐”字也无训，时至今日，这几字都是使用频率极高的常用字。除开单字无训纽 201 纽外，所有纽中出现无训字的 242 纽，全部符合纽中无训则纽头一定无训的原则。仅有一纽即“鏘$_{\text{可能无训，鏗鏘七將反七}}$；瑲$_{\text{，玉聲}}$；蹌$_{\text{，和鳴蹌蹌}}$；蹡$_{\text{，行皃}}$；斨$_{\text{，斧斨}}$；槍$_{\text{，拒}}$；牄$_{\text{，可能无训}}$”，也只是可能例外，因为这里纽首字和纽末字“无训”只是跟王三和笺一训解不同而推断而来。另外 556 个无训字全部被安排到了纽首位置。

上文例【《切韵》】：中$_1$，陟隆反又陟仲反三；衷$_2$；忠$_3$，第三字“忠$_3$”为非纽头字，其字“忠$_3$”是自然类，其自然类元素，是所有能获得的该纽该字的史料，其义训属性自然类是在史料中的所有义训。只要有一个对应属性有不一致的，就应舍弃，比类推理过程如下：

①此“忠”不属于此纽。与史料音纽、计数、载字信息矛盾，舍弃。

②义训一对一错。错者要先删除原训，违反后代韵书保存《切韵》或底本属性同构假设；再添新训，与惯例不合，即舍弃。

③原本无义训。后代韵书分别增训，分别一删，义训不是音纽、字头必有部分，符合序文记述，最优。

④他本也无训。笺二此字无训。③对。

⑤此字为非纽头字，“中$_1$”也应无训。

陆志韦先生发现切语用字笔画少字形简单，而语音上有规避某些音类的倾向，“反切要求切上、下字协调，念起来顺口，容易‘出切’，这种自然流露的趋势是从晋代以后渐趋于完善的，但是始终没有被提升到原则的平面”（1963）。魏建功先生（1958）也发现韵目字倾向于不用联绵字，出现按五音顺序轮流的趋势。在音纽上表现出来的这种使用常用字的趋势，只有在《切韵》原本的基础上才能进行更深入的探讨。由于反切只能两两进行异同比较，而且三字都必须分解成前后两部分，这在语音知识比较贫乏的时代，其难度很大；再者，切语上、下字本身或者由其分解出的四个部分如果有任何一部分未知，即切语字太生僻而为使用者所不识，比较的基准就难以确定，也很难达到为生字注音的目的。

第二节 《切韵》反切、又音的比类重构

如果从语音演变方言差异来看《切韵》史料，反切、又音、音纽合并与分化等无疑是研究的重点。本书侧重从直接史料中如何重建《切韵》一书的原始面貌，这方面的工作反倒显得相对简单一点。因为音纽反切数量较少，在音纽对应中已有涉及，记载又音是在王仁昫、孙愐之后才逐渐增多，而且与增字有关。记载或体更是王仁昫的特色，非《切韵》原本之主要内容。重建的主要方法与音纽重构、义训重构基本相似。

以前文所讨论的从比类思维的角度建立起来的《切韵》系史料之

间对应关系，用类比推理方式求得各史料之间的共有部分即是《切韵》原本的音纽、反切、载字、训释、又音以及或体字形。比类推理是建立在同类元素属性自然类同构的基础之上，重构《切韵》反切表明尽管经历很长的历史，反切的变化较少，而字形并不是《切韵》一书的重点。重构的各项数据与早期的残卷相比基本属于一类，因而重构是经过初步检验的。下面介绍从各种史料重建《切韵》原本时的反切、又音及或体所得的基本数据，必要时作简要说明。

1.《切韵》史料基本数据

《切韵》字数，从三国魏时李登《声类》一直到陆法言经历了约四百年，唐代封演也记录了两书的字数，而本书发现这些字数似乎有关联。韵书载字变化是《切韵》之后四百年韵书发展的主要方向，也是重构《切韵》原本的主要工作。表 6-2 是《切韵》反切、又音、字形相关的主要史料。

表 6-2 **《切韵》主要史料概括**

韵书	切韵	残切	笺一	笺二	王三	王一	王二	唐韵	广韵
纽数	3374	325	2219	221	3656	358	2694	1369	3873
载字	11297	1159	8048	1045	17278	10257	11716	5022	25334

本表按基本时序列入，其他如笺三及一些零碎的残片没有列入。其中“残切”为周祖谟先生分的第一类，即切伯 3798、切伯 3696、切断 1、切伯 3695、切伯 3694、切斯 6187、切斯 2683、切伯 4917、切断 2。因为史料之间略有重复，其实际纽数、载字数都要比表中略多，另纽数只以纽头计。其他史料如笺一、笺二、王一、王二、《唐韵》也是以纽头计算纽数，但载字以实际载字为准，脱漏均已计入。下文所有史料的基本数据同此。

李荣先生（1956：94）根据王三得到《切韵》“共 36 个声类，425

个反切上字，3617 个小韵"，邵荣芬先生（1982：137）同此，得到 37 个声母、3603 个小韵。这与本书重构的《切韵》纽数 3374 差距较大。也就是王三是经过增字加训，而且还曾增纽。

方孝岳（1988）沿用《七音略》和《韵镜》的格式整理《广韵》反切，得到 36 个声母类和小韵 3811 个。本书统计泽存堂《广韵》纽数为 3873 纽，较为接近。

2. 《切韵》原本反切重构

用来重建《切韵》反切的史料原始状况如表 6-3，《切韵》原本载纽数为 3374 个，其中每一纽可以用来作为重构的参考，最少有 2 个反切，即这一纽只有两种史料与之对应，这样的纽数为 25 纽，包括可以确定是纽头，但无法辨识反切的（下同）；最多可以有 6 个反切可供参考，共计 349 纽。

表 6-3 **《切韵》可比反切**

可比切	2	3	4	5	6	合计
可比数	25	454	1188	1358	349	3374

从表 6-3 也可以看出，大部分音纽都有 3~5 种史料与之对应。应该说重构原本反切比较容易，但实际情况还是有些复杂。

(1)《切韵》史料反切全同概况

见表 6-4，有 2 个反切可供参考的史料里有 14 个反切完全相同，如：

【《切韵》】山韵：訮，争五閑反二

笺一山韵：訮，争五閑反二

广韵山韵：訮，争也五閑切四

则《切韵》必然也只能是山韵"訮，争五閑反二"。在史料里像这样反切完全相同的纽数，相对于《切韵》来说有 1792 纽。

表 6-4　　　　　　　　《切韵》史料反切全同

	2 同	3 同	4 同	5 同	6 同	合计
全同	14	285	641	654	198	1792
字形		16	153	142	24	335
合计	14	301	794	796	222	2127

25 对反切里还有仅仅只是字形上的差别，如：

【《切韵》】宵韵：驕，馬高六尺舉高反六

笺一宵韵：驕，馬高六尺舉喬反六

王三宵韵：驕，舉高反馬高六尺

王一　　：驕，? 馬高六尺古今用作□□□□喬通俗作高

广韵宵韵：驕，馬高六尺舉喬切九

此组有四个字头可供参考，然而王一照片模糊，刘复摹写如上，或许原本就漏掉反切。王三的反切为“舉高反”，笺一、《广韵》均为“舉喬反（切）”，因此，这仅仅是古今字形上的差异，可以算作反切相同，因而计入“3 同”。最后【《切韵》】宵韵：驕，馬高六尺舉高反六。这样仅仅因为字形写错、古今字形差异而反切相同者有 335 组，最后合计《切韵》史料反切全同者有 2127 组。

（2）《切韵》史料改动反切概况

《切韵》史料中不一致的情况为，3374 组反切被改动的有 1247 组，占总数的比例约为 37%。反切被改动的大致情况见表 6-5：

表 6-5　　　　　　　　《切韵》史料反切改动概况

韵书	笺一	笺二	三改	二改	唐改	唐广	广改	他广	多切	其他	合计
改动数	59	8	79	132	33	272	449	29	141	45	1247

这里显示的只是大致状况，既包括诸如“蒱、蒲”、“愽、博”等仅仅用字上的不同，也包括实质上音的改变如“普朗、疋朗”、“思絹、思兖”。“多切”指各韵书反切分为三组或出现不一致的情况，“其他”则指因为移动、脱漏等各种原因不移归类。

因为多数情况是反切分为两组，比如《唐韵》与《广韵》基本一致的有272组，《唐韵》改动的仅为33组。就《唐韵》而言，与其他韵书反切不一致则有305组，考虑到《唐韵》仅存去入两残卷，存1369组，则《唐韵》与其他史料不一致达到22.2%，所以《唐韵》对反切的改动相当大，而《广韵》改动总数为750组，占《切韵》原本反切的比重也是22.2%。仅从两者反切相同的数量和各自改动反切的比重看，《唐韵》《广韵》的因承关系就非常明确。

反过来看，王三虽然错字很多，但实际改动反切数量很小，占《切韵》反切比重的0.2%。王二略大，占自身所载反切的0.4%。笺一、笺二改动就更少了。

在重构《切韵》反切中，字形不一致者或存在两组的情况均以时序更早者为准，“多切”“其他”两项则综合考虑字形、时序、其他反切用字等情况。

(3)《切韵》史料又音概况

《切韵》是音书，反切、又音一直是关注的重点。直接史料表明韵书又音增加的趋势很明显。以下为字头下注明又音的基本情况，统计以字头为单位，即如果一个字头下有多个又音，也只算一个。

表6-6 **《切韵》史料又音概况**

韵书	切韵	切残	笺一	笺二	王三	王一	王二	唐韵	广韵
纽	3374	325	2219	221	3656	358	2694	1369	3873
载字	11297	1159	8048	1045	17278	10257	11716	5022	25334

续表

韵书	切韵	切残	笺一	笺二	王三	王一	王二	唐韵	广韵
又音	779	85	628	82	2481	1510	1658	680	3192
占比	6.9%	7.3%	7.8%	7.8%	14.3%	14.7%	14.2%	13.5%	12.6%

早期的韵书如切韵残片、笺一、笺二又音的比例都大致占该书的7%左右。从《王韵》开始，注又音的字头增长了一倍，《唐韵》《广韵》也大致相当。《广韵》比例降低是因为如前文所说，将一些生僻的古、篆、籀、异体字等，共有1997字作为字头，这些字头通常没有又音，如果排除这些，其比例也达到13.7%，与《唐韵》相当。

在重构《切韵》又音中也是采取共有法，得到779字头有又音，全书的比重约为6.9%，符合早期韵书特征。

(4)《切韵》反切小议

《切韵》从魏时李登、晋时吕静开始有韵书，到陆法言约四百年，到宋时编修《广韵》又四百余年，语音变化应该是非常大的，“汉魏间反切风行，当时各注音义家使用的反切用字不统一。反切用字不同，有的可以切出同样的音；由于古今音或方言关系，有的用字不同，切音也不同了（濮之珍，2002：196）”，而且同一条切语，由于历史或方言以及其他一些原因，很容易产生变化（陆志韦，1963）。陆法言撰《切韵》时整理过反切，孙愐编《唐韵》时也有很大的改动，反映了当时的时音变化。

而又音即可能是整理反切时留下的痕迹，陆志韦先生（1939）说：“又切所保存之声韵未必与正切属同一系统，且每一又切各自有其来历，亦不必自成系统。”一些字分列不同反切之下，并不注又音很常见，余迺永先生（2008：20）在统计《广韵》又切互注缺漏后总结，“是《广韵》体例固自不齐，非又切仅收旧文，不入全书正音之列也”。一些字不注又音，可能既是体例也是惯例。

但是单从用字上看，反切保持了很高的一致性，从总量上看约占八成。如此高的一致性必定不仅仅是当时学人的爱好，学科惯例应起到一定的作用。如前所述，声调从五音到四声，虽然类元素变少，但准确地把握了学科的基本属性。《广韵》改动一些重唇变为轻唇反切，类元素增多，则是准确地反映了客观实际。发端于唐时的韵图正是逻辑类系统化应用，从《广韵》到《集韵》经历时间不过30余年，两者共有小韵的切语保持相同者仅有三分之一（1174/3702，雷励，2012）。因为逻辑类能尽分单一属性的事物，一些沿用的惯例就能得到解释，而不正确的自然类就可以改正。

《切韵》用熟知的常用字作音纽代表字，一是惯例使然，也是比类思维的学科思维模式所能采取的较好策略。

3.《切韵》原本或体概况

《切韵》的重点不在字形，如在讨论汉字字形的相对性所说，历代、各地域都存在不同的规范和非规范的字形系统，再者，如果讨论字形，将与字形经典《说文解字》混淆学科性质，客观上是不利于学科独立的。从本研究来看，《切韵》全书没有出现一例引用《说文》，编者似乎刻意与《说文》拉开距离，这也给后人为增强实用性丰富该书内容留下了很大的空间。

《切韵》系主要史料关于字形或体的情况如下（也是以字头为单位）：

表6-7　**《切韵》及史料或体**

韵书	切韵	切残	笺一	笺二	王三	王一	王二	唐韵	广韵
纽	3374	325	2219	221	3656	358	2694	1369	3873
载字	11297	1159	8048	1045	17278	10257	11716	5022	25334
或体	247	12	165	35	1745	1168	1013	354	3223
或体比	2.2%	1.0%	2.1%	3.3%	10.1%	11.4%	8.6%	7.0%	12.7%

从《切韵》残叶、笺一、笺二的情况看，或体有逐渐增多的趋势，到了《王韵》则是急剧增加，达到了全书字头的一成还多。《广韵》就更多了，《广韵》的或体、异体等如上文所说，一些被改成字头，其字头或体仅以“上同”这一体例来看，《广韵》有1056字头下注有2167字，这一增一减就达到了17.9%。如果说又音还与《切韵》整理系统有关，字形简直就可看做编者为行文多样化的一种手段了，其体例也没有如王仁昫那么严格。

通过重叠各韵书史料，可以重建《切韵》或体，最后得到全书大约247个字头下有或体，比起残卷、笺一来说略多，但就目前的史料看也只能做到这一步了。

第七章　《切韵》重构结论与展望

从数十种零散史料中重建消失千年之久的《切韵》原本，工作的难点是摆脱疑古思想的束缚，建立可靠的理论基础，采取能验证、系统性的方法，克服重建工作中主观和客观因素的干扰，理清一些关于《切韵》史料性质的讨论，最终提高重构的《切韵》原本的准确性。

1. 重构《切韵》原本的结论

(1) 重构《切韵》原本是为探求韵学原貌

《切韵》系间接史料在历史传承中表现出史料信息越来越少的趋势，表明了中国古代学者实事求是、严谨的科学态度。为了学科的发展，采取可靠的方法重构《切韵》原本是为了探寻学科原貌，并不是如“疑古派”所怀疑的认为古人随意“作伪”。

(2) 通过史料比类对应求《切韵》原本

音韵学是音类之学，然而，在中国传统学术中，“类”是模糊的。同异域学术传统进行源头上的对比可以发现，与西方演绎逻辑体系不同，中国古典逻辑如《墨辩》的“类”是裹挟着语言、事物的实，儒墨道典籍都讨论人、政治伦理等，但这些都不是逻辑思维的必要成分。中国古典逻辑中的“类”是事物“有以同”的自然类。“有以同”是事物可以认识的属性，而事物都是多属性的，因此事物的众多属性也是一个属性自然类。自然类的基本特征是开放的，即同类的事物构成一个开放的自然类系列。随着认识的深入或角度不同，事物自然类与属性自然类可以转化。用自然类来区分事物，用属性自然类来认识事物，用类比推理来判断同类、异类等，称为中国古代学术的比类思维模式。

《切韵》系直接史料与《切韵》原本一起构成大小不同的自然类，主要包括《切韵》序言类、韵目类、正文类。建立了对应关系的《切韵》直接史料就能按类比推理判断出最早《切韵》史料的同类。重构《切韵》原本的史料自然类中的最适合者是音纽自然类，也是《切韵》原本最主要的内容和重构工作的主体。在声调、韵等自然类元素对应的前提下，对应音纽的纽头信息、载字信息、训解等是音纽元素的属性自然类。与最早音纽的属性自然类相同则与《切韵》原本音纽同类，否则不同类，为后期增加属性。也就是说不能对应的音纽、音纽属性为各史料形成时书者、著述者所加，不能形成对应关系的纽头、纽头信息、载字、训解为史料形成时书者、著述者所加。在实践中主要采用的方法是，对应史料中共有自然类和自然类元素即为《切韵》原本所载内容。所得到的音纽的纽头、反切、载字信息、载字系列、训释、又音和或体是现有史料关于《切韵》原本的必然结论。随着更早、更接近《切韵》原本的史料增加，现在重构的《切韵》原本的准确性可以得到验证或进一步提高。

事物的自然类容易与行文求变的为文传统混在一起，自然类不同表达方式构成自然类的似类。似类不是古典逻辑的组成部分，在论证中使用似类进行类比推理得不出必然的结论。在《切韵》史料性质的讨论中，一些文献容易以似类代替自然类元素，以似类对比或排比代替类比推理，更容易导致无关事实的罗列。

（3）影响《切韵》原本重构的主客观因素

影响重构《切韵》原本准确性的因素有史料形成时的随机因素和

著述者的主观因素。在建立自然类元素或属性的对应关系时，会有随机因素导致史料自然类无法形成对应关系，如抄书者手抄中会出现抄错、抄漏、抄串等传统校勘学较为关注的现象；也有后代学者如王仁昫系统性地，或非系统性地改变自然类属性，如体例、纽序、字序、增字、增纽、增又音和增加字形等。比类对应求共有属性能较好地克服这些因素带来的影响。

汉字字形变化也是影响重构工作质量的一个重要方面。同一汉字在历代不同的形体构成了该字的字形自然类，字形自然类的元素评价在8个左右。以泽存堂《广韵》所载字形为规范字形则可以统一《切韵》史料中的字形差异，最大限度地接近《切韵》原本字形。

(4)《切韵》原本概况

以比类重构的方法所得到重构的《切韵》原本与几种主要史料进行比较，可以得到如下结论：

①《切韵》序文基本保持《切韵》原本原貌，很少改动。

②《切韵》原书共193韵，分为上平、下平、上、去、入五卷，平声上下两卷韵序编号连续，下平声可能没有韵目表；韵目表下共有小注64条，为颜之推等八人论音纲要，陆法言记述。

③在重构的《切韵》原本中，共有约900字的字头可能有不同字形，以字头下加“·”的方式标明。

④《切韵》原书共有2357字头没有字义训释，占全书载字的比例约为20.9%，其中纽头无字义训释者为1674个，占全部音纽的49.6%。字义训释推断的根据是：依据史料对应字头的“无训”“无训按”“异训”等情况确定《切韵》原本字头义训。

⑤《切韵》原本与几种主要直接史料在全书所含音纽及其载字、又音、或体情况综合见表7-1：

表 7-1 **《切韵》原本音纽综合表**

韵书	切韵	残切	笺一	笺二	王三	王一	王二	唐韵	广韵
纽数	3374	325	2219	221	3656	358	2694	1369	3873
载字	11297	1159	8048	1045	17278	10257	11716	5022	25334
又音	779	85	628	82	2481	1510	1658	680	3192
又音比	6. 90%	7. 30%	7. 80%	7. 80%	14. 30%	14. 70%	14. 20%	13. 50%	12. 60%
或体	247	12	165	35	1745	1168	1013	354	3223
或体比	2. 20%	1. 00%	2. 10%	3. 30%	10. 10%	11. 40%	8. 60%	7. 00%	12. 70%

《切韵》原本共含3374纽，载11297字。唐代封演所记字数可能是郭知玄、长孙讷言加字后的《切韵》字数，此数符合封演、孙愐序、《广韵》所述综合推算的结果。《广韵》删除前代韵书序文中载字数的一个可能原因是《切韵》原本已经消失，后代韵书如何加字信息不全，因而无法辨别；也有可能是《广韵》有意改变体例而造成。

《切韵》字头有又音者779字。可以看出从《切韵》经王仁昫《王韵》、孙愐《唐韵》到《广韵》，音纽数增加了约500个，相比全书，变化并不是太大，但字头又音的比例增加了约一倍。《切韵》原本字头载有或体者约为247字，现有史料如此，此数字是根据比类对应判断得出的，也可以看出后代韵书更加关注又音、字形。

2.《切韵》研究展望

（1）音类与音值

《切韵》一书既是音书，也是关于语音分类的书。语音分类的标准很简单："同"则为一类，"不同"则另立一类。获得"同"的程序就是反切两两对比；获得"同"的途径可能是陆法言自己审音，前代韵书的记录，而"同"的内容可能是调、声、韵、介音、主元音、韵尾等各方面，甚至超出这些范畴的"同"。这些"同"的具体内容则不一定很清楚。音值记录则是力求精确，语音的音值准确必然会深入到语音的物理、生理层面。这两种不同思维方式如何有效地结合起来是我们继续探索的方向。

(2)《切韵》的语音基础

《切韵》既然是音类和分类原则的综合，每一方言的音类都可以在《切韵》中找到自己对应的地方，而且还能保证各自系统的完整性和有效性，所以追问其语音基础或许就并不是合适的问题，能够“判别”“南北是非”、“沟通”“古今通塞”的系统必然是一个超级系统。如果此种思路不误，则《切韵》是如何有效地反映不同方言的差异系统可能是更加有意义的话题。

(3)《切韵》到《广韵》的流变

疑古思潮否定上古史的想法自然应该纠正，然而“唯穷流变”所揭示的历史观层累事实，反映出来的历史观变化等，在音韵学韵书的发展中也有体现。准确地描述音类变化或许能揭示汉语演变的历史原因。

《切韵》原本

附录

切韻序

[隋] 陸法言 撰

昔開皇初有劉儀同（臻）顏外史（之推）盧武陽（思道）魏著作（彥淵）李常侍（若）蕭國子（該）辛諮議（德源）薛吏部（道衡）等八人同詣法言門宿夜永酒闌論及音韻以古今聲調既自有別諸家取捨亦復不同吳楚則時傷輕淺燕趙則多涉重濁秦隴則去聲為入梁益則平聲似去又支（章移反）脂（旨夷反）魚（語俱反）虞（遇俱反）共為不韻先（蘇前反）仙（相然反）尤（羽求反）侯（胡溝反）俱論是切欲廣文路自可清濁皆通若賞知音即須輕重有異呂靜韻集夏侯詠韻略陽休之韻略李季節音譜杜台卿韻略等各有乖互江東取韻与江北復殊因論南北是非古今通塞欲更捃選精切除削疎緩顏外史蕭國子多所決定魏著作謂法言曰向來論難疑處悉盡何為不隨口記之我輩數人定則定矣法言即燭下握筆略記綱紀後博問英辯殆得精華於是更涉餘學兼從薄宦十數年間不遑修集今返初服私訓諸弟凡有文藻即須聲韻屏居山野交遊阻絕疑惑之所質問無從亡者則生死路殊空懷可作之歎存者則貴賤禮隔已報絕交之旨遂取諸家音韻古今字書以前所記者定之為切韻五卷剖析毫氂分別黍累何煩泣玉未可懸金藏之名山昔怪馬遷之言大持以蓋醬今歎楊雄之口吃非是小子專輒乃述群賢遺意寧敢施行人世直欲不出戶庭于時歲次辛酉大隋仁壽元年也

切韻巻第一　平聲五十四韻

一　東德紅反
二　冬都宗反無上聲陽与鍾江同韻呂夏侯別今依呂夏侯
三　鍾職容反
四　江古雙反
五　支章移反
六　脂旨夷反呂夏侯与之微大亂雜陽李杜別今依陽李杜
七　之止而反
八　微無非反
九　魚語居反
十　虞語俱反
十一模莫胡反
十二齊徂嵇反
十三佳古膎反
十四皆古諧反呂陽与齊同夏侯杜別今依夏侯杜
十五灰呼恢反夏侯陽与哈同呂別今依呂
十六咍呼來反
十七眞職鄰反呂与文同夏侯陽杜別今依夏侯陽
十八臻側詵反無上聲呂陽杜与真同夏侯別今依夏侯
十九文武分反
廿殷於斤反陽杜与文同夏侯与臻同今並別
廿一元愚袁反陽夏侯杜与魂同呂別今依呂
廿二魂戶昆反呂陽夏侯与痕同今別
廿三痕戶恩反
廿四寒胡安反
廿五刪所姦反李与山同夏侯陽別今依呂夏侯陽
廿六山所間反陽与先仙同夏侯杜別今依夏侯杜
廿七先蘇前反夏侯陽杜与仙同呂別今依呂
廿八仙胡然反
廿九蕭蘇彫反
卅　宵相焦反
卅一肴胡茅反陽与蕭宵同夏侯杜別今依夏杜
卅二豪胡刀反
卅三歌古俄反
卅四麻莫霞反
卅五覃徒南反
卅六談徒甘反呂与銜同陽夏侯別今依陽夏侯
卅七陽与章反呂杜与唐同夏侯別今依夏侯
卅八唐徒郎反
卅九庚古行反
卌　耕古莖反
卌一清七精反
卌二青倉經反
卌三尤羽/雨求反夏侯杜与侯同呂別今依呂
卌四侯胡溝反
卌五幽於虯反
卌六侵七林反
卌七鹽余廉反
卌八添他兼反
卌九蒸諸膺反
五十登都滕反
五十一咸胡讒反李与銜同夏侯別今依夏侯
五十二銜戶監反
五十三嚴語[illegible]反
五十四凡符芝反

一東德紅反二 涷 同徒紅反十六 童古作僮今為童子 僮古作童子今為僕 銅 桐 峒崆峒 狪狪·獸名似豕出泰山 硐磨 筒竹名 舸舡 瞳目子 瓵

㼧·瓦 罿罿·車上網又尺容反 潼水名關名又他紅昌容二反 筩竹筩 犝牛 中陟隆反又陟仲反三 衷 忠 蟲直隆反四 沖和 种稚 盅 終職隆反十

衆又之仲反 泈水名在襄陽 潀小水入大水又在冬反 炵殁 螽螺·霳小雨 鼨豹文鼠 蔠蔠葵蘩露 柊木名 忡憂敕中反一 崇崈·鋤隆反二 𠝤鍤屬

嵩崧·息隆反三 娀有娀契母 菘戎如隆反四 茙 㭜木名 駥八尺馬 弓居隆反四 躬䠶·宮室 涫縣名在酒泉 融明餘隆反二 肜祭名又敕林反

雄羽隆反二 熊獸 瞢目不明莫中反三 夢又武仲反 鄸䴌·邑名在曹 穹去隆反二 芎䓖·芎藭 窮竆·渠隆反三 藭芎藭 竆邑羿所封 馮扶隆反三

汎渢·浮又孚劍反 芃草皃 豐豊·敷隆反六 酆邑名 蘴蕪菁 灃水名在咸陽 寷大屋 䴍煑麥 風方隆反二 楓楓·木 充茺·處隆反三

琉流·琉耳 茺茺·茺蔚草 隆力中反三 癃病 𪔵鼕·鼓聲 空苦紅反七 箜箜篌 崆崆峒 硿青石 䅝椌·稻稈 涳涳濛字 埪土埪

公古紅反七 功㓚·工 疘下病 蚣蜈蚣虫 玒玉 釭車釭又古雙反 蒙莫紅反十二 濛 朦 矇 幪·艨艟·艨艟戰舡又武用反

饛盛食滿皃 鬉馬垂鬉 驝驢子 檬似槐 䤏醿·麴生衣皃 冡覆 醠酒濁 籠盧紅反十五 豅大谷 櫳房 聾大聲 巃巃嵸高皃 瓏玲瓏 曨日明

龓馬龓頭 瀧瀧涑沾漬 聾 𨏖軸頭 礱斲 嚨喉嚨 穠黍穠 蘢草名 洪胡籠反十一 訌諠 鉷弩牙 紅 虹又古巷反 鴻 葓草 䃔

大鑿 粠赤米 葒草名 仜肛·身肥大 藂藂·古作叢徂紅反一 翁烏紅反四 螉蠮螉 䱵魚 蓊蓊鬱 怱忩·古作悤倉紅反八 葱䓗·

樬檧·檐 𨎮轗·轞車載囚 聰聡·繱総·色青黄又細絹 驄騘·馬色 㢔屋中會 通他紅反四 蓪蓪草藥名 侗大 恫痛 葼

木細枝子紅反十四 椶栟櫚 緵縷 嵸巃嵸 㚇飛而斂足又則貢反 鬷釜屬 嵏九嵏山 猣犬生三子 豵豵·豕生三子 鯼石首魚 椶樓滅 驄騘·馬

堫 種 鬉毛 蓬薄紅反三 篷篷·車篷 篷盖船 烘火皃呼同反二 魟河魚似鼈

二冬都宗反二 苳草名 彤彤·徒冬反六 疼痛 佟姓 炵火盛皃又他冬反 鴤鳥名出山海經 鼕鼓聲 賨西戎稅在宗反五 琮玉 悰慮一曰樂 潨小水入大水又職隆反

淙水聲 農農·奴冬反三 儂我 膿血 恭恭·駒冬反四 龔 供 珙 璧 蜙蚣·蜙蝑虫先恭反二 凇水名出吳郡 樅木名七容反二

鏦短矛 攻伐古冬反一 硿硿礲石落聲戶冬反一 礲力宗反一 宗作琮反一

三鍾酒器職容反八 鐘樂器 蚣蟲 忪心動 𥬔竹長節 妐夫兄 衳小褌 彸征彸行皃 龍蘢·力鍾反四 瓏圭為龍文 躘躘踵小兒行皃 鸗鳥名 舂書容反五

摏摏撞 蹖蹋 䳮鶅䳮 蝽虫名 松榕·詳容反二 訟又徐用反 衝尺容反五 罿網 憧往來皃 䡴陷陣車 艟戰舡 容餘封反十四 溶水皃

滽水名出宜蘇山 庸傭·墉𨻴·垣 鎔鑄 鏞大鐘 鄘國名 傭賃又丑凶反 鷛鳥名 𤭛罌 鱅魚名又蜀容反 蓉芙蓉 㺎似牛領有肉

封府容反二 犎野牛 胷許容反七 凶 銎銎·柄孔 恟懼 洶水勢 兇惡 訩衆語 顒䮙·魚容反三 鰅魚名 喁噞喁 邕

於容反十一 雍睦 噰鳥鳴 ⿰多邕⿰多邕⿰多農多皃 灉水名在宋又以佳反 甕汲器 廱癰·辟廱 饔熟食 ⿰邕鳥渠⿰邕鳥鳥 癰疽癰 壅塞又於隴反 醲厚

酒女容反四 ⿰多農⿰多邕⿰多農 濃厚濃 穠亂·花多皃又而容反 重治容反二 種晚熟 從疾容反一 蹱蹱踵丑凶反二 傭𦡆·均直 逢符容反三 縫紩 漨

水 峯敷容反九 鋒鏠· 丰丰茸又扶風反 妦㛔·好 蜂 蘴菜名又敷隆反 桻木上 夆甹夆掣曳甹字普經反 烽火 縱從·縱橫即容反又子用反三

蹤迹 ⿰車從⿰車从·車迹 茸而容反五 ⿰革茸⿰革耳·毳飾 髶髮多 ⿱竹耳竹頭有文 穠花皃 蛩渠容反六 邛卭·臨邛縣 ⿰舟共小舡 筇笻·竹

輁軸所以支棺 ⿱艹邛⿱艹卭·蒛莢實 鱅魚名蜀容反二 慵嬾

四江古雙反五 扛 杠旌旗飾一曰牀前橫木 茳茳蘺 釭燈又古紅反 厖龎·厚大莫江反六 駹黑馬白面 狵犬 浝水名 哤雜語 牻牛黑白雜 𦗢膿·

耳中聲女江反二 ⿱髟毛髮多 窻窓·楚江反三 ⿰禾叜⿰土叜·䆝種 摐樅·打鐘鼓 邦博江反一 栙栙雙帆下江反四 跭跭𨇨胡豆 降夅·降伏又苦巷反 缸罌類

胮⿸疒夆·胮脹匹江反二 韸鼓聲 瀧南人名湍吕江反一 雙所江反四 艭帆 𨇅豆 ⿰亻雙左傳云駟氏⿰亻雙 龐蒲江反二 胮胮肛大脹 肛許江反一 腔羊腔苦江反五 控打

悾信皃 跫蹋地聲 淙直流 幢幢·旛幢宅江反三 撞撞突 橦木名又徒東反花可為布 惷愚丑江反又丑龍丑用反三音二 ⿰龍見直視皃目不明 椿橛都江反一

五支章移反十 卮巵·酒器 枝 疷病 衹秖·適又渠脂反 肢體 禔福 梔梔·梔子林蘭 鳷雉鵲觀名 觶本音寘今作奉觶字 移弋支反十 暆

東暆縣在樂浪 迆迤·逶迤 ⿰豸多獸名似犬見則有兵 栘扶栘木名 擨搋·搋手相弄又廠以遮反 酏酒 匜⿰缶也·杯匜似桸又羊氏反 椸衣架 拸栘·加 爲

為·薳支反又于偽反二 潙水名出新陽 媯姓居爲反一 麾許為反三 撝謙 噅口不正 逶於為反五 ⿰歹委枯死 萎 ⿰木委田器 覣魏·好視 糜糜粥靡為反四

⿸麻黍穄 ⿸麻麥⿸麻麥爵 糜糜爛 隳毀許規反三 眭胿·眭盱健皃盱字旭俱反 觿觿角錐童子佩之 鬌髮落直垂反二 錘八銖又馳僞反 垂是為反三 陲邊 倕重

羸力為反一 吹昌為反又尺僞反三？ 炊 籥 鈹敷羈反五 帔怶·又芳髲反 鮍魚鮍 披 ⿰目皮⿰耒皮·耕 陂坡·彼為反四 詖辯辞 碑

羆 隨旬為反二 隋 虧虧·去為反一 闚窺·去隨反一 奇竒·渠羈反又居宜反六 琦玉名 騎 鵸似烏三首六尾 ⿺鬼支小皃鬼 碕曲岸又巨機反

祇巨支反十 衹衹衼 岐山名又渠羈反 歧岐·岐路 ⿰支阝邑 馶勁 疧病詩云俾我疧兮 軝軔 ⿺走支行皃 汥水都 犧許羈反七 羲 ⿰口次⿰口次欱貪者見食皃

桸杓 巇險 羛地名在魏 ⿰氵戲水名在新豐 攲不正去奇反四 崎崎嶇 觭角一俯一仰 踦脚跛 宜魚羈反五 儀容 ⿰義阝地名在徐 鸃鵔鸃 轙車上環

皮符羈反三 疲 郫郫氏縣在蜀 提禔·飛是支反又弟泥反三 匙匕 堤封堤 兒如移反一 離吕移反十三 籬 醨薄酒 罹心憂 璃琉璃 ⿰嚴攴

陣 驪馬 ⿸离鼠小鼠相銜行 樆山梨 鸝⿰离鳥·鸝黃鳥 縭婦人香纓 蘺江蘺 ⿱艹麗草木附地生皃 疵疾移反三 骴殘骨 玼玉病 貲貲財即移反七 頾髭·口上毛 鴜

水鳥又疾移反 ⿱此鼠⿱此虫·鼠似鷄 訾思 鮆魚名 鄑鄑城在北海 羈馬絡頭居宜反五 畸殘田 羇寄 掎椅·掎角 攲攲取物 卑府移反五 鵯鵯居鳥 椑木名

箄取魚具 裨益 陴城上女牆苻支反五 脾心脾 ⿰麥卑麪餅 埤⿱卑䖵·附 ⿰麥比⿰麥比麪[illegible]麥 絁繒似布式支反三 施⿰也見·葹草名拔心不死 斯息移反十二 磃館名 虒

似虎有角能入水行 霹小雨 榹桃 㴲涯 廝𢶍·廝養 凘凌凘 𤸎疲𤸎疼痛又斯齊反 傂傂祁地名在平陽 纚經緯不同又尺移反 鼶鼠 差楚宜反一 摛樆·丑知反五

螭 誺不知 魑魑魅 黐所以粘鳥 弥武移反八 鸍鳩鳥 擟檷·擟拘山名 獮弥·獮猴 麊縣名在交阯 罙深入 㜷嬭·齊人呼母 鑈鑋·鐮青州云

雌七移反二 䏁小腸 知陟移反二 蜘鼅 漪於離反五 猗 椅木名 禕美 陭陭氏縣在河東 馳直知反六 池 簃連閣 篪樂器 踟踟躕 褫蔕衣 眭姓息為反一

危魚為反三 巇厜巇 洈水名在南郡 詑訑·自多皃香支反一 眵目汁凝吒支反一 釃下酒所宜反又山尒反二 簁下物 韉韋鞘一曰垂皃山垂反一 痿濕病一曰兩足不能相及人垂反又於佳反一 厜

厜㕒山巔狀姊規反三 觜星 纗細繩 槻木名堪作弓居隨反四 規圓 鬹三足釜有柄 雉規·鴟鳩別名 劑券觜隨反又在細反一 衰楚危反一 腄瘢胝竹垂反一 騹馬小皃子垂反子累反一

六脂旨夷反三 祇敬 砥石 姨以脂反十一 彝彝倫 寅 夷 痍瘢 恞悅樂 陝陂陝 荑 桋木 蛦蝘蛦 胰胰·夾脊骨 師疎脂反二 鰤

老魚 毗房脂反十三 比又卑履婢四扶必反 琵琵琶 榌梱又方奚反 芘蔾芘荊蕃 阰 沘阰·水名在楚 貔俗省作豼 膍牛百葉 蚍蚍蜉 枇枇杷 仳仳倠醜女 舭䏢舭

咨卽夷反八 資 粢祭飯 齎 諮 姿儀 齍黍稷在器 澬水名在邵陵郡 飢居脂反二 肌 鴲鳥處脂反三 胵膍胵 鮆魚名 絺丑脂反三 䞨笑皃又勅辰反 郗

欳·郪縣名在廣陵取私反三 趑趑趄 蒫却邪階車 茨疾脂反六 薋蒺薋 餈餅餈 垐以土增道 蠀蠐·蠐螬 穦積 尼女脂反三 层 柅木名 怩

忸怩 墀直尼反六 坻小渚 泜水名陳餘死處 遲又直吏反 蚳蟻卵 岻 私息脂反二 鋖錗·平木器 尸式脂反四 鳲鳲鳩 屍 蓍 鬐馬項上鬐渠脂反六 耆老

鍺衛軸鐵 鰭魚脊上骨 鮨鮓 祁盛皃又縣名又士支反 伊於脂反三 咿喔咿 蛜蛜·蛜蝛 梨力脂反七 蔾䔧·直破 䅻禾二把長沙云 秜秜·稻來年死更生 蜊

蛤 䔧蔾·蒺蔾 犁犂·牛駁 葵渠佳反四 鄈鄈丘地在陳留又在河東漢祭后土處 楑柊楑 鯚鮧·魚名 追陟佳反二 䨨靁出韓詩 龜居追反二 蹐跰·脚曲

蕤儒佳反三 緌纓 桵白桵木名 衰襄·微所追反三 榱欀·屋榱 瘽痛·病 惟以佳反八 旚旌 壝埒 維 琟石似玉 遺 潍

水名在琅邪 唯獨 瀈水名力追反七 纍索 欙樏·山行所乘 虆蔓 犦犦·牛求子 嫘嫘·嫘祖黃帝妻 壘崐壘又力罪反 綏安息遺反六 雖 荾胡荾

浮浮溦小雨　睢濉脽·水名在梁郡又許葵反　稑禾四把長沙云　逵渠追反五　夔夔龍　騤馬行皃　馗馗·戣兵　眉䣺·古作䣺武悲反九　湄水湄　楣戶楣

瑂石似玉　瞯伺視　黴黴黧垢腐皃又莫背反　薇竹名又無非反　麋麋·蘪蘪蕪　悲府眉反一　錐䤥追反六　隹　䴥鹿一歲　騅騅馬色　萑木名似桂　誰視隹反二

脽睢·坐處　帷洧悲反一　邳下邳縣符悲反三　岯山　魾大鱗　丕敷悲反五　伾有力　秠黑黍　碩大面　駓桃花馬色　倠仳倠許維反一　鎚直追反三　槌　頧頭亞

推尺隹反一　胝皮厚丁私反二　秖穀始熟　紕繒欲壞匹夷反一　嶉高皃醉綏反二　㰎以木有所擣春秋越敗吳於㰎李　狋犬怒皃牛肌反又巨員反一　𡶒小山而衆丘追反又丘誄反一

七之止而反二　芝　飴与之反十二　怡悅　圯橋名　貽貺遺　頤　詒　瑄玉名　宧室東北隅　洍水名　𦙶豕息肉　䱡魚名　姬妃·王妻別稱　時市之反三　塒鑿

垣棲雞　鼭鼠　疑語基反三　㘈嶷·九嶷　思恖·息兹反九　司　罳罘罳　絲　伺候　緦緦麻　楒相楒木　㥶竹有毒傷人即死　禗神不安欲去意　䎨楚持反又

側治反二　颸風　其渠之反十八　期　旗旍　萁　騏　惎蟚惎　琪玉　綦履飾　麒　淇水　䳢鳥　藄紫藄　錤鎡錤　棊弈　璂弁飾　鯕

鯿魚　祺福祥　綨白倉色　詩書之反二　邿地名　而如之反十二　栭木名似栗而細一曰梁上短柱　檽檽·木耳　陑陑·轜轜·車　臑臑·煑熟　洏

漣洏涕流皃　鮞魚子　耏多毛　咡吻　𨑵𨑵·丸熟　誀誘　欺許去其反五　娸姓一曰醜　魌大頭　䫏方相　僛僛·舞皃　姬居之反七　朞　基　箕

萁菜似蕨　笸可以取蟣　諆謀詩云周爰咨諆　詞似兹反四　祠祭　柌鎌柄　辭辤·　釐理一曰福理之反七　貍貓　氂十毫　嫠無夫　剺剝　梩從土疊字出六韜又都皆反

犛牛又莫交反　甾側持反八　淄水名　輜車又楚治反　錙錙銖　緇黑繒　鶅　椔木立死　鯔鯔·魚　僖樂許其反十二　歖喜　熙和　嬉美一曰遊　禧福

譆痛聲　熹憙·盛　𠩺坼　瞦目精　𤈦火盛　嘻噫嘻　𣢟歖·喜笑　醫毉·於其反二　噫恨聲　癡丑之反三　齝牛吐食　笞打　治直之反二

持　蚩虫名赤之反二　嗤笑　慈疾之反三　磁石　鷀鸕鷀鳥名　兹子之反九　孳息　嵫崦嵫　孜篤愛　滋多　嗞嗞嗟憂聲　𪑘染黑　鎡鋤之別名　鼒小鼎　茌

茌平縣名士之反一　漦龍沫俟淄反一

八微 微無非反四 溦小雨 薇竹名又武悲反 薇菜 輝許歸反六\七？ 暉？日 揮 徽美 翬飛皃 禕后祭服 徽魚有力 幃香囊工非反七 闈 圍 韋 韖束

違 湋水名 霏芳非反六 妃 菲又芳尾香未反 靟細毛皃 婓婓往來皃一曰醜 騑驂馬 斐斐豹見左傳匪肥反八 飛 扉戶扉 緋 非不 𤛆似牛一曰白首 䲘魚

騛騛兔馬而兔足 肥符非反五 腓脚腨腸 䈈竹 𤸷風病或作痱 淝水 威於非反五 葳葳蕤 嵔嵔礧又於鬼於罪二反 隇隇陝難危 蝛喴·蛜蝛虫 祈求渠希反九

頎長 旂旗 𩴾鬼俗 畿王畿 崎水傍曲岸亦作圻又渠羈反 刏𠡙·以血塗門 𧯷危又公哀反 𦠦頰肉 機居希反十一 譏誹 蘄縣名在譙郡 嘰小食 璣珠

幾數 蘻菹蘻草 磯大石激水 鞿繫馬 饑穀不熟 禨祥 希虛機反六 晞日氣乾 莃菟葵 鵗北方雉名 睎視 稀桸概 依於機反五 衣 譩痛

𨽍天𨽍縣在酒泉 㥋念痛 沂水名魚機反一 蘬馬蓼似蓼而大丘韋反一 歸俱韋反亦作帰一 巍語韋反一

九魚語居反六 漁水名在漁陽 𩺰捕魚 齬齒不相值又舉魚反 鋙鉏鋙 䁩馬目白 初楚魚反一 書傷魚反六 鵨鳥 𤥭玉 舒 紓緩 𨛬地名在廬江 居舉魚反六 据手病詩云予手拮据

裾 琚玉 䝬貯 鶋鶢鶋鳥 渠强魚反十三 𨏥輞 𦆭履緣 璩玉 磲硨磲次玉 蕖芙蕖 籧籧篨 簴牛匡 淭淭挐淭挐 醵合錢飲酒 腒鳥腊

鶊鶋鳥 鼠獸 余与魚反十九 蜍蜘蛛 餘殘 輿又與庶?反 旟旌 鵌同穴鳥 璵魯寶玉 艅艅艎 畬田二歲 瀩澦·水名 歟 譽又以據反

嬩女字 舁對舉 妤婕妤 䴳山驢 予又餘佇反 𤞞 𩤐馬行皃 胥息魚反七 䱬魚名 𥳑竹名 湑 稰落 楈木名 蝑虫 疽癰七余反十一 岨石山戴土

趄䞳趄 苴履中藉 沮水名在北地又慈与反 狙猿 雎鳩 胆虫在肉中 蛆虫 蒩苞 郋鄉名在鄠縣 鋤助魚反一 攄舒勅居反二 樗惡木 踈色魚反四 蔬菜

綀綀葛 梳櫛 虛許魚反五 驉驉駏驉 歔歔欷 嘘 魖魖耗 徐似魚反三 𨛬地名 𦍩野羊 於央魚反五 箊箖箊竹名 淤淤泥 菸菸邑茹熟皃 唹笑皃

猪豬·陟魚反三 橥楬橥有所表識 瀦水所停 臚皮臚又鴻臚力魚反十 𩯁毛𩯁 閭 廬 蘆漏蘆藥名 驢 櫚栟櫚 藘蘆·藘蕠 蕳菴蕳 爈火燒山界 諸章魚反五

櫧木名 𣾷水名在北岳 藷藷蔗甘蔗 䃴礛䃴青礪 除直魚反七 躇躊躇 儲 涂水名在堂邑又直胡反亦水名在建寧 篨籧篨 藸菾藸名 宁門屏間又直吕反 如汝魚反四 挐

蘆蕠 洳水名在南郡又人慮反 鴽翟·鴾 且子魚反三 砠山 蛆蝍蛆食蛇虫蝍字字結反 墟去魚反五 筶飯器 祛袖 阹依山谷爲牛馬圈 椐木名 葅菹·側魚反二

沮狙·姓 蜍署魚反二 稌薯蕷藥名 袽易曰衣有袽女余反三 帤幡巾 挐毠·犬多毛

十虞語俱反十二 愚癡 娛樂 澞齊藪名又水名在襄陽 堣堣夷日所出處 鷃鳥見則大旱 嵎山名在吳 禺番禺縣在南海 髃骨名 隅角 鸆鳥似鸑鷟 鰅魚名有文出樂浪 芻測禺反一

無武夫反十一 毋止 膴無骨腊又荒烏反 瞴瞴瞜 蕪 誣誑 巫 莁莁荑 璑三采玉 鄦地名在弘農 ⿱竹無黑皮竹 于亐·羽俱反七 盂 迂曲又憶俱反

邘地名在河內 雩雽·祭名又況于反 竽笙 玗玉名 訏大況于反七 吁歎 肝肟·肝胎郡名 欨炊欨 疞病 盱舉目 衧大袥衣 欨其俱反十六 衢

軥車軶 氍氍毹 朐眗·脯一曰屈又地名出東海 ⿰阝句地名在河東 癯少肉 ⿸尸句絇·履頭飾 鴝鴝鵒 灈水名在汝南 躣忂·行皃 ⿰馬瞿鸜·馬左足白 鼩鼱鼩小鼠

鑺兵器書云執鑺於西垂 蘧蘧麥又巨居反 斪鋤屬 儒日朱反七 獳朱獳獸名 濡 襦 懦弱又力亂反 嚅嚅·囁嚅多言 鱬朱鱬魚名魚身人面 鬚古作須相俞反八 頿待 湏

繻繻傳 須頿·頭須 嬃女須屈原姊 需卦 ⿸鹿需鹿子 株陟輸反五 誅 邾 鼄鼅鼄 跦行皃 貙獸名勑俱反一 殊市朱反六 銖十分 洙水名在魯 茱茱萸

瓶小甖 殳詩云伯也執殳 逾越羊朱反廿五 窬門邊小竇 臾須臾 楰木名 腴肥 隃隃麋縣名在扶風 鄃地名在涿郡 覦覬覦 ⿵門俞窺 俞然又恥呪反人姓 諛諂 愉悅

歈巴歈哥 揄歋歈手相弄或作揶揄 褕衣 瑜玉 崳崳次山在鴈門 ⿰忄臾喜 羭黑羝 蝓螔蝓蠃又神朱反 萸茱萸 堬冢 榆木 牏築垣短版 踰 區氣俱反六

嶇⿰阝區·崎嶇 鰸魚名出遼東 驅馳 摳褰裳又苦侯反 軀身 朱止俱反六 珠 侏侏儒 袾 咮噣咮多咮言 鴸似鴟人首 趨趍·疾行七朱反一 慺力朱反九

蔞蔞蒿 氀毛布 瞜膴瞜 ⿰魚婁魚 嶁山頂 鷜鵱鷜野鵞 摟曳 貗豬求子 扶持附夫反十 芙芙蓉 颫風 符 鳧野鴨 榑海外大桑日所出 苻鬼目草名

蚨青蚨青色小虫子母不相離 夫若夫 蒬蒬芘 ⿰禾芻稷穰士于反二 雛鶵雛 敷撫扶反十六 麩麱·麥皮 孚信 郛郭 鄜縣名在馮翊俗誤作鄜州 鋪又普胡反 筟織緯者

⿰木敷木名 俘囚 痡病 殍餓死曰殍 怤思 ⿰犭尃翻下羽 ⿱艹敷花⿱艹敷 孵卵化 紨麁細 諏謀子于反又子侯反四 㖩曬㖩不廉 ⿰山取⿰山取嵎 娵娵訾星 跗甫于反十 膚

體郏縣名在琅邪鈇鈇鉞袪袍襦之類前襟玞珷玞美石次玉鵂鵂鵂鳥名三首六足六目三翼蕍地蕍藥名簠簠簋祭器又方羽反夫紆縈憶俱反四軒服軒陓陽陓澤在冀州迂

輸式朱反一樞昌朱反二姝廚直朱反二䠱踟䠱拘舉隅反九駒岣岣嶁衡山別名眗瞿・左右視郙挹捄梂・株・盛土詩云捄之隭梂跔手足寒

鮈鮈魚鯸名俱偕毹氍毹山虞反三褕愉・裂繒橾榀・車轂內孔

十一模法莫胡反七摸以手摸又毛博反摸索嫫嫫母黃帝妻帑車衡上衣醟酴榆醟子醬謨謀墲撫・規墓地曰墲匍薄胡反七荹荹攎收亂草酺大飲酒樸樸剶

縣名在武威剶字戶關反菩蒱膊魚蒲胡戶吳反十四壺酒器狐瓳甂瓳餬寄食瑚瑚璉頶牛頭下垂鶘鵜鶘鳥名猢獑猢獸名似猿獑宁士咸反醐醍醐糊黏

・䴯・弧弓乎湖孤古胡反十五苽彫胡姑辜罪呱啼聲罛舡上網泒水名在鴈門酤又苦暮反觚酒器蛄螻蛄箛竹鴣

鶘鴣鳥名楟榑・木名𦨭漢書越巫𦨭祠在雲陽王沽水名在高密徒度都反十七屠瘏病塗泥途道峹峹山酴酒駼騊駼獸名𤘻黃牛鵌

鳥名与鼠同穴涂水名在益州梌木名荼苦菜又宅加反醶醟醶啚思度圖畫廜瘏・廜蘇草菴奴乃胡反六砮礪駑馬帑藏孥子笯籠鳥

呼荒烏反五膴無骨腊又武夫反幠大葫蒜恗怯吾五胡反十吳鼯䳫・似鼠浯水名䓊草名㹳猨珸琨珸美石似玉蜈蜈蚣郚鄉名在東莞

梧桐租則胡反二蒩茅藉封諸侯以茅盧落胡反十六鑪壚黑土籚竹蘆葦顱髗・頭顱鱸魚名攎斂取櫨柱爐轤轆轤圓轉木黸

黑甚獹韓獹鸕鸕鷀艫舟後纑布縷蘇息吾反三穌更生𢊍廜蘇徂往昨古反二殂死烏哀都反九嗚嗚呼杇泥鏝鏝字莫寒反洿水不流鰞鰞鰂

釫鏝歍口相就鎢鎢錥溫器弙弙・滿弓有所向逋博孤反四餔晡庯屋平枯𣧛・苦胡反三刳剖破郀地名麁米不精倉胡反二麤行路遠瑹

美玉他胡反二稌稻又又他古反都丁胡反三箌竹名闍又時遮反䅆豆䅆普普胡反五鋪設鯆魚名𨂂馬跡痡病

十二齊徂嵇反五臍麡麡狼獸名似麋蠐蠐螬齌好兒黎落嵇反十一犁犂・驪馬深黑色廲廲廔綺窻藜莉莉笓織莉黧黑而黃縭緈縭惡絮盠盠・

以瓢爲飲器　遾徐行　鼜亭名在上黨　妻七稽反五　萋草盛　淒雲皃　凄寒詩云凄其以風　悽　低伍·當稽反七　氐氐羌　袛短衣　磾漢書金日磾　鞮革履　腣腣胿肤腹胿

字胡稽反　羝羊　啼度稽反廿二　蹄足　鍉竹名　提　詆訶又丁礼反　堤隄·防　瑅玉　梯木名　題楄頭　媞好　䚷視　綈厚繒色綠而深　罤

兔網　𣿅研米槌　締結又徒帝又徒帝反　稊稊子草或作苐　䬾餹䬾　醍酒又天礼反亦醍醐　騠駃騠馬名又子奚反　禔衣服好　鵜鵜鷈鳥名　荑蕛　豍豍豆方奚反十　㡙車簾　螕牛蝨

椑椑榹小樹又樹裁　蓖蓖麻　紕紕·謬又芳脂反　篦眉篦　梐門外行馬又防啓反　錍錍短鈚皃　狴狴牢　奚胡鷄反十二　嵇　兮　鼷鼠　豯豕生三月　徯傒·

有所望又　嫨女好　蹊徑蹊　螇螇蝷似蟬　榽榽蘇木名似檀　騱馬前足白又驒騱野馬　胿胿腣　鷄古嵇反五　稽　橀橀風木扶杓木　枅承衡木　笄簪　鷖鳧鷖鳥鷄反五　翳翻詞　醫

相然詞　嫛嫛婗　𥓓美石黑色　倪五嵇反九　齯老人齒更生　蜺虹　霓雌虹又五結/五繫反　婗嫛婗皃　輗車轅端　猊狻猊　鯢雌鯨　郳郳城在東海　醯俗呼鷄作醯反三　𠒆痛聲

䴛病色　西索鷄反九　棲或栖　甈瓦破聲　犀牛　嘶　撕提撕　𤺊疲痛　榹椑榹小樹　屖瓠屖　梯湯稽反五　睇視又特計反　鷉鸊鷉　𠥽虒·匾𠥽薄匾字方顯反

麗　鼙薄迷反三　椑圜盖　膍膍臍　臡醢有骨人兮反又奴兮？反一　批擊普鷄反二　鈚鈚箭　齎持即黎反五　齏擣薑蒜　隮登升　櫅櫅榆木堪木作車轂　𥎿𥏝𥎿　迷莫奚反四

婜齊人呼母　麛鹿兒　醾醭醾醬醋上白醭字怖僕反　泥奴低反一　谿苦嵇反一　圭十圭一合古攜反五　珪鄴上玉　邽下邽縣在馮翊　閨門　袿婦人上衣　睽苦圭反古攜反五　奎星名　溪泉出通川

又古比反　刲割刺　茥缺盆草　攜戶圭反九　蠵大龜　鑴大錐　巂人姓　䰎甑下孔　畦菜畦　嶲似馬而一角　酅地名在東平　𢡺離心　栘棠棣木名成西反又余氏/以支反一

十三佳古膎反二　街道　膎脯戶佳反三　鞵鞋·屩　𢡱𢡱心不平　牌牓薄佳反四　䱝魚名　簰大桴曰簰　郫縣名在蜀又符羈反　媧姑柴反三　緺青緺綬　讗讗惰　蛙

哇·蝦蟇屬烏緺反三　喎口戾　絓惡絲　柴薪士佳反四　祡祭天　齜齜齒不齟正　茈茈葫藥名又茲尔反　釵楚佳反二　靫鞴靫　彌不正火咼反一　羪羪羪胡羊妳佳反一　崖五佳反四　啀犬鬭

涯水際　䶩齜䶩　娃美女皃於佳反三　洼水名　哇淫聲　崽呼彼之稱山佳反又山皆反一　𡂥笑火佳反二　吹欸欸氣逆　扠以拳加人丑佳反一　𥉹視皃莫佳反一　諰語所柴反一

十四皆古諧反十　偕俱　稭麻稈　喈鳥聲　階級　𦛒瘦　薢薢苦藥名決明子是　荄草根　痎瘧　堦砌　諧和戶皆反五　湝風雨不止　骸骨　瑎黑石　𩣡馬性和

排推步皆反四 鞴車箱 俳優 牌牓 乖古懷反一 懷戶來反七 褢褢夾 櫰木 [illegible]戎狄鹽 [illegible]歲褢 懷似牛四角 淮水 匯澤名苦淮反一 豺狼士諧反二 儕等

差楚皆簡反一 虺虺𧇊馬病呼懷反一 埋藏莫皆反二 霾風而雨土 [illegible]慧 齋齋潔側皆反一 崴不平狀乙乖反一 [illegible]黹卓皆反一 揩揩摩拭客皆反一 搱諾皆反一

十五灰呼恢反三 豗豕掘地 瘣馬病 恢大苦回反五 詼詼啁 悝病一曰悲 魁師一曰北斗星 [illegible]箭竹 隈水曲烏恢反三 煨煻煨火 [illegible]五色絲飾 回戶恢反七 洄逆流 徊徘徊 迴

瑰玫瑰大齊珠 槐守宮槐木名 蚘人腹中虫 枚一箇莫盃反十一 媒 玫玟・玫瑰 梅 煤炱 脢 脄背肉又亡代反 腜孕始 禖求子祭 罞雉網 鋂大鐶

瓌公迴反二 傀大皃 雷路迴反四 罍酒器 儡偶同 [illegible]勉 穨暴風杜回反六 㿗陰病 隤下墜 魋似熊而小又人名 膭臛屋破膭狀 穨秃 崔此回反三 催 縗喪衣

磓落都迴反三 䭔餅 堆聚土 摧摧・折昨恢反三 崔崔嵬与人姓崔字同音別 慛傷 膗嗺・膗素迴膗反二 挼桵・擊 裴薄恢反五 徘俳・徘徊 培益

陪廁 䣙鄉名在聞喜 杯布回反一 肧肧胎一月芳杯反四 壞坏・瓦未燒 痞 醅酒未漉 鮠魚似鮎五回反三 桅舡上幢 嵬崔嵬 輴車盛皃他回反二 蓷草名

[illegible]古之善塗者乃回反二 挼摩

十六咍改・呼來笑反二 [illegible]毀段笑聲 闓開・苦哀反一 哀烏開反三 埃塵 唉慢應又於其反 臺徒哀反六 擡舉 菭魚衣濕者曰濡菭 炱煤炱 嬯鈍劣 薹蕓薹

該古哀反九 豥豕四蹄白 垓又垓下隄名又垓下隄名在沛郡項羽敗處下亥反 荄草根又古諧反 郂鄉名在陳留 [illegible]羊胎 剴大鐮一曰摩又五哀反 陔殿階之次序 姟數十秭曰姟 裁昨來反六 纔僅 財貨

才 材 [illegible]麴 來落哀反六 萊藜又東萊郡在青州 郲郲地名在蜀 騋馬高七尺 崍崍嵦 斄鄉名在扶風又力之反 灾災・祖才反三 栽種 哉 猜疑倉來反二

偲才 胎台・湯來反四 鮐魚 台三台星 邰地名始平 孩小兒胡來反二 咳小兒笑 鰓魚頰蘇來反四 揌擡揌 粞碎米 䚡角中骨 皚白雪五來反三 嵦崍嵦 敳有所料理

能獸年來反又奴代/奴登反一

十七眞俗作真職鄰反四 甄姓又居然反 振又之刃反 禛以眞受福 春昌脣反一 脣食倫反三 蓴牛蓴草名似蘭 漘水際 勻徧羊倫反一 淪沒力屯反十 倫等 論又盧昆反 輪舡

輪 陯山 錀魚名 蜦神蛇能興雲雨 棆木名 綸絲綸 屯陟倫反二 窀窀穸下棺 純常倫反八 蓴蒲秀 蒓水葵菜 醇醲酒 鶉鶉鶉 忳憂 錞所以和鼓 淳

清 犉如均反二 瞤目動或作眴 因於鄰反十一 茵褥茵 禋祭六宗 闉闉城上闍門 駰馬又於巾反 烟烟熅天地氣 湮沉 氤氤氳 垔塞 諲敬 姻婚 珍

珎・陟鄰反三 填壓又徒賢反 鎮戍又陟刃反 新思鄰反三 辛 薪 辰植鄰反六 晨 宸屋天子所居 鷐鷐風鸇 麎牡麋 臣 仁如鄰反二 人 申書鄰反六

伸展 娠孕又指刃反 紳大帶 呻呻吟 身 神食鄰反二 晨平旦 獜丑珍反二 縝 鄰力珍反九 轔車聲 嶙嶙峋深崖狀 粼粼・水在石間 蹸田壠 麟麒麟

驎大鹿 駗駖・馬色 鱗 ⿰禾堇槿・巨巾反二 堇黏土 陳直珍反五 辣獸名似羊目在耳後 塵埃 津將鄰反三 璡美石次玉 濜氣液 瞋怒昌鄰反二 䐜肉脹起

秦匠鄰反三 螓蜻虫 ⿰牛秦牛 親七鄰反一 礥下珍反又下憐反一 夤敬余眞反四 寅又以之反 ⿰月寅脊⿰月寅 蔩菟瓜草 銀語巾反八 狺犬聲 ⿱虤曰兩虎爭 檭木名白色 鄞縣名在會

稽又魚斤反 圁圁陽縣名在西河 誾和 嚚愚 紉單繩女人反一 巾居鄰反一 民彌鄰反三 ⿵門民低目視 泯没又武忍反 賓必鄰反七 濱水際或作瀕 檳檳榔 荀人姓相倫反十 郇

地名在河東 詢諮詢 眴眩 峋嶙峋 珣玉 橁杶・木名 栒栒邑縣在扶風 洵水名又詳遵反 恂信心 遵將倫反二 跧蹩又阻圓反 逡逡巡七旬反五 竣止一曰改 皴

皮細起 ⿰夋兔東郭⿰夋兔古之狡兔 墫儛皃 旬詳遵反七 巡方行 馴擾習 循善 揗 犉牛行遲 紃圜采絛又食倫反 頻符鄰反九 嬪九嬪一曰妻死曰嬪 蘋薲・大萍 櫇木名

玭珠 蠙珠母 獱獺別名 顰眉蹙顰 嚬 繽繽紛敷賓反一 均居春反二 鈞卅斤 鷷西方名雉昨勻反一 椿木名勑屯反二 輴載柩車 ⿰酉屯純美丈倫反一 諄至之純反一 [illegible]

[illegible]・於巾反一 贇美好於倫反二 ⿰氵贇水皃 囷稟去倫反三 箘桂又渠殞反 箟箭竹 斌文質府巾反九 玢文采狀 豳地名美陽亭即邠 彬文彬 虨虎文又方閑反 份文質備 ⿱非目大目又匹非反

汃西極國 攽分 珉武巾反十五 岷山名江水所出 閩⿵門䖵・閩越 罠彘網 緡錢貫又曰絲緒釣魚綸 頣強 鴖鴖・鳥名似翠赤喙 笢竹皮 旻天 旼和

痻病 鈱亦作秖昀 捪摸 忞息勉強 旼視皃 貧乏貨符巾反一 筠竹心王麕反二 縜繩細 麕麕居筠反三 頵大 汮水名

十八臻 臻至側詵反五 蓁草盛 搸瑟琴音 溱水名在河南 亲亲・栗亲 莘地名在虢國踈臻反十三 𨙸有𨙸國氏名 扟從上擇取物 駪馬名 粎粉滓 𩇷衆盛皃 甡衆多皃

兟進 詵衆人言 侁侁行聲 痒寒病 燊熾燊 阠八陵名又息晉反 榛木叢仕臻反一

十九文武分反十一 聞 蚊虫 彣青与赤雜 紋綾 馼馬赤鬣縞身目如黃金文王以獻紂 鳼鳥 闅閿・閿鄉縣名在弘農 汶黏唾 鼤班鼠 閩閩越又武巾反 雲王分反十一 芸

蕓薹蕓 鄖國名 妘女字 紜紛紜 湏水名在美陽 澐江水大波 篔篔簹竹名 云言 耘 煴烟氣於云反六 氳氤氳 緼亂麻又於粉反 馧香 輼轒輼兵車又於粉反 蘊

積束草又於粉反 汾水名在太原符分反十六 墳墳籍 氛氛氳 鼖鼖・大鼓 轒轒輼 濆水際 焚燒 羒羊 豶豕 頒魚大頭又布還反 羵土中怪羊 鳻似鵠白身赤尾六足

枌木名 蕡草木多實 黂麻實 棼屋棟 分府文反三 坌掃弃 饙一蒸餅 羣渠云反二 裠 薰許云反九 曛入日 纁三染絳 勳功 焄火氣 勛功勛 醺著酒

葷臭菜 獯粥北方胡名 君舉云反四 軍戎伍 皸足坼又居運反坼字丑格反 桾桾櫏木名 芬撫云反六 雰霧 紛紛紜 帉帉・巾 毰毛落 翂翂繽飛或作紛

廿殷

殷・於斤反三 慇慇勤 濦水名在潁川 勤 芹菜生水中 懃勞巨斤反二 筋骨 斤舉欣反三 筋 欣許斤反二 昕日欲出 虓虒・虎聲語斤反四 犾犬相咋

齗齒根肉 圻或作垠又語斤反

廿一元愚袁反十三 原 源 杬木名一曰藏卵 嫄姜嫄 沅水名在牂牁 騵赤馬白腹 羱羱羊 黿似鼈又五丸反 蚖蠑蚖蜥蜴別名又五丸反 芫芫花藥名 螈晚蠶 邧地名 袁韋元反九

爰於 垣垣牆 園圃 援引 榬絡絲籰 轅車轅 猿猴猿 鶢鶢鶋鳥 飜孚袁反六 旛旗 番番數又匹柈反 幡帊 潘大波又匹柈反 潘汰米汁 暄

或作煖況袁反八 喧 萱忘憂草 暖大目 諼詐 塤塤篪 鶢鶢鶋鳥名 吅喚聲又私全反 煩附袁反廿一 繁多 薠似莎而大 擷擷援 樊籠 繙繙帑亂取帑字於元反

燔炙 膰祭餘肉 瀿水 羳羊黃腹 蹯熊掌 䪤韱・百合蒜 鷭鷭鷁鳥似鶂而班頸 蟠蟠負又扶干反 蠜蠜螽 蘩皤蒿 礬礬石藥 𪕊𪕊鼠 鄱鄱鄉名在京兆

鐇廣斧 璠璵璠魯之寶玉 鴛於袁反八 冤屈又冤句縣在濟陰 帑繙帑 鵷鵷鶵 渷水名 惌惌枉 鋺鉏頭 宛屈草自覆又宛縣在南陽 言語軒反三 琂石似玉 甗無底甑又語戰反 攑

舉丘言反一 軒虛言反五 掀高舉 騫飛舉皃 轓轓・車前輕 蓒蓒芋草 樢摴蒱采名居言反六 靬就草 鞬馬上盛夭器 騝騮馬黃脊 劇以力去牛勢 腱筋肉一曰筋頭 蔫

蔫於謁言反一 蕃屏甫煩反三 藩籬 轓車箱

廿二魂 䰟嵬•戶昆反九 棞大木未剖 驒驒騱野馬 猑似犬人面 餛餛飩 麧麥不破 鼲鼠名出丁零 楎三爪犁曰楎一曰犁上曲木 渾濁又胡本反 昆古渾反八 菎香草 褌褌衣 崐

崐崘山名 琨琨瑻玉名 鶤鶤雞、 鯤鯤•北溟大魚 蜫蜫•蜫虫 温烏渾反四 轀轀輬車 薀薀藻節中生細葉 ⿰馬昷⿰馬昷駿馬 門莫奔反五 捫以手撫持 樠 虋虋•

赤梁粟 璊玉色赤 孫思渾反三 蓀香草 飧飧•飧餅 尊字書作尊即昆反二 樽罇•又樽酒器 存徂尊反二 蹲坐 敦都昆反二 惇厚 暾日出皃他昆反五 燉火色

涒涒灘歲在申．灘字他丹反 黗黃黑 ⿰享黃孺子⿰享黃之喪 屯聚徒渾反八 豚肫•豕子 窀火見穴中 臀坐處 軘兵車 飩餛飩 ⿱竹殿榜 忳忳悶 村此尊反一 倱女字牛昆反又戶昆反一

盆蒲奔反四 葐葐覆 湓水名在尋陽一曰水涌皃 奔博昆反二 賁勇亦姓又方寄/扶非反 論盧昆反又力句/盧鈍反二 崘崐崘 坤苦昆反三 髡去髮 顐顐禿無髮皃 昏呼昆反七 惛不明 婚

棔木名朝舒暮卷 閽守門人

廿三痕 痕戶恩反四 拫急引 鞎車革前 ⿰木焉⿰扌焉•所以平量 根古痕反二 跟足後 恩烏痕反一 呑咽吐根反又吐蓮反一 垠五根反又語巾/語斤反一

廿四寒 寒胡安反五 韓韓•井垣一曰國名 ⿱艹寒⿱艹寒蔣草 翰又胡旦反 邯邯鄲縣名 桓胡官反十五 完全 麅鹿一歲 ⿰丸鳥鶺鳥⿰丸鳥名 丸 瓛圭名 紈生綃 雚雚•萑雚

萑木兔 洹水名 汍汍瀾泣皃 絙緩 芄芄蘭草 貆貆•豕屬又貆道縣在天水 梡木名出蒼梧子可食 剜一丸反陡削陡音一丸反三 眢井無水一曰目無睛 豌豆 鑾落官反八 鸞鳥

巒山小銳而 欒木名又姓 䜌南䜌縣名在鉅俗作欒 ⿰䜌欠迷惑不解理皃一曰欠皃 羉䍤網 虊䕸一詩云言莞曰茆採其茆 岏巑岏五丸反二 刓圓削 欑木叢在丸反二 巑巑岏小山 寬苦官反二 髖

兩髂間 歡呼丸反七 驩馬名 貆貆貉 鸛鸛鶉如鵲短尾射之銜矢射人 鴅鴅•鳥名人面鳥喙 酄邑名在魯郡 貛野獸 湍急瀨他端反四 貒貒豚似豕而肥又吐亂反 煓漢太上皇名 ⿰黃耑黃色

酸醋素官反四 狻狻猊 痠痠疼 ⿱雨夋小雨 端多官反四 褍衣長又衣正幅 剬齊 ⿰角耑角⿰角耑獸名 鑽鑽刺借官反又借玩反一 官古丸反七 莞草名可以為席 棺棺槨 觀視又古玩反

貫 冠首飾又古玩反 涫沸又欒涫縣在酒泉 團度官反七 篿蓴•圓竹器 剸截 摶摶風 慱詩云勞心慱慱 漙詩云零露漙兮 鄟邾鄟之邑 單都寒反六 襌襌衣 鄲邯鄲 丹

赤 殫盡 簞小筐 安烏寒反四 𥁃大𥁃盤盂 鞌馬鞌 郊地名 干古寒反八 乾燥古作漧 竿竹竿 肝 奸以婬犯 鳱鳱鵲知來事 玕美石次玉 邗越別名又胡干反江名

壇封土祭處徒干反八 檀木名 鷤鶘鷤 癉風在手足又都彈反 撣觸太玄經云撣其名 彈又徒旦反 驒連錢驄馬一曰青驪白文又丁年反驒騱駒奴畜似馬而小 貚貙屬 盤盂又作柈盤薄官反十 瘢 磐大石 槃

大巾 磻磻 鬆鬆頭曲髮為之又防滿反臥髮曰鬆 般樂 蹣蹣跚 搫搫拔婉轉 鞶 看苦寒反三 靬弓衣 刊削 瞞目不明武安反九 顢瀬•顢頇 謾謾欺慢言 蹣蹣牆

饅饅頭餅 慲忘 鏝所以泥壁 蔄無穿孔狀 鞔覆 湌湌•倉干反一 蘭草落干反七 瀾大波 欄木名 闌階闌際木句闌一曰闌晚 讕逸言又力誕反誣讕 闢闌•妄入宮門

籣盛弩矢人所負 殘昨干反四 餞食餘 戔易曰束帛戔戔 盞盞殘 嘽馬喘他單反六 嘆 攤 灘水灘一曰歲在申曰涒灘 譠譠謾欺謾 痑力極 潘普官反五 甑甑胡大甑 難乃干反一

𦙶肪脂蘇干反三 跚蹣跚跛行皃 珊珊瑚又先曷反 頇顢頇大面皃許安反一 黼部黨北潘反一

廿五刪除所姦反二 訕謗 關古還反二 癏病 彎烏關反二 灣水曲 還胡關反九 環 剶縣名在樸剶武威 鬟髻 寰王者封畿內縣又玄見反 闤闤闠市門 糫膏糫粔籹 鍰

六兩 鐶指鐶 斑駮文又方聞反 鳻大鳩鳩 盼瓜瑞 螌螌蝥毒虫 班巾還反六 頒布 蠻莫還反三 鸞似鳧一目一足一翼相得乃飛 獌狼屬又武願反 姦古顏反二 菅草名 顏五姦反一

攀引普班反二 昄目多白皃 奻訟女還反一 瘝五還反一

廿六山所閒反二 疝疝痂腹病 鰥鰥寡又魚名古頑反一 閒閒•古閑反二 艱難 閑胡山反八 嫺雅 癇癇•小兒瘨病 騆騆•馬目白 蛝虫名 瞯人目多白 鷳

鷴•白閑鳥 蕢莖餘又侯辦反 慳恡苦閒反二 覸人名出孟子 虥虎淺文皃昨閑反一 羶羊臭許閒反又失聯反一 㺌犬鬭聲訮爭五閑反二 頑吳鮮反一 黰深黑鳥閑反二 羥黑羊 斒斒斕色不純方閑反又

方蠻反二 虨虎文又甫巾反 斕力閑反一 嘫語聲女閑反二 䪢暍䪢媛狀

切韻卷第二

廿七先蘇前反又蘇見反二 躚蹮•蹁躚旋行 前歬•昨先反一 千倉先反五 阡阡陌 汗水名 仟千人長 芊草盛皃 牋牋表則前反或作箋四 濺水名 㡉小兒藉 韉鞌韀

天他前反二 誕誕語不譂正 堅固古賢反十 鋻剛 ⿰扌弦縣名在東萊又下堅反 ⿰巾玄怰•布⿰巾玄 幵开•羌別稱 肩 鳽鳥名又五革反 豣狷•大豕一曰豕三歲

⿱艹肩蜀葵 麉鹿有力 賢胡千反六 弦弓弦 舷舡邊 絃琴弦 蚿馬蚿虫 胘肝胘 煙烏前反四 燕又於見反 咽咽喉 菸菸支香草 蓮路賢反五 憐怜•愛俗作怜 嗹

嗹嘍煩絮皃 縺縺縷寒具 ⿰麥粦⿰麥粦餅⿰麥粦字勑走反 田徒賢反九 佃作田 畋取獸 畇地名在絳 塡窴•塞又陟陳反 闐轟闐 ⿰足田蹁地聲 磾蟬•誕磾 鈿金花 年奴賢反二

⿰乖阝郉•鄉名在馮翊 顚都賢反七 齻牙 瘨病 ⿰馬眞馬項白 槙木上 滇滇池在建寧 ⿺走眞走 牽引苦賢反四 縴縴䌑惡絮䌑字落稽反 汧水名在安定又苦見反 邢

妍淨五賢反三 鳽鵁鶄 研揅•磨或作揅 眠瞑•莫賢反一 蹁蒲田反七 蠙蠙珠 骿骿肋 軿四面屛蔽婦人車又防丁反 駢駕三馬 ⿰扁瓜黃瓜 胼胼胝 淵烏玄反五

⿸疒肙骨節疼 弲弓勢 ⿱肙鼓鼓聲 剈曲剈 涓水流古玄反六 蠲除 ⿱艹肙草 ⿰禾肙麥莖 鵑杜鵑 睊視皃 鋗銅銚火玄反二 駽青驪馬 邊布玄反八 籩竹器 甂小盆 蝙蝙蝠

編次又甫連步藊反二反 猵獱獺 ⿰禾臱稹•籬上豆又北顯反 萹萹竹菜又方顯反 玄胡涓反五 懸古懸 眩眩亂 ⿰馬玄馬一歲 玹漢有趙玹

廿八仙胡然反六 ⿱竹鮮竹名 ⿱艹仙草名似莞 躚蹮•舞皃 秈秈稻 鮮生魚 錢昨仙反一 遷七然反二 櫏桾櫏木名 煎熟煑子仙反二 湔洗一曰水名出蜀又子先反 然如延反四 燃燒

⿰犭然獸白質猓⿰犭然黑文 ⿰女然姓 延以然反七 埏墓道 筵席 郔⿰延卩•地名在鄭 綖冠上覆 蜒蚰蜒 ⿰衤延梴•帑⿰衤延牛項上衣 ⿱延食饘同諸延反六 旃之 旜⿰礻亶•

⿰礻亶旃 栴栴檀香木 氈毛席 鸇晨風鳥 甄居延反一 邅張連反又直連/治戰反三 驙馬載重行難又徒安反白馬黑脊 鱣黃魚 潺潺湲水流皃士連反一 羶羊臭氏連反三 埏打瓦 挻柔挻 脠魚醢丑延反四

梴木長 鏈鈆朴又力延反 㢟辿•緩步 鋋小矛市連反又以然反六 單單于 蟬 嬋嬋媛牽引 儃態 禪靜 纏繞連直反五 躔日月行 瀍湹•水名在河南 壥

壥・一畝半一曰城市內空地 廛屋與壥通 嘕笑許延反四 嫣長好皃又於建於遠反 翾飛 仚輕舉皃 連力延反五 聯聯綿不絕 漣漣漪風動水 翴翴翩飛相及皃 鏈魚似鱅 篇

芳便反五 偏不正 翩飛 媥身輕便皃 㾱身枯 便房連反二 緶縫 綿武連反五 櫋屋聯棉 謾欺出漢書 矊瞳子黑 蝒馬蜩 全聚緣反二 泉 牷牲全色 宣

須緣反三 揎手發衣 愃快吳人云 鐫鑽斲子泉反一 翾小飛許緣反三 儇知 弲角弓 堧壖・江河邊地又廟垣而緣反又而元/如玩反二 緛緶・促衣縫 穿昌緣反三 川 巛三泉

沿從流而下俗沿与專反七 鉛同錫或作鈆 櫞枸櫞可以作粽 捐弃 鳶鴟 緣歷緣 蝝蝗子一曰蟻子 旋還似宣反五 檈圓案 璿玉名 漩回流 琁美石次玉 娟一曰好皃於緣反三

嬛身輕便 悁悁悒憂 船繩川反一 鞭卑連反四 鯾魚名 編次又祁千/方顯反 篔竹輿 涎口液敍連反一 詮平此此緣反十一 銓銓衡 痊瘳 佺偓佺仙人 悛改

駩白馬黑脊 荃蓀・香草 筌取魚竹 絟細布 譔善言 謜言語和悅 專職緣反四 甎 顓顓頊 篿楚辭索瓊茅以匡篿兮 遄市緣反四 圌倉 輲無輪車 槫木名

員王權反三 圓 湲潺湲 栓木釘山員反一 跧曲卷莊緣反一 鐉饌・所以鉤門丑專反二 剶去枝 乾乹・渠焉反六 虔 犍犍為縣在益州 鰬魚名 鄽聚名在河東聞喜 騝

騚馬黃脊 愆罪去乾反五 褰褰衣 騫虧少一曰馬腹縶又許言反 攐齊魯言袴又己偃反 𧽊蹇足跟 權反常合道巨員反十二 拳屈手 觠曲角 狋䝸・狋氏縣名在代郡氏字即盈反 顴頰骨 婘美皃

躣曲脊行 踡踡跼不行 𤺌手屈病 牶牛黑耳又居万反 蠸食瓜葉虫 齤齤曲 椽屋椽直緣反二 傳又直戀持戀反 攣攣綴鷹狗呂緣反三 癵癵病 巒南巒縣在巨鹿又力丸反 勬

強健居員反一 卷卷・縣名在滎陽去員反四 弮卷・小幘 棬捲・器屈木似升為之 焉於乾反一 嬽娥眉皃於權反一 辿緩步丑連反一 袻衣縫人全反一

廿九蕭

蕭草名又縣名在沛郡蘇彫反七 簫管 彇弓弭 蟰蟰蛸虫 橚橚槮樹長皃 潚水名 飀涼風 祧遠祖廟吐彫反五 佻輕佻 挑撥挑 朓月見西方 恌輕薄 貂似鼠都聊反十 鵰

小兒髮 彫刻或作雕 刁姓 琱琢 凋落 鯛魚名 𥏊短尾犬 鵰鶚鳥別名 蛁蛁蟟茅中小虫 迢迢遰徒聊反十一 條 髫小兒髮 跳躍 鋚紖頭銅飾 蜩大蟬

𧑑似蛇魚翼見則大旱 佻行詩云佻佻公子 苕菜 芀葦華 調 驍驍武古堯反八 梟鳥名 県到懸首 澆浚 儌儌幸或作僥倖 邀遮 釗弩機又周康王名又指遙反 蟂似蛇四足食人

聊落蕭反廿四 聊耳中鳴 膋腸間脂 飉風 遼遠又水名 憀無賴憀 寥空 寮穿寮 料料理 𡑰周垣 橑又力道反 撩取物 擽擊 廖左氏有辛伯廖又力救反

僚 鐐有孔鑪 豂空谷 嶚嶚巢山皃 簝宗廟盛肉方竹器 鷯鷦鷯 䉼竹名 璙玉名 嫽相戲又力弔反嫽戾性自是 漻水清 堯五聊反四 嶢山 僥僬僥短人 垚土高皃

膮豕羹許幺反二 曉聲 幺小於堯反一 鄡鄡陽縣名苦聊反二 鄡鄡·縣名在鉅鹿

卅宵夜相焦反十 消滅 霄近天氣 捎搖動 逍逍遙 痟痟渴病 綃生絲又蘇彫反 銷鑠 硝硭硝 蛸蟏蛸虫 超勑宵反二 怊怊悵 朝知遙反一 晁姓直遙反二 潮水潮

嚻喧許高反十 枵玄枵星名 歊氣 謞大聲 獢獢獢短喙 𤢂犬黃白色 虈白芷別名 儵驕儵 囂炊氣 藃草木盛肥 藮柴昨焦反八 劁刈草 僬僬僥南方短人 𦗩耳中聲

憔憔悴或作顦顇 譙國名 嶕嶕嶢 巢嶚巢山高皃 驕馬高六尺舉喬反六 嬌女字 憍矜 穚禾秀 簥大管 鷮似雉而小 焦火焦卽遙反九 毴兜鍪上毛飾 蕉芭蕉 膲

人之三膲 鷦鷦鵬似鳳 椒树·又子蕭反 噍啁噍鳥聲 鐎溫器三足有柄 鳭鳭鷯鳥 饒如招反六 襓劍衣 橈撓·楫又女校反 犪牛馴伏又女紹反 蟯人腹中虫 蕘芻蕘 燒

火然式招反一 遙余招反十八 媱美好 傜傜役 繇由 飖飄飖 歊氣出皃 窯燒瓦竈 蘨蒲葉草名 䔙茂萇䔙楚 珧玉珧蜃甲 鰩鳥翼能飛 銚燒器又徒弔反 姚姚娧美好皃

搖動 瑤美石次玉 謠歌謠 軺軺車名又似焦反 愮憂 陶 韶舜樂一曰美市招反二 佋廟佋穆又市沼反 昭止遙反五 鵃鶻鵃鳥名斑鳩 鉊淮南人呼鎌 招呼 釗 𩙪

飆·風甫遙反七 摽擧 猋群犬走 杓北斗柄星又無招反 瘭瘭疽病名 幖頭上幟 熛飛火 鑣馬銜甫喬反四 儦行皃 瀌雪皃 穮穮·除田薉 瓢瓠符霄反二 飄風

蜱虫名無遙反四 䖢蠶初生 藨江東呼萍 篻竹 苗武儦反二 貓獸名食鼠又莫交反 腰脊於霄反七 要又約笑反 葽秀葽草名 蠳蛇名 䙅䙅襻 喓虫聲 邀遮 鴞于驕反二

邵鄉名 喬木高巨朝反七 橋 趫美走又去遙反懸足 僑寄 鐈似鼎長足 嶠山銳而高又其廟反 鷮雉 鍫七遙反三 幧幓·斂髮謂之幧頭 雥生麻 妖於喬反三 祅袄

·亦作妖災 訞娱· 蹻擧足高去蹻反又其略反五 繑禹所乘 怊帊·尺招反又帊勑朝反二 弨彤弓弨兮 漂浮撫遙反十 杓北斗 飃飆風吹飆皃 嫖身輕便 旚旚

·旌旗動 犥牛色 鏢刀劍鞘下飾 僄輕 翲鳥飛 飄飃·飄颻 翹翹·鳥尾渠遙反二 荍蕎·草名荊葵 燎庭火力耀反又力照反一

卅一肴與餚通胡茅反十 崤山名在弘農又下高反 蔱茅根 殽溷雜 洨水名又縣名在沛郡 筊竹索 姣姣婬 猇虎聲又吾加/直先？反 𣘦𣘦桃梔子 爻易卦 交古肴反八 蛟蛟龍 茭乾草

鵁鶄鵁 鮫魚名皮有文可飾刀劍 膠 郊邑外 咬鳥聲 巢鳥巢又居巢縣在廬江鋤肴反三 轈兵車 勦輕捷又子小反 鐃鐃鼓女交反五 呶喧 譊諍 怓心亂 鷯鳴鷯鳥名 梢舡上梢木所交反十一 捎蒲捎良馬名又作茭 髾髮尾 輎兵車 旓旗旒 弰弓 箾餠帚 筲斗筲 鞘鞭 蛸蠨蛸似喜子 鮹魚名 茅莫交反四 蝥盤蝥虫 貓又武儦反 犛牛名又力之反 虓虎聲許交反七 髇髇箭 藃禾傷肥 窙高氣 嗃嗃謈恚 䬘䬘風 哮哮闞 包裹布交反一 胞胞胎匹交反又伯茅反六 𨚔邑名 䍖網 脬腹中水府 抛抛擲 泡水上浮漚又扶交反水名在陽平 敲擊口交反五 跤跤·脛骨近足細處亦骹 膠面不平 㤇㤞伏態皃 磽石地 聱五交反又五勞反三 謷不肖又五勞反 𦗟耳中聲側交反三 罺抄網 抓掐 嘲 謿·張交反三 䞴䞴趠跳躍趙字竹盲反 鵃鵃鷯黃鳥 䜈代人說楚交反三 抄略又初教反或作鈔 摷摷·摷取 庖食廚薄交反七 咆熊虎聲 匏瓠 炮合毛炙肉一曰裹物燒 爮以瓠為飲器 麃似鹿 掊棓·手掊 䫸頭凹於交反二 呋吱·呋咋多聲 敹五交又苦調反一

卅二豪

豪豪俠胡刀反五 號哭 毫毛 嗥熊虎聲亦作獋 濠城濠 髙高·古勞反十二 膏脂 羔羊 皐九皐 餻餻糜 嶱嶱峰古亭 櫜弢一曰車上大囊 咎咎·咎繇 鼛役事鼓一曰大鼓長丈二尺 鷎鷎鳥鷎名 槔桔槔 篙棹竿 勞盧刀反七 澇水名在京兆 牢養牛馬 簩竹名 豋野豆 醪酒 撈取 蒿蓬蒿呼高反四 撓攪 薧死人里 薅耘 毛莫袍反六 髦髮又髦儁 芼芼 㴶水名 旄旄鉞 氂犛牛又莫交反 饕貪吐吐蒿反十三 洮水名 韜藏 謟疑 滔水流兒 叨濫 弢弓衣 騊馬行兒 犥牛羊無子又昌來充牢二反 牫牛行遲 稻搯搯 慆悅樂 絛編絲 刀都勞反五 魛魚名 忉憂心兒 裯襌被又逐抽反 舠小舟 騷蘇刀反八 搔搔·爬刮 繅繰·縿·絡繭取絲又七聊反深色又所銜反旗垂皃 臊腥臊 鰠鱢·魚名 慅愁恐 溞淅米 艘舡數 袍薄褒反一 襃褒·博毛反二 陶徒刀反十三 𧩙多言 咷號咷 桃 綯似帳草繩 燾覆燾 逃 鼗鼓 掏梼·掐出 濤大波 檮檮杌 騊騊駼似馬 萄蒲萄或作陶 糟作曹反四 遭須 㷮火餘木 槽果花實相半 敖俗作遨五勞反十三 翺翺翔 聱不聽又五交反 謷不省語又五交反 驁駿馬 獒犬 熬熬·煎 嶅山多小石 滶水名 鷔鳥 鼇海中大鼇 螯蟹 蔜繁縷蔓生細草 爊埋灰火令熟於刀反二 鏖鑣·銅盆 曹昨勞反七 槽 螬蠐螬 嘈喧 鐰鐵剛析 䄚䄚·祭豕先 艚舡艚 猱猴奴刀反三 獿犬 巎山名 尻臀苦勞反一

操持七刀反又七到反二懆懆•所以裹髻又七遥反

卅三歌古俄反七柯枝抲法妿女師菏渮•澤名在山陽戕所以係舟牂戕郡名或作牁滒多汁和胡過反四𥝩棺頭禾龢或作和字過古和反五渦水名在淮陽

戈句矛戟鍋溫器輠車盛膏器鸁魚身鳥翼落過反十摞樏•理騾騾馬或作驘蠃木名堪為箭笴螺蠃•水虫或作蠃蠃草名生水中蠃穀積或作樏鏍銼鑹或作鬲

覶覶縷委曲腡手裏文莎草名蘇禾反八窠魦魚名莏挼莏𢙐𢙐題縣名在涿郡趖趖疾蓑蓑•草名可為雨衣與莎別梭織梭痤痤癤昨和反三矬短銼小釜訛

譌五和反三鈋鈋角囮網鳥者媒科科段苦和反七窠窠窟薖草名稞青稞萪萪藤生海邊葉朋可為篋蝌蝌斗虫犐牛無角倭東海中女王國與和反二過水迴蹉跌七何反四瑳玉名

搓搓碎磋治象牙多得河反一娑婆娑素何反三挲摩挲傞舞不止婆薄波反三鄱鄱陽郡名皤白頭皃摩莫何反四麼尼魔鬼䯢偏病駞駱駞徒何反八鼉

鼉類又徒寒反𨊻負紽絁•絲數鮀魚名陀陁•𦍧似羊四耳九尾沱沲•滂沱醝白酒昨何反八𥇍殘薉田瘥病䣜縣名在沛郡𣩘小疫病鹺

鹹別名差嵯•嵯峨蒫薺實莪草名似蒿蒿五歌反八哦吟娥美峩峨•嵯峨鵝鵞•鵞鴨蛾蠶蛾俄俄頃𩓥齊他託何反三拕拖•

拖曳痑馬病又力極/他單反羅盧何反三蘿蘿葛籮籮篩那䢮•諾何反五𩴾獸名𤘪𤘪•似牛白尾挪儺逐疫何韓柯反四河荷苛煩政

訶責虎和反二頙傾頭波博何反四皤人老色白皃又薄何反紴錦類嶓嶓冢山名在隴西頗滂何反二坡坂珂苦柯反二軻又苦賀反阿烏何反三娿媕娿不決疴訑

欺吐何反二涶水在西河捼捼莏奴何反一牠牠•牛無角徒何反一鞾鞾鞋無反語一陊小堆丁戈反一伽無反語噱之平聲一

卅四麻莫霞反三犘摩牛蟆蟇•蝦蟆車昌遮反二硨硨磲寶石奢奢侈式車反二賒不交邪耶•琅邪郡以遮反六斜褒中谷又似嗟反鋣鏌鋣椰梛•木名𥬲

𥱼•竹名生臨海擨擨歈舉手相弄歈字以朱反遮斷止奢反二奓吳人呼父嗟子邪反二罝網蛇虵•虫食遮反一華蕐•戶花反三驊驊騮周穆王馬鷨鳥名似雉瓜

𠂢•古華反四騧馬名緺青綬蝸蝸牛小螺花呼瓜反二譁諠誇大言苦瓜反二𨉖𨉖骫以體柔人拏牽女加反三諔謯諔字張語謯家反絮絲絮相牽嘉古古牙反十五

家加葭葭蘆笳笳卷蘆葉吹之麚鹿猳痂痂瘡駕駕鵞枷枷瑣又連枷打穀袈袈裟蛪米中黑虫茄荷莖迦釋迦珈婦人首飾遐遠胡加反九蝦水中虫鍜鉀鍜霞赤雲瑕病玉騢馬色鰕大鯢蝦脚下䫗傾䫗言語不節葩草花普巴反一鴉烏加反三鉀鉀鍜宐宐奈姿態奈字宅加反巴伯加反五鈀兵車笆有刺竹豝豕芭芭蕉叉义・初牙反一砂砂石所加反六鯊魚名裟袈裟桫木名在崑崙紗紗絹一曰纑沙沙文牙五加反四衙縣名在馮翊芽萌芽齖齖齵齒不平正樝似梨而酸側加反四蒩楚葵生水中𢽰似指按皻皻・皰鼻宊宐奈宅加反五躇跱行難皃荼苦菜又度麻反鄌亭名在部陽𣗪春藏草可以為飲衺不正似嗟反二蒣蒣蒿闍闉闍城上重門視奢反又德胡反一窊烏瓜反二洼深又於加反髽婦人喪冠莊花反一檛陟瓜反一爬搔或作把蒲巴反三杷枇杷琶琵琶楂水中木或作槎鋤加反二齇齇齖侘傺侘失志皃勅加反一奓張陟加反三譇譇諏語不正觰角廣煆火氣許加反又呼嫁反二呀啥呀啥字呼含反齖齹客加反一

卅五覃徒南反十二鄿鄿城在濟南潭深水曇雲布藫水衣或作蕁橝木名灰可染蟫衣中白虫譚大趯趁趯走皃燂大熱壜甀屬䊤䊤粽參參・倉含反四驂驂駕傪好皃趁趯趁南那含反三男枏柟・木諳記烏含反六鵪鵪鶉馣馣・香媕媕婯不決庵小草舍腤煮魚肉含胡南反六涵涵泳篏竹名梒梒・桃𦙶𦙶・排囊柄鋡鎧別名棽或作楙盧含反四燂焦色葻草得風嵐地名貪他含反二探取簪簪・作含反又側岑反三篸所以篸衣又作憾反䐶䐶・腤䐶蚕蠶・昨含反二撏取躭航・淫耽丁含反五眈視近而志遠妉妉樂耽耽耳酖酖酒龕龍皃口含反五戡殺頷頷・醜皃堪任戡鼘戡峆大谷火含反三䤈面紅谽香毿長毛蘇含反一弇古南反又那含反三鼢鼢鼠淦水入舡又古暗反

卅六談徒甘反六郯國名在東海惔憂錟長鋒淡水皃又徒濫反痰胷上水病甘古三反五筸筸竹柑橘苷苷草藥名泔米瀋擔負都甘反三儋人名漢書有田儋聸垂耳三蘇甘反二衫衣破藍染草盧甘反六襤襤褸亦作繿鬛髮疎鬛皃擥持籃籠屬蘫瓜葅坩坩甒苦甘反一舑吐舌他酣反三聃耳漫無輪老子名坍水衝岸壞慙昨甘反二䰐䰐酣胡甘反三甝白虎𧍭桑葉上虫姏老女稱武酣反一𩈣長面作三反一蚶蚌出會稽火談反三憨癡㛞貪妄

卅七陽与章反十三 暘日出暘谷 煬釋金 錫 揚舉 楊木 禓道上祭 昜飛又曲昜縣在交阯 羊 瘍頭瘡 蛘虫名 徉𢓜徉 𩢍馬頭曰𩢍 詳似羊反又詳狂以章反五 翔

洋水流 祥 庠養老宮 良吕張反十 梁 涼 涼· 粱 粱·粱米 蜋蜣蜋螳蜋 𩗬北風又力向反 量 粮 踉跳踉 輬 輬·轀輬車 香 香

·許良反三 薌穀氣 鄉 商書羊反九 賫賫賈 傷 蔏蔏陸 殤死 觴酒 禓 裼·道上祭 鷊鷊庚 塲耕塲 房符方反三 防 魴魚 章

諸良反九 漳水名 璋圭 樟豫樟 幛 慞· 彰 墇 麞 鄣邑名 昌處良反五 裮披衣不帶 倡優 猖猖狂 閶閶門 羌去良反三 蜣蜣蜋 獇西戎

薑菜名居良反十 壃 疆·界 犟牛長脊 韁馬絡 殭死不朽 礓礓石 橿一名檍万年木一曰鋤橿 姜 𧔦蠶白死 僵僵仆又巨羊反 長直良反五 萇似桃蔓生 𨁊跟跪 腸

腸·腹腸 場祭神處 張陟良反三 餦餦餭餳 粻食米 穰禾莖汝陽反九 攘 穰·以手禦又而亮反 𨞰縣名在南陽 躟疾行 蘘蘘荷 瀼露濃 獽戎屬 禳除殃祭 勷

劻勷迫皃 方府良反八 坊 蚄虸蚄 肪 眆·肪脂 邡什邡縣在廣漢 鴋鸊鴋鳥 枋木名又蜀以木偃為枋 鈁鏤屬 襄息良反九 廂 湘水名在零陵 箱竹器 緗淺黃 相

𢓜 儴·𢓜徉 纕馬腹帶國語曰懷侯纕纓 驤馬騰驤 將即良反五 漿 鱂鱂將魚名 蔣菰蔣 螿寒螿 瘡痍楚良反一 亡 亾·武方反九 望看又武訪反 朢弦朢 莣草名

芒草端 硭硭硝 鋩刃端 宋屋梁 邙縣名在沛郡一曰洛北邙北 忘又武放反 孃女良反二 瓤又如羊反 床 牀·簀古作牀士莊反一 庄側羊反三 裝又側亮反 糚 粧·糚粉

常時羊反六 裳 嘗 尚又時亮反 鋿車輪繞鐵 鱨魚名 霜所良反四 孀寡婦 騻馬 鷞鳥 牆垣牆疾良反五 嬙婦官 檣舡柱 薔薔薇 戕他國臣來殺君 鏘

七將反七 瑲玉聲 蹌和鳴蹌蹌 蹡行皃 斨斧斨 槍拒 牄 牄· 匡去王反八 筐籠 𧌄海中大蝦 邼邑名 框棺礼記曰王不虞框 恇怯 劻劻勷迫皃 洭水名

王雨方反一 央於良反六 鴦鴛鴦 殃 鉠鈴聲 秧秧稻又於丈反 泱水流皃 強巨良反四 僵橫身又己羊反 彊弓有力 鱷鯨魚別名 𦳝草名褚良反三 倀失道皃 鼞鼓聲 芳

敷方反二 妨 狂渠王反二 軖紡車

卅八唐徒郎反十五 煻煻煨火煨字烏回反 糖飴 堂 鼭鼠一月三易腸 搪搪揬 棠 蓎蓎蒙女蘿 瑭玉 餹餹餳黍膏 篖符篖竹 螳螳蜋 𤛓糖牛 塘陂 螗蜩蟬

郎魯當反二十稂似莠桹桄桹句桹木名廊步廊榔檳榔鋃鋃鐺鎖頭硠硠磕鵖鶇鵖鳥浪滄浪又盧宕反䯖骯䯖股肉蜋螳蜋狼狼虎䱶魚脂琅琅玕㝗㝩㝗空皃

蒗藥名𣢅𣢅歁貪皃踉踉蹡莨童梁峎峻峎山冬日所入當都郎反六鐺鋃鐺簹竹襠裲襠璫珠檔車檔倉七崗反四蒼鶬鳥名滄剛𠟍

·古郎反九崗掆舉笐樂器鋼鋼鐵綱綱紀亢星名犅堈甕桑桒·息郎反二喪䘮·亡康苦崗反亦作康字四穅禾皮𣤶穀不外謂之𣤶

㝩㝩㝗荒呼光反四𥟍果蓏不熟肓心上鬲衁血黃胡光胡光反廿一皇璜璧遑急惶悚潢積水堭堂煌火狀餭餦餭騜馬色

艎艎艅吳舟簧笙簧隍城隍癀病鄺古國名湟水名在安定徨彷徨鱑篁葟草木盛蝗灾虫又胡肓/戸孟反光古皇反七洸水名又烏光反垙陌桄

桄桹木胱膀胱輄車下橫木橫長安西北門名湯吐郎反三鏜鼓聲蕩水名在鄴滂普郎反三鎊削霶霶霈汪烏光反三鳿雉鳴尪弱鴦鴛鴦鳥郎反二佒體不申

炕羹肱呼郎反二㰠㰠㰠航舡胡郎反九筕筕篖竹桁械行迒獸迹頏頡頏魧魚名又古郎反胻䯒·脛邟餘邟縣名在吳興茫滄茫莫郎反六吂不知𥉶

朚·目不明汒谷名恾怖萌遽臧則郎反三牂贓贓賄囊奴當反一傍部光反五彷彷徨膀膀胱蹡踉蹡急行趽腳脛曲卬五崗反五駠千里駒

枊繫馬柱又五浪反昂舉茚昌蒲草藏蔵·昨郎反一骯骨苦光反一

卅九庚古行反六鶊鶬鶊更又古孟反𨓏逸徑秔稻或作粳羹坑坎亦作硎客庚反一盲武庚反六䖟虫鄳縣名在江夏䁅䁅盯直視莔貝母鄸縣名橫胡盲反十黌

學蝗虫又戸光反鐄大鐘瑝玉聲喤泣聲鍠鍾聲䫛䫛颺風皃潢方舟一曰荊州人呼渡津舫為潢禥祊禥祭名閍宮中門一曰巷門甫盲反二祊枋·廟門傍祭諻語聲虎橫反一觵

觥·以兕角為酒器古橫反一彭薄庚反九澎地名膨膨脝脹皃蟚蟛·蟚蜞似蟹而小鬇鬇鬡亂髮棚棚閣又步崩反搒笞打又甫孟反引舡𥛟𥛟禥祭榜輔膨脝·

膨脝許庚反二亨享·通瞠直視丑庚反二樘橖·橖撥鎗鎗鼎楚庚反二槍欃槍祅星傖傖休助庚反三衡角長皃鬇鬡·鬇鬡髮亂皃霙雨雪雜於驚反六鉠鍈

·鈴聲韺六韺高陽氏樂名渶水名出青丘山英俊又於香反稻初生瑛玉磅磅·小石落聲撫庚反三怦滿亨享·煑又許兩反平蒲兵反三/四？評評量苹蒿一曰蒲白

枰局?碁 驚几卿反四 京 荆 麖獸名 明 明·武玲反四 盟約 鵬 鵬·鵬鵬似鳳 鳴 棖門旁木直庚反四 盯矃盯 澄水清 振觸 趟
趙趙竹盲反趙字躍跳張交反一 榮永兵反三 蠑蠑螈蜥蜴別名 瑩玉色又烏定反 兵補榮反一 兄許榮反一 卿去京反一 生所京反六 笙 牲 猩 鉎鐵鉎 甥 檠
渠京反八 勍強力 鯨 黥黑刑 檠所以正弓 樈鑿柄 葝山薤 頸頸 迎 迎·語京反一 行戶庚反又戶孟反六 衡 筕筕篖竹笪 珩佩玉 蘅杜蘅
䑋孰肉 鬤乃庚反二 𣯷犬多毛

卌耕犂古莖反一 鏗口莖反五 轚車鞕 鳽雝渠鳥 誙莊子曰誙誙如 牼牛骨宋有司空牼 甍屋棟莫耕反五 䉚竹 萌竹牙 氓民 嫇嫈嫇 宏大戶氓反八 紘冠卷
紭罔綱 閎巷 嶸嶸崢 谹谷中響一曰谷名 耾耳語 翃虫飛 莖草木榦戶耕反二 韺樂名 朾伐木聲中莖反二 玎玎玲玉 罌瓦器或作甖烏莖反七 嚶鳥聲
鶯鳥羽文 櫻含桃 嫈嫈嫇新婦皃又乙諍反 鸎鸎鶊 譻小聲 崢山峻仕耕反三 𦱬䔓𦱬草亂 鬇鬇鬡髮亂 琤玉聲楚莖反二 錚金聲 儜女耕反四 䔓𦱬䔓
鬡鬇鬡 𧬗譻𧬗小聲 怦心急皃普耕反六 姘齊与女交罰金四兩曰姘 閛門扉聲 𤘩牛色駁如星 抨 砰砰磕如雷 轟呼宏反五 䎎群鳥弄翅 揈擊聲 訇 渹
水石聲 繃甫萌反二 絣振繩墨 橙柚直耕反三 揨揨·撞 湞水名 泓水深烏宏反三 謍謍譯 宖室響 輣兵車扶萌反二 棚 䙖·䙖盛又薄崩反
娙身長好皃漢書曰娙娥五莖反一 爭側莖反四 箏 綷縈綷 猙獸名似豹

卌一清七精反二 圊廁 情疾盈反三 晴 請又在性七井反 精子清反九 氏狋氏縣名 菁蕪菁 旍旌·旍旗 鶄鵁鶄 蜻蜻蛚虫 晶光 鼱
鼱鼩小鼠 婧竦立又慈性反 盈以成反八 嬴美好皃 瀛大海 籯 嬴姓 楹柱 贏財長 𤠞 營余傾反三 鎣采鐵 塋墓域 嬰嬰兒於盈反三 瓔瓔珞
纓纓冠 貞陟盈反四 楨楨陵冬木 禎祥 鄭地名又直貞反 檉木勅貞反六 偵候偵 赬赤色亦作泟 酲病酒又直貞反 𧿶跉𧿶行不正 虰蟹 成市征反六
城 誠信 宬屋容受 郕地名在東平 筬筬篋織具 呈示直貞反六 程程期 酲酒病 珵玉名 䇸筳 裎佩帶 聲立音書盈反書盈反二 聏無形而響

征諸盈反六 鉦鉦鐃 征征伀遽行皃 鯖煑魚煎食曰侯鯖又於形反 正正朔又之盛反 怔怔忪懼 輕去盈反三 𨱍金聲 𧼮足𧼮行 名武并反二 洺水名 跉跉

𨀬吕貞反二 令使人又吕鄭反 并補盈反三 栟栟櫚木名 箳箳篂車轓 傾去營反一 餳飴徐盈反一 縈繞於營反五 嫈小心態又烏莖反 謍聲 𢃅覆 褮鬼衣又胡坰反

瓊玉渠營反十 焭獨一曰迴飛 睘驚視 惸無弟兄 𢹏𣠽•博𢹏子一曰投 藑藑茅草名 儝傑•特 赹獨行無所依 䡅車擊規 嬛

惸•好 騂馬赤息營反四 垶赤土 觲觪•角弓 犎牛 頸巨成反又居郢反三 䲔魚名 葝鼠尾草

卌二青倉經反一 經古靈反二 涇水 形戶經反八 刑 邢地名 桯牀前長机 鉶鈃•祭器 型鑄鐵 陘連山中絕 侀成 庭特丁反十一 停 鼮似鼠豹文

亭 莛莖 葶藶 筳竹筳 聤耳出汁 霆雷霆 挺梃•縣名 楟木名 丁當經反二 釘 馨呼刑反二 謦言聲 星桑經反八 腥豕息肉又先定反

胜犬膏臭 鯹魚腥 𥟖稀 醒醒酒又息定反 鉎鐵鉎又所庚反 篂箳篂別駕車 竮竛竮行不正普丁反二 甹甹夆掣曳 靈郎丁反廿八 柃柃檻際欄

舲舟有窻 齡年齡 囹囹圄 零 麢麢羊 鴒鶺鴒 笭竹名 蛉蜻蛉小青虫 鈴似鐘而小 醽淥酒 苓茯苓 櫺窻櫺 伶樂人 泠清泠水 瓴瓴甋瓦一曰似罃有耳

玲玉聲 酃地名在湘東又力鼎反 䍅似瓶有耳 𩕊瘦 聆以耳取聲 竛竮竛行不正 䶕鼩䶕鼠 蘦菜名似葵可茹 笭笭箵小籠 軨 鴒鶺鴒鳥

寧奴丁反一 汀水際平地他丁反五 綎絲綬帶綎 聽 廳屋 町田處又徒頂反 冥暗莫經反九 榠榠樝 銘 鄍晉邑 溟 䫤眉目間 螟螟蛉 猽小犺

蓂蓂莢瑞草 瓶汲水器薄經反十一 蛢以翼鳴虫 𪕰鼠子 屏屏風又必郢反 苹苹翳雨師名 箳竹箳 軿軿輜 蓱水上浮蓱 竮竛竮 荓荓•馬帚草似蓍 郱

邢•邢城在東莞 熒光胡丁反四 褮衣開孔 螢虫 滎小水 扃戶外閉關古螢反六 駉駿馬 駫馬肥 坰郊外林外 熲光又古鼎反 鼩鼩䶕鼠

卌三尤羽求反七 𣏾木名 腄睡•縣名 疣疣結病 沋水名 訧過 郵境上舍 憂於求反十 優優倡 瀀瀀渥 麀麀鹿 𢕟𢕟遊 櫌

擾•打塊槌 鄾邑名 𢆶微小 怮含怒不言 嚘歐嚘歎 劉力求反十八 留正作畱 蒥蒥荑藥名 勠并力左傳勠力同心又力遂反 摎縛殺 鶹

鶹離鳥少美長醜 駠駵·馬白腹 騮驊騮 疁田不耕而火種 䊍粰䊍饊 流 旒旒旗 飂高風 瘤肉起病 榴 鎏美金 瑠瑠璃 鼦食竹根鼠

又力久反 秋七游反六 鞧車鞧亦作鞦緧 鶖鵚鶖 鰍魚名 楸木名 萩蕭似蒿 猷以周反二十 悠遠 油 由 猶 攸所 蕕水中細草

湫水流皃 遊 卣 逌· 廞手相歈廞弄 冘冘豫不定 遙遙·行 輶輕車又易受易授反 蘨草盛 䌊禾盛 蚰蚰蜒 蝣蜉蝣 櫾木名

蕕莤·薰蕕 牛語求反一 遒盡卽由反又字秋反四 鮂鳥化為項上有細毛 ⿰耳秋耳鳴 蝤蛑似蟹而大 酋長字秋反二 ⿰忄酋慠 脩息流反四 修 羞

餐餐饋饋字甫文反 抽勑鳩反三 惆惆悵 瘳病瘥 犨犫·白色牛赤周反一 周職鳩反六 州 洲 賙賙贍 喌呼雞聲 舟 ⿰食隹疋市流反四

酬酬酢或作醻 詶以言荅又之又反 雔雙鳥 柔耳由反七 鍒鍒鐵 ⿰田柔良田 騥馬青驪 葇香葇 鞣鞣皮 蹂踐穀 收式州反一 丘去求反三 蓲

烏蓲草名又盎富反 蚯蚯蚓 ⿰虎風風吹皃匹尤反二 秠⿰禾不·一穀二米又芳鄙反 啾無訓子由反一 鳩居求反三 ⿰丩力牞·大力 艽秦艽藥或作樛居由反 不甫鳩反又

甫救/甫皐反一 ⿰扌叜索俗作搜所鳩反十 餿餅壞 颼颼飅風皃 溲小便 鎪鎪·鎪馬金耳飾 廋論語曰仁焉廋哉 蒐春獵 鱐乾魚 鄒鄹·北方國

螋蛷螋 搊扫·手搊楚尤反二 篘⿱⺮⿻彐丨·篘酒或作醔 鄒地名側鳩反五 騶廏禦一曰騶虞 齱齱齵齒偏 陬鄉名一曰隅 緅青赤色 愁士求反一 休

許尤反三 ⿰犭休貎⿰犭休 鵂鵂鶹鳥 惆戾去愁反一 囚似由反二 泅浮 儔直由反廿二 躊躊躇 幬帳 裯襌被 疇田疇 紬紬綾 綢綢繆

稠稠 薵 檮木名 鯈魚子 籌筭籌 𠷎咨 怞朗 嚋否 ⿰風壽飀 菗茶草 妯動又遲陸反 毃亦作毃 鮋魚又常州反

⿰壽阝⿰壽阝江在屬 ⿰壽鳥南方雉名 輈車轅張流反四 盩盩厔縣在扶風 啁啁噍鳥聲 譸譸張 裘裘·巨鳩反十二 求 銶鑿屬 仇 厹叴·地名在臨淮

頄頄 蛷蛷螋 逑匹 球玉聲 賕賕財 艽地名 鼽月令人多鼽嚏 浮縛謀反十七 哹吹氣又拂謀反 桴屋棟 枹鼓槌 箁竹有文 罦

車上輞 琈玉名 涪水名 粰粰䊍 鴀鴀鳩 罘罝 ⿰魚孚魚名 芣芣苢 蜉蚍 烰火氣 裒減 鉜鉜鏂 謀莫侯反十二 雺天氣降地

不應又莫貢反 眸目瞳子 牟牛聲 侔等 矛 鍪兜鍪 麰麰麥 鉾魚名 蝥食穀虫又作蟊蛑蟊 堥堆堥小隴 蛑蝤蛑

卌四侯胡溝反十二 猴猨 糇粮 翭鳥羽 喉咽喉 篌箜篌 帿射張布 頗頗顯言大 鍭大箭 鯸鯸鮐魚 餱乾食 銗鏂銗所以鉗頸 謳烏侯反或作慪嘔八 褔小兒涎衣 鏂鉗鏂丁又鏂銗 甌器 膒久脂 鷗水鳥 蓲刺榆 歐歐陽姓 羺胡羊奴溝反三 䰭䰭•兔子 獳犬怒 樓落侯反十五 婁星名 耬種具 髏髑髏 摟探取 膢祭名又力于反 瓾瓬壺蘆瓾別名 廔廲廔綺窻 剅小穿 嘍嘍嚟鳥聲 瞜視皃 䍴土䍴似羊

螻螻蛄 簍籠 慺敬 涑浣速侯反一 彄弓彄恪侯反六 摳褔•摳衣 剾剜裏又乙侯反 韝射韝 𢂈怐•指𢂈 漚水名又口侯反 齁齁船鼻息呼侯反一 鯫豎叢子子侯麻曰鯫反一 偷託侯反四 鍮鍮鉐 婾女巧黠又苟且 緰紫 頭度侯反三 劊剾劊足筋 投擲 齲齵•齱齵五侯反一 鉤古侯反十四 㓡鐮 溝 褠單衣 韝臂捍 緱緱氏縣又刀劍頭纏絲 篝籠 笱桃枝竹 䵹鼂•鼂鼊似龜 嗀唱嗀 瓬瓬瓾 𦨖𦨖 舡艛名 冓數名十秭曰冓 句 兜兜鍪當侯反五 侸佔侸垂下皃 吺輕出言 篼食馬籠 䀹眵目䀹汁凝 剟細斷徂鉤反一

卌五幽於虯反三 泑澤名在崑崙山下 呦鹿鳴 虯虬•渠幽反又居幽反四 觩匕曲皃 璆玉名 觓觓•角爵皃 彪虎文甫休反二 髟髮垂又所銜反 驫馬走 樛木下垂居虯反一 鏐紫磨金力幽反一 淲水流扶彪反一 稵禾生石子幽反一 犙牛三歲山幽反一 聱聱耴魚鳥狀語虯反一 飍風香幽反又風幽反一 休烋•許彪反一 繆綢繆武彪反又靡幼反一

卌六侵漸進七林反二 駸馬行 尋徐林反七 鐔劍鼻又餘針/徒南反 潯傍深 鱏魚名又餘針反 樳木名 鄩古姓 𨹧小堆阜 林力尋反八 琳玉名 淋瀶水出皃 霖雨 臨 痳病 箖竹名 琛寶丑林反七 棽木枝長又所金反 彤船行 綝善 郴縣名 覘覘•覘私出頭視又丑鴆反 賝賝賮 斟酌職深反八 針 𪆷鷲鳥𪆷名 箴 鱵魚名 㪷卄•㪷鄩古國 葴規誡 濸酸蔣草 沉除深反四 牨水牛 芜草名 霃久陰 碪擣衣石知林反一

諶誠氏林反四 忱信 煁行竈 瘎復故病 任如林反五 鵀鳥名 恁信 壬 絍機上縷又女林反 深式針反二 蔘蒲蒻 淫霪・久雨餘針反七

婬婬蕩 䇮竹名 蟫白魚虫 鷣鷂之別名 芜荥・熱 冘冗・行皃 心息林反二 杺車劒杺 愔靖於淫反一 祲日旁氣姊心反又子禁反三 梫木名

兓兓銳意 鮗大魚昨淫反三 鬵鬵鬲 梣木名 䛘䛘諏喉聲女心反一 琴舜樂渠金反七 㩒㮗・急持或作捦 黔黑而黃一曰黔首衆 禽鳥 芩黃芩亦作莶

檎林檎 凜寒狀又力朕反 欽去音反四 衾衾・被 嶔嶔岑 菳似蒿 吟魚音反二 崟嶔岑 歆神食氣許金反三 廞陳車服又虛錦反 歁火盛皃 金

居音反五 今古 黅黃色 衿小帶又琴禁反 襟袍襦前袂 音於吟反四 陰陰陽 霒覆日 瘖瘂瘖 森木長皃所今反四 蔘人蔘或作葠 參參辰 槮樹長 棽

木枝長又丑林反 岑高鋤金反四 涔涔陽地名又士監反 䨞雨聲 梣青皮木亦作橬 簪笄側岑反二 璔石似玉 嵾不齊楚今反一 覘內視充針反一

卌七鹽鹹味余廉反十 櫩木名 閻里中門 阽臨危 簷檐・屋前 廉力鹽反十 鐮鐮刀 䨩䨩・久雨 㡘慊・幰幰 簾簾・簾薄 薕薕薑 蘞

白薟蘞 奩奩・盛器 磏磏礪 獫犬長喙又虛檢反 砭以石刺病府廉反一 籤𥲤・七廉反六 臉臉腌 鹼水和鹽 槧削又才敢反 憸憸詖 僉咸

詹詹・職廉反四 占視兆 瞻視 蟾蟾蜍蝦蟇 銛利息廉反七 暹進 枮木名 綅白經黑緯 韱韱・似韭而細出五原 襳襳・小襦 纖

纖・細 棎菓名似棎而酸視詹反一 苫草覆失廉反二 痁病又都念反 韂屏處詹反六 姑姑嬉輕薄皃 幨帷 襜襜褕蔽膝 裧衣動皃 疶疶・皮剝

髯領毛汝鹽反五 蚺蚦・虵 呥呥・唯皃 柟枬・梅 詀詀・多言 黏黏䵒女廉反一 炎炎熱于廉反又餘念反一 霑霑濕字張廉反二 沾沾預

覘視丑廉反一 淹英廉反三 菴菴藺 崦崦嵫 㦓㦓倚意不安丘廉反一 䶢齒差語廉反一 尖子廉反六 熸熸・火滅 殲盡 嚵嚵不嚵廉 瀸泉水出

懺拭 潛昨鹽反五 𨞒縣名 鬵甑 箔漂絮簀 灊縣名在廬江 箝鑽頭或作鉗巨淹反五 帢絹頭 鉗持鐵 黚淺黑 拑持 厭懕・安於鹽反三

猒飽 懕和靜 燅湯淪肉或作燂徐廉反二 蘞山菜

卌八添益他兼反一 髫髫髮丁兼反四 聑耳垂 䀡目垂 战稱量 甜甘徒兼反四 恬靖 湉水靖 菾菜名 鬑鬑踈髮勒兼反二 濂濂·薄 謙苦兼反一

兼古甜反六 縑絹 鶼比翼鳥 䊴青稻白米 蒹荻未秀 䍐網 嫌心不平戶兼反二 稴稻不黏 鮎魚名奴兼反二 拈指取物 馦氣香許兼反一

卌九蒸熱氣上諸膺反二 烝冬祭又衆烝字 承丞·次一曰奉署陵反二 丞佐 澄清直陵反三 憕平又竹萌反 懲戒 陵力應反七 淩凌·歷又水名 凌冰

蔆菱 倰伶 鯪魚名 綾綾錦 膺胷於陵反三 應當 鷹鳥名 憑憑託扶冰反二 凭依几 冰氷·氷凍筆陵反一 棚盛箭器又薄登反又棧閣 蠅余陵反一

繩索食陵反七 譝稱 鱦魚名 乘駕 澠水名在齊 溗波前前後相淩 塍塍·畦 升外·十合識丞反四 陞登 勝任又書證反又作稱

昇日上 仍如丞反一 兢居陵反二 矜憼 徵召陟陵反二 癥腹病 繒帛疾陵反五 鄫國名 驓馬名 橧豕所寢 竲高皃 凝水結魚陵反一 興起虛陵反一

稱知輕重處陵反二 偁宣揚美事 殑其矜反二 [illegible]根可緪器物 僜醉行皃丑升反一

五十登都滕反六 璒石似玉 燈燈火 簦長柄笠 㲪毾㲪 䔲金䔲草 楞棱·棱·棱·四方木或作棱盧登反三 輘車聲 倰長皃 僧蘇曾反一 崩北滕反一

增作滕反七 憎惡 曾又昨稜反 矰弋射矢 罾魚網 磳山皃 熷蜀人取生肉竹中炙 瞢目不明武登反一 層昨稜反又作滕反一 朋步崩反四 堋射堋

鵬大鳥 棚棚閣又薄庚筆陵二反 弘胡肱反二 苰藤苰胡麻 肱古弘反一 薨呼弘反一 能奴登反又奴代奴來反一 滕滕·國名徒登反七 騰騰·躍 縢行縢

幐囊可帶香 螣螣蛇或食禾虫 藤藤苰又草名 謄移書 恒胡登反二 峘峘山北岳名 揯急淮南子曰大絃揯則小弦絕古恒反二 緪索

五十一咸胡讒反五 鹹不淡字或作醎 函函·函谷關名又函書 [illegible]驪縣[illegible]名 諴至誠感神 緘緘封古咸反四 瑊美石次玉 [illegible]慳恪 尲尲尬 攕女手皃所咸反三

櫼木名 縿旌旗旒 [illegible]乙咸反又乙陷反一 巖嶃喦山高五咸反四 顩長面皃又丘檻反 羬山羊 黬釜底黑 㰹欿·笑皃許咸反三 蝛似蛤出海中 妗喜皃

詀詀諵竹咸反又尺涉反詀讘耳語一 諵女咸反一 讒士咸反六 獑獑猢 鏨小鑿 饞不廉 毚狡兔又士衘反 [illegible]鼻高皃 鵮鵮·鳥鵮物或作㪁苦咸反一

五十二銜戶監反一　巉險鋤銜反六　嶄嶄嵒　劖刺　艬合木舡　鑱犁鐵吳人云又士懺反　獑獑猢獸名又士咸反　巖五銜反一　攙攙搶祅星楚銜反又初咸反一　衫所銜反五　纔帛青色又昨來反　彡毛長　縿旌旗　芟伐草　監古銜反又古懺反三　鑑鑒•鑑諸以取月水　礛礛礹青礪石

五十三嚴語輸反二　䉷射翳　韽胡被虛嚴反二　杴杴鑁古作檢　醃鹽漬魚於嚴反一　㪁欦•㪁欿丘嚴反又丘凡反一

五十四凡常符芝反二　帆舡上帆又扶汎反　芝草浮水上皃疋凡反一

切韻卷第三　上聲五十一韻

一董多動反呂与腫同夏侯別今依夏侯　二腫之隴反　三講古項反　四紙諸氏反

五旨職雉反夏侯与止為疑呂陽李杜別今依呂陽李杜　六止諸市反　七尾無匪反　八語魚舉反呂与虞同夏侯陽李杜別今依夏侯陽李杜

九羽于矩反　十姥莫補反　十一薺徂礼反　十二蟹鞵買反李与駭同夏侯別今依夏侯

十三駭諧楷反　十四賄呼猥反李与海同夏侯為疑呂別今依呂　十五海呼改反　十六軫之忍反

十七吻武粉反　十八隱於謹反呂与吻同夏侯別今依夏侯　十九阮虞遠反夏侯陽杜与混很同呂別今依呂　廿混胡本反

廿一很痕墾反　廿二旱何滿反　廿三潸所簡反陽与銑獮同夏侯別今依夏侯　廿四產數板反呂与旱同夏侯別今依夏侯

廿五銑蘇典反夏侯陽杜与獮同呂別今依呂　廿六獮息淺反　廿七篠蘇鳥反李夏侯与小同呂杜別今依呂杜　廿八小私兆反

廿九巧苦絞反呂与皓同陽与篠小同夏侯並別今依夏侯　卅皓胡老反　卅一哿古我反　卅二馬莫下反

卅三感古禫反　卅四敢古覽反呂与檻同夏侯別今依夏侯　卅五養餘兩反夏侯杜平聲陽唐入聲藥鐸並別上聲養蕩為疑呂与蕩同今別　卅六蕩堂朗反

卅七梗古杏反夏侯靖同今別依呂　卅八耿古幸反李杜与梗迥同呂与靖迥同夏侯与梗靖迥別今依夏侯　卅九靜疾郢反呂与迥同夏侯別今依夏侯　卌迥戶鼎反

卌一有云久反李厚同夏侯為疑呂別今依呂　卌二厚胡口反　卌三黝於糾反　卌四寑七稔反

卌五琰以冉反呂与忝范豏同夏侯与范豏別与忝同今並別　卌六忝他點反　卌七拯無反語/無韻取蒸之上聲　卌八等多肯反

卌九豏下斬反李与檻同夏侯別今依夏侯　五十檻胡黤反　五十一范無反語

[51俨广・虞掩反陸無韻目失　56釅嚴・魚淹反陸無此韻目失　52范符凵反陸無取凡之上聲失]

一董多動反二　蝀蝀・螮蝀　蠓蠛蠓虫莫孔反二　鸏水鳥　孔康董反一　敵摶擊先揔反一　侗長皃他孔反三　桶桐・木桶　曈曈曨欲曙　揔惣・作孔反六　嵸

巃嵸山皃　硿眾立　蓯蓁蓯　鬆鬆角　總聚束　澒胡孔反二　汞水銀　蓊蓊鬱阿孔反四　滃大水皃　暡氣盛　豝豝𧳋名　𧳋奴動反又女容反一　琫

佩刀飾方孔反三　菶草盛　䋽紺・小皃屨　曨朧・曈力董反五　襱袴又直隴反　巃巃嵸　籠竹器又盧紅反　竉孔竉　動徒揔反四　硐酒壞　姛項直皃

眮瞋目

二腫病之隴反四　種又之用反　踵足後　歱相迹　寵愛寵丑隴反一　隴大坂力奉反二　壠壟・丘壠　擁手擁於隴反二　壅壅堨又於龍反　宂宂・散又作冗而隴反四　𠌶

不肖一曰傝𠌶劣或作搑茸　穁稻稍　氄鳥毛　重直隴反又直隴/直用反三　鮦魚名又直柳反　襱又力董反　冢大知壠反二　塚墓塚　奉扶隴反一　捧敷隴反一　勇餘隴反八

甬草花欲發　涌涌泉　踊跳　溶水皃　蛹老蠶　搈　傛　恐墟隴反一　尰足病時宂反一　拱手抱居悚反九　栱疋云樹大者　拲兩手共械　䂫水邊石

鞏以皮束物又縣名在河南　蛬蟋蟀　珙璧珙　拜兩手　擧姓　悚怖息拱反六　竦敬　慫驚　聳高　縙縙・絆前足　摟執　洶洶溶水許

拱反又許容反一

三講 古項反四 港 水流 耩 耩地 傋 傋佬 棒 或作棒步項反四 玤 周邑地名 棓 大杖 蚌 蛤或作蜯 㩻 佷戾烏項反一 項 胡講反二 缿 受錢器 佬 傋不媚佬皃武

䳙 武項反二 䳙 䳙頣

四紙 諸氏反八 只 坻 隴坂又都礼反 軹 縣名在河南 枳 咫 咫尺 抵 抵掌 汦 水名出拘扶山 是 丞紙反三 氏 媞 江淮間呼母 靡 文彼反一 彼 補靡反二 髀

相分解 被 陂彼反又皮義反二 罷 遣有罪又平陂/薄解反 毀 許委反二 燬 火 委 於詭反三 骫骪• 骨曲 ⿺九咼 鷙鳥食吐毛 跪 拜去委反二 ⿺尢危 刖一足 詭

許居委反八 垝 垝垣 ⿰金危 庋鋸齒 觤 獸角不齊皃 攱 扰又九偽反 恑 憂 蛫 蟹 祪 毀廟之祖 髓 息委反三 嶲 越嶲郡 靃 靃靡草木弱皃 累 力委反二

樏 似小盤中有隔 技 藝渠綺反渠綺反或作伎三 妓 女樂 徛 立 倚 於綺反三 椅 椅梔 旑旖• 掎 牽一脚居綺反三 剞 曲刀 庋 食閣 綺 綾墟彼反四

婍 皃好 碕 碕礒 趌 行皃 螘 蚍蜉魚倚反五 錡鏑• 三足釜一曰兵藏為蘭錡又其宜奇綺反 礒 碕礒石巖皃 齮 齧 檥 整舟向岸 蔿 姓為委反六 鄬 地名

蘤 花 ⿸疒爲 口咼 ⿵門爲 門 薳 人姓又薳復 ⿱此束 即委反或作⿱此束一 蘂 而髓反一 此 雌氏反五 仳 舞皃 跐 蹈 玼 色鮮 泚 水清又千礼反 豸 虫豸池尔反四

褫 奪衣 ⿰米是 黏 陊 山崩 徙 斯氏反二 璽 印 酏 酒移尔反六 迆 邐迆 匜迤• 杯匜 衪 中衣衪 肔 引腸莊子曰長洪肔 施 峛施 扡杝•

裂 邐 邐迤力氏反二 峛 峛施 躧 躧步所綺反六 灑⿰土麗• 灑掃 纚 韜髮 屣 屣不躡 矖 視 簁 籭 俾 使卑婢反六 鞞 刀鞞 箄 竹器 ⿰黍卑 黍屬

髀 髀股 崥 山足 爾 或作尒兒氏反二 邇 近亦作迩 渳 水彌婢反五 弭 弓弭 瀰 水流皃亦作洋 芈芊• 羊鳴一曰楚姓 侎敉• 婢 便俾反二

庳 下 侈 奢尺尔反四 姼 姑姼輕薄皃 鉹 甑 誃 離 弛㢮• 式是反二 豕 豬 紫 兹尔反五 訿 訿毀或作呰 泚 水名在長沙 茈 生薑

呰 又市而反 捶 擊之累反二 箠 策 揣 初委反又丁果反一 ⿰犭遀⿰犭隋• 牸肫隨婢反一 ⿰舌也舐• 舌取物食紙反或作⿰舌易二 狏 獸名似狐出則有兵 輢 車騎於綺反一

破披折匹靡反一 諀訾匹婢反三 庀具又匹几反 疕瘡上甲 葰雞頭羊捶反二 蓷草木花初出 惢疑才捶反一 跬舉一足去弭反二 頍弁皃 狔猗狔從風皃

女氏反二 柅椅柅 硊魄硊石皃魚毀反二 頠閑習又五罪反 跪⿺走危●跟跪求累反一

五旨美職雉反四

指手指 恉意 砥砥礪 視承旨反一 美無鄙反二 犛獸似牛 鄙方美反一 兕兕●古作兕徐姊反四 羠犍羊 薙燒草又直履又他計二反 芵

蒿 几几杖居履反四 机木 麂獸 屼女屼山名弱水所出 姊姉●將几反二 秭秭●万億 匕匕匙卑履反六 妣又甫牢反 秕糠秕 比又婢四方脂

扶必三反 祉以豚祀司命 沘沘水名出盧江灊縣入芍陂今謂之渒水 軌軏●居洧反六 簋簠簋 晷日 厬厬泉今作瀸 宄內盜 匭匣匭 洧水名在鄭榮美反四

鮪魚名 痏瘡 蔇黃皃 夭矢●陳式視反四 笶夭●箭 屎 死息姊反一 雉直几反一 牝扶履反又毗忍反一 履力几反一 水式軌反一 壘

壁力軌反八 礧碨礧 猚狖 鸓飛生鳥名飛且乳 藟葛藟 虆藤 誄或作讄 耒田器又盧猥反 揆葵癸反二 楑木名 趡走千水反二 踓蹵 梶

絡絲樹女履反一 癸居誄反一 否符鄙反又方久反五 痞腹內結病 圮岸毀 仳離又芳匕/房脂反 殍草木枯落 嶵崣嶵徂壘反一 嚭大匹鄙反一 蕊草木實節生如藟反一

唯諾以水反五 蓶似馬韭而黃可食 鰖蟹子 潰魚盛皃 壝蹪●埒又以佳反 欵欵欭驢鳴於几反一 濢汁漬遵誄反三 噿鳥噿 嶉嗺●山 ⿱艹㒳

薾●鑈縷所紩胝几反一 纚纚就寬緆履反一 跽長跽暨几反一

六止諸市反八

時祭地又時止反 洔小渚或作沚 茝香草又昌待反 趾足 址基 阯交阯郡 底底●柱 市時止反二 恃依 徵陟里反一 喜

忻虛里反一 以羊止反三 已 苡薏苡芣苡 似詳里反六 祀年一曰祭 姒夏姓一曰娣姒 巳辰巳 耜耒耜 汜江有汜又水名在河南成皋縣一曰潁川襄城縣一曰在滎陽中牟縣流入河又符

嚴數劒反 紀經紀居以反二 己身 史踈士反三 使又踈事反 䭃香之美者 耳而止反三 洱水名出罷谷山又而志反 駬騄駬周穆王馬 里良士反九 裏 鯉魚名 李

⿸疒里病 理 娌妯娌 俚南人蠻屬 ⿰里阝亭名在西鄂一曰邑名 始詩止反一 枲麻胥里反五 篒竹篋曰篒 葈胡葈 葸質慹皃 諰言且思之 峙直里反五

痔病　跱躊跱行難進皃　庤儲置舍　徛看所望而往　起墟里反五　杞木名又苟杞　屺山無草木　玘佩玉　芑白梁粟　士鋤里反三　仕　柹柹•木名

俟待騃史反二　涘水涯　子即里反四　虸虸蚄虫　耔擁苗　梓杍•木名　矣于紀反一　擬度魚紀反三　儗僭　薿草盛皃又魚力反　齒昌里反一

恥勑里反二　祉福　剚刺•割聲初紀反一　滓側李反四　茡草或作莩　笫牀又側几反　胏脯易曰食乾胏

七尾

尾•無匪反三　亹又美作亹皃　浘水流皃　豈氣狶反二　萱菜　扆戶牖間依豈反五　偯痛　偯哭餘聲　扆藏　僾僾俙見不了皃　蟣蟣蝨居俙反四

幾幾何又既希反　機禾機　鬼鬼俗　斐文尾妃反四　朏月　菲芳　悱口悱悱　匪非尾反五　棐輔　篚竹器　餥餱一曰相請食　榧榧•木名子可食

韙是韋鬼反亦作愇八　煒光　暐暐曄　偉大　瑋玉　葦蘆　椲木名可屈為盂　韡盛皃　鬼居偉反一　虺虵許偉反二　焜齊人云火　顗靖魚豈反一

豨狶•楚人呼猪希豈反三　俙僾俙　豨鼻又虛几反　磈磈硊石山皃於鬼反一　臏臑多汁浮鬼反一

八語

語魚舉反八　籞蘌•苑　圉養馬人　敔柷敔　圄囹圄　衙行皃楚詞云導飛廉之衙衙　齬齟齬　禦禁　呂力舉反九　旅師　祣祭名　膂脊　簇筥器

穭自生　梠桶端木　慮心不力　侶伴　佇或作竚除呂反五　苧芧•草　紵布　杼機杼　羜五月生羔　與余筥反四　歟歟　与予

煑煮•諸与反三　陼丘　渚沚　汝如与反四　胠魚不鮮　茹又而恕反　寢楚人人呼寐　暑舒莒反五　鼠黍　蠩蠩蝜虫　癙病　杵昌与反二

處又作處　貯居丁吕反四　帾棺衣　褚裝衣　衼衣　諝智私吕反四　稰熟穫　醑籭酒　湑露皃　女尼与反二　籹粔籹　楮木丑吕反二　褚姓

許虛吕反一　巨其吕反十一　拒秬黑黍　距雞爪　炬炬火　虡虡•簴•栒虡　粔粔籹　鉅澤名　苣苣藤胡麻　駏駏驉　蘧苦菜

所踈舉反二　糈祭神米又先吕反　楚初舉反三　礎柱下石　齼齒齼　阻側吕反二　俎豆　齟齟齬鋤吕反一　咀咀嚼慈吕反二　沮止又七余反　淤擊於許反一

舉居許反四　莒草名一曰國名　櫸木名　筥筐　敘徐吕反六　序　溆水浦　緒　杼杼•渫水　嶼海中洲　鱮魚名　去羌舉反又丘據反二

麩麥粥汁　墅野•田俗作埜署与反又與者反一　紓緩神与反又式余反二　杼莊子云狙公賦杼　皷皷•皮裂七七皴皷与反一　苴子与反又七余反一

九麌牡鹿麌矩反二　俁大　羽于于矩反十二　禹　雨　宇　瑀玉　祤祋祤縣名在馮翊　栩祤•祤陽地名　鄅國名在瑯瑘　頨孔子頭反頨　楀椇木

萬萬餘粮藥名　聚慈雨反一　甫方主反九　脯乾脯　斧　俯　府　黼白黒文如斧　簠簠簋　蜅小蟹　莆蓮莆堯時瑞草　武無主反十一　舞儛•又儛

嫵嫵媚　侮　䍢窻中網　憮失意皃字或作憮又荒烏反　廡堂下　珷珷玞　甒罌　潕水名在南陽　鵡鸚鵡　父扶雨反六　輔毗　酺頫酺

腐　釜　鴔鴔越鳥　撫安孚武反七　弣弓把中　拊拍　殕食上生白皃　䋨䋨綿　俌輔　㥏愛　柱直主反一　詡和況羽反三　冔殷冠

姁漢高后字娥姁　豎竪•殊主反二　裋弊布襦　庾倉以主反八　瘉病　窳器病　瘐瘐•因以飢寒死漢書曰囚瘐死獄中　愈差　貐獸名似貙龍首能食人

楰鼠梓似山楸而黒　㼌本不勝末　主之庾反四　麈鹿屬　枓㪷水器又作斗　宔廟宔　傴不伸於武反一　齲齒病或作蝺驅丰反一　黈點智主黈反二

拄從旁指　乳而主反二　醹厚酒　窶寠•貧無礼其矩反一　數所矩反一　矩或作榘俱羽反五　踽獨行　椇枳椇　枸木名出蜀　蒟蒟醬出蜀又求于俱付二反

取七庾反一　縷縷絲力主反六　𨻳羸縣名在𨻳交阯　僂傴僂　褸襤褸　簍小筐　嶁岣嶁衡山別名

十姥老母莫補反三　莽宿草　䥈鈷䥈又摸朗反　土他古反四　吐　稌稻　芏似莞生海邊　杜棠樹徒古反三　𢻸塞　肚腹又當古反　魯郎古反十　櫓城上守禦

滷鹹　㨭搖　虜　樐彭排　艣進舡　鑥釜屬　蓾草名　鹵鹵簿　覩見俗作睹當古反五　睹詰旦欲明　肚腹又徒古反　賭戲賭　堵垣

古姑戶反十四　皷動　鼓　瞽無目　股髀　罟網又古胡反　蠱蠱•蠱毒　估市稅　盬河東鹽　鈷鈷䥈　羖羊　詁訓詁　牯牯牛

賈賣　蘆草死采古反一　五吾古反四　午　旿明旿　伍　簿裝古反一　粗徂古反二　麆大　祖則古反三　珇玨上起　組組綬　虎呼古反四

琥發兵符為虎文　戽洩水器　滸水岸　塢村塢烏古反三　鄔縣名在太原　瑦石似玉　苦康杜反二　䇘竹　怒奴古反三　弩弓　砮石可作矢

又乃胡反 戶胡古反十二 楛楛矢 扈跋扈 怙恃 鄠縣名在扶風 帍巾 祜福 昈文彩狀 ⿰山扈山卑而大 岵山多草木 鳸鳥 芐

地黃 普滂古反三 溥大 浦 補博古反三 譜 圃又博故反

十一薺菜徂礼反一 鮆魤·魚 禮古作礼盧啟反七 ⿱竹豊竹名 蠡蠡吾縣名在涿郡 ⿰舟蠡⿰舟蠡·小舡 澧水名在武陵 醴醴酒 鱧魚名 體他礼反三

醍醍酒又徒稽反 涕 濟水名或作泲子礼反又子計反三 ⿱罒齊手搦酒 癠生而不長 邸店都礼反七 底下一曰止 詆⿰言互·詆訶 ⿰目窒耳聽 坻隴坂又支氏反

抵擲 牴角觸 禰亦作祢乃礼反四 嬭楚人呼母 ⿵門爾知少且劣 茝薺茝 弟徒礼反五 娣娣姒 悌愷悌 遞更代俗作逓又亭細反 ⿺是瓦小瓮 洗

洗俗或洒先礼反又蘇顯反一 泚水流清淺千礼反二 緀帛文 啓康礼反六 棨棨·兵欄 綮戟支一曰戟衣 ⿰旨𩠐⿰首旨·首至地 卟卜問 稽稽首 徯傒·

有所望胡礼反三 謑恥辱 ⿱竹奚蒵·所以安重舡 米莫礼反四 眯物入目 䋛繡文如聚米 洣水名在蔡陵 陛陛階傍礼反三 梐梐抵馬行 髀髀股又卑婢反

吟可尒弟反一

十二蟹水虫⿰車奚買反五 解曉又佳買佳賣二反 澥渤澥 嶰山澗間 獬鮦獬 豸獸名宅買反一 妳乳奴解反一 扠擊側懈反一 買莫解反四 嘪羊聲 蕒吳人呼苦苣

澅水名在豫章 芌芓·庚口解反二 ⿱髟女意難 罷薄解反四 矲矲⿰犭皆 猈犬短項一曰案下狗 ⿰金罷大鐵杖 擺撥北買反一 矮短皃烏解反一

十三駭驚諧楷反一 楷楷模苦駭反三 ⿰犭皆矲⿰犭皆 鍇鐵 騃癡五駭反一 挨打於駭反二 唉飽聲

十四賄呼猥反三 ⿰月自腲⿰月自大腫皃腲字都罪反 ⿰火閔爛皃又亡罪反 猥犬聲烏賄反四 腲腲腇肥弱病 鍡鍡鑘不平 ⿰女畏⿰女畏婑好皃 碨礨·衆石或作磊落猥反八 癗

痱癗皮外小起 ⿱山畾⿱山畾嵬山狀 礧礧硌大石皃又勒潰反 郲儡郲陽鄉名在桂陽 鑘鑸·鍡鑘 ⿰氵畾灅·水名在北平 ⿰耒阝⿰鬼阝⿰耒阝不平皃⿰鬼阝字胡罪反 錞鐓·

矛戟下銅鐏徒猥反一　浼水流皃武罪反二　每䍙·罪徂賄反一　骸骸股吐猥反五　瘣重　聉聉頮癡頭皃字武罪反　腇腲腇　儡長好皃　瘣木病無枝胡罪反三

溾溾浘穢濁　殨殨殍　䫥大頭口猥反一　膭脂都都膭罪反二　竨木實垂皃　餧餓奴罪反五　娞娞娞　䬐風動　鮾魚敗或作腇　浘溾浘　頠頭一曰閑習五

罪反又五毀反四　頮聉頮　隗　嵔嵔嵬　嶉雪霜白狀七罪反四　漼水深　璀玉名　䊳物粗　琲珠五百枚蒲罪反二　痱痱癗　俖痛叫素罪反一

十五海

海呼改反二　醢肉醬　愷樂苦亥反五　颽南風　塏高地　䐇美　凱凱樂　宰作亥反二　䏁耳聾　駘徒亥反六　殆危　待　迨及

怠懈　紿言不實　乃古作迺奴亥反一　改古亥反二　頦頰頦　亥胡改反一　啡出唾聲匹愷反一　採倉宰反五　采文采　綵綾綵　彩　寀寮

茝香草昌待反一　等䒭·多改反又多肯反一　穤禾傷雨莫亥反又莫代反一　在昨宰反一　俖不肯普乃反一　欸相然辝於改反三　毐嫪毐嫪字浪報反　挨擊　倍

倍多薄亥反二　蓓黃蓓草

十六軫

軫之忍反九　縝結　胗胗·胗皮外癮小起　畛畛·田間道　賑隱賑又之忍反　鬒鬒髮　槙稹·木密　紾紾·單衣　蠢虫動尺尹反二

腪肥　准古準之尹反三　埻射的　純緣　尹余准反四　允信　狁獫狁　駗馬毛逆　筍思尹反三　隼　簨簨簴　愍悲眉殞反四　憫

憫默　閔傷　敏聰　牝毗忍反又扶履反二　臏膝骨　殞殁于閔反二　隕墜　窘急渠殞反四　琘玉名　菌地菌　箘竹名　紖牛紖直引反二　脪腫處

辴笑皃敕忍反又敕私反一　引余軫反二　蚓蚯蚓　忍而軫反三　荵隱荵草名　涊水名在上黨　矧況式忍反二　哂笑　緊居忍反二　胗胗·脣瘡又之忍反

盡詞引反一　泯水皃武盡反又彌鄰反五　敃細理或作晚　僶僶俛俗作偭　笢竹膚　黽黽池縣在弘農又亡善反通俗作黾字　腎時忍反三　蜃蛤　脤祭餘肉　釿

齊宜引反一　盾干食尹反一

十七吻

吻口吻武粉反三　刎刎頸　抆拭　粉方吻反二　黺　憤房吻反三　𤷃病悶　鼢鼠　忿怒敷粉反又敷問反一　惲厚重於粉反三　蘊藏　韞韞櫝　齳

無齒魚吻反一

十八隱 於謹反五 磤 雷聲 轀 車聲 癮 癮胗皮外小起 繶 縫衣相著 謹 居隱反六 靳 黏皃 犍 牛馴 堇 菜 槿 木槿 巹巹· 敬 赾 跛行皃丘謹反一

听 笑皃牛謹反一 齔 毀齒初謹反一 近 其謹反一

十九阮 虞遠反一 遠 雲晚反一 偃 偃仰於幰反八 㫃 旌旗旒 躽 躽物相當 鶠 鳳 郾 縣名 鼴 鼠 鰋 魚名 褗 衣領 湕 水名在南郡居偃反二 揵 難 蹇

寒· 女字其偃反一 言 去偃反一 言 語偃反二 屵 屵礹大脣皃礹字處灼反 幰 虛偃反三 攇 手約物 蠊 寒蠊 晚 無遠反三 娩 婉娩 挽 引 反 府遠反四 返 還

坂 橎 木名 卷 黃豆求晚反二 圈 獸闌又其卷反 婉 於阮反七 菀 紫菀藥 苑 園 踠 體屈 蜿 蜿蟮蚯蚓 畹 田卅畝 琬 稀 相近皃去阮反三

綣 繾綣 虇蘿· 蘆筍 晅 日氣況晚反又古鄧反三 暖 大目 咺 兒啼不止 輽 車 飯 扶遠反二

廿混 陰陽未分胡本反八 渾 渾元又戶昆反 鯶 魚名 緷 大束 焜 火光 倱 倱伅四凶 掍 掍同 睴 視皃 忖 倉本反二 刌 細切 本夲· 布忖反三 畚 草器 苯 苯蓴 損

蘇本反四 瘁 瘁痺惡寒痺字所革反 腪 臏臅 膞 切熟肉更煑 𠟗 減兹損反三 噂 噂喈 蓴 草叢生 穩 治穀聚鳥本反一 囤 小廩徒損反四 盾 沌 混沌

伅坉· 倱伅 鱒 魚名徂本反一 繇骸· 禹父古本反四 橐 大束 衮 衮衣 緄 帶 睴 睴怨行無廉隅他本反二 黗 黑狀 閫 門限苦本反四 壼 宮中道 裍稛

· 成就 悃 至誠 獖 守犬盆本反三 笨 竹裏 体 麁

廿一很佷· 佷戾痕墾反一 墾 耕康墾反三 懇 懇側誠至 齦 齧 頣 頰後古佷反一

廿二旱 何滿反二 㟅 山名在南郡 緩 胡管反二 澣 濯 短 都管反一 算 蘇管反一 款 苦管反三 窾 空 餪 女嫁食乃管反二 暖 或作暝 纂 集作管反四 纂

纂組 纘 乘系 儹 聚 椀 亦作盌烏管反一 粄 屑米餅博管反二 瓪 牝瓦又布綰反 管 古纂反六 脘脂· 胃府 輨 車轂鐵 盥 洗 琯 玉 痯 病

斷徒管反一　疃鹿跡他管反一　伴薄旱反一　卵夘•落管反一　滿莫旱反一　但徒旱反六　蜑南方夷　袒袒裼又大莧反　誕大　潬水中沙出　鞑馬帶　坦平他但反一　亶多旱反一　嬾落旱反一　笴箭笴各旱反四　皯面黑　稈禾莖　衦摩展衣　散𢿫•蘇旱反二　饊餅　攢昨旱反一　罕呼稈反二　蔊菜蔊

侃空旱反又空旦反一　㶕亡伴反又亡本反一

廿三潸數板反一　綰繫烏板反一　板布綰反二　版　酢酢醾面皺側板側板反一　赧皺•面赤怒板反二　醾酢醾　僩武猛皃曰寬大下赧反又姑限反一　睆大目戶板反二　鯇魚名　阪扶板反又方晚反一　矕視皃武板反一　齴齴齒不正士齗板反一　㹽齧初板反一　齗五板反一　莧胡板反二　莞莧•莞尔笑皃

廿四產所簡反四　嵼蹇嵼　汕魚浮　滻水名在京兆　限胡簡反四　硍石聲　䁂䰯䁂　𤚩牛很不從牽　䰯䰯䁂無畏視皃武限反一　簡古限反四　柬分別一曰縣名在新寧　暕　揀擇　剗削初限反三　鏟平木鐵　丳炙肉鐵　棧棧閣士限反又士免/士晏反四　嶘山皃　輚車名士所乘　孱孱陵古縣名在武陵又鋤連反

眼五限反一　醆側限反一

廿五銑金銑蘇顯反五　跣跣足　毨鳥獸秋毛　姺古國　洗沽洗律名　腆厚他典反六　淟淟涊熱風　䁯䁯疃鹿迹　錪釜　琠玉　靦面慙　典多顯反二　蕇葶藶　蝘守宮虫於殄反二　宴安又又燕見反　殄殄•徒顯反二　蜓蝘蜓　繭古典反五　𥀗皮起　𥠖小束　垷塗　筧以竹通水　峴峻嶺胡顯反三

臔肉急　哯歐乳　顯呼典反三　韅韅•在背曰韅　蜆小蛤　撚以指按物奴典反一　塓㨠•塗亡殄反一　編編絹一曰次第方顯反又卑連反四　匾遍•遍匾薄匾字湯稵反　緶褰裳　萹萹竹草又布玄反　泫露光胡犬反四　贙獸名似犬多力一曰對爭皃　鉉鼎耳　琄玹•玉名　辮辮•編髮薄顯反三　艑吳舡　鯿

扁•蜀人呼鹽　畎田上渠古泫反三　詃誘　罥挂　犬狗苦泫反一

廿六獮秋獵息淺反四　尠少　廯廩　癬疥癬　演廣以淺反三　縯長　衍達　踐疾演反三　諓諂　餞酒食送又疾箭反　𦗾耳門旨善反三

剶以槌去牛勢　欐木名　展知演反五　搌束縛　皽皮寬　輾輾轉　珽極巧視之又視戰反　趁趂·踐尼展反三　輾輾·車轢物或作碾　㞡柔弱　淺

七演反一　闡大昌善反二　燀燀·燒　遣去演反三　繾繾綣　饘黏又進　善常演反五　墠壇墠　鱓魚　蟺蟮·蚯蚓　單人姓又都寒反

蹇跛居輦反三　謇吃　搴取　剪翦·即踐反三　揃揃滅　戩福祥　蹨踐人善反三　戁懼　橪橪棗　輦力演反四　璉瑚璉

鄻地名在周　僆雙生子　件分其輦反三　鑳鑳鏟　鍵管籥　𦆉緩徐輦反一　齴𪘏·齒露魚蹇反二　巘山峯　辯符蹇反一　緬遠無兖反六　沔漢水別名

愐思　勔自強　湎酖酒　黽黽池縣名在弘農又忘忍反　褊衣急方緬反一　臇臛少汁姊兖反三　吮嗽又徐兖反　蔿蕌蔿　辡罪人相訟方免反一　兖以轉反二

沇濟水別名　臠力兖反二　孌美好　轉陟兖反一　卷吉轉反一　圈圈獸渠篆反又求晚反一　輭柔而兖反六　蝡虫動　檽椺·紅藍一曰棗名　薷萸·木名

瑌碝·石次玉　愞懦·弱又奴亂反　舛舛剥或作踳昌兖反三　喘息　荈茗草　膞切肉視兖反三　腨腓腸　鄟地名　篆篆書治兖反三　瑑璧上文

沌水名在江夏又徒混反　剸細割旨兖反二　孨孤露可憐又庄卷反　選思兖反又思絹反一　撰士免反三　僎具　𩸞鱄·魚名　蜎蜎蠉井中虫狂兖反一　蠉香兖反一　梗

木名符善反一　免黜亡辯反七　娩婉娩　勉勗　俛俯　冕冠　鮸魚名　挽生子免身　擅擅振基善反一　搌丑善反四　鋋長　於㫃·旌旗柱

蕆藏·備一曰去貨

廿七篠

篠細竹蘇鳥反二　魡魚　皎光古了反七　璬珮玉　皦行膝皦脛　晈月光詩云月出皎兮　鐃鐃·鐵文　皅白又匹白反　皦珠玉白皃　鳥都了反五　旳

絹帛頭　㣿垂　乚懸皃　蔦樹上寄生　了盧鳥反四　蓼菜　瞭目精朗　蹘𩯍·𩯍長𩯍皃　朓月見西方吐鳥反二　窱窈窱深遠皃　曉呼鳥反一　杳烏皎反六

窅深目　窈窈窱又窈窕美皃　僄便裊身弱好皃　騕騕褭神馬　𪟝𪟝長而𪟝不勁　嬲嫐·戲相擾奴鳥反五　嫋長皃　騄騄駶　裊騕裊　㒡僄㒡　皛白胡了反二

䒒皃芘草　窕窈窕徒了反二　誂弄俗作挑　磽山田古或作硗苦皎反一　湫隘子了反又子攸反一

廿八小私兆反一肇肈•始治小反六兆趙旐旗狣犬有力𦍒羊子沼之少反一少書沼反一夭屈於兆反二殀歿擾㹛•

而沼反三繞遶標落符小反二鰾魚膠𪍿糗或作麨尺紹反三弨弓楢木名縹青白色敷沼反六醥清酒犥牛黃白色顠髮白皫鳥變色

篻竹名眇亡沼反四淼大水杪秒•木末秒禾芒紹市沼反三佋介袑袴上矯居沼反三或作撟䀏𥃩•目重瞼嬌蟜•

女字表方小反又方矯反二褾袖端藨草名可為席或作蔍平表反二殍餓死鷕雉聲以沼反三溔浩溔大水舀杼舀或作䑒悄憂心七小反一劋勦•

絕子小反二勦勞又鋤交反𨲠長皃在小反一繑繑•繞力小反一

廿九巧苦絞反又苦教反一𦥺動聲下巧反一飽博巧反一獿擾亂奴巧反又下巧反一卯猶冒莫飽反三昴昴•星茆鳧葵又力有反絞絞縛古巧反四狡狂狡

佼女字攪手動爪側絞反三𧲣𧲣貖瑵玉拗手撥於絞反一鮑薄巧反一齩五巧反一熠煼•熬楚巧反一

卅皓皓•光胡老反八昊天暤曎•少暤浩大鎬京滈水名在京兆顥大鰝大蝦抱薄浩反一老盧浩反六貖𧲣貖西南

夷俗作獠轑車軸橑屋橑簷前木一曰蓋骨一曰欄潦雨水薧乾梅討他浩反三套長槄山楸木又他刀反道徒浩反三稻穀駣馬四歲腦

腦•奴浩反四惱惱•懊惱碯磠•碼碯寶石𨲆長皃倒都浩反五擣舂島海中山禂馬祭禱請嫂俗作嫂蘇皓反三燥

乾掃草七嫂反三懆憂心騲牝馬早子浩反八澡洗藻文薻菜蚤狗虫鱢魚名璪玉飾棗棗•皁皂•

昨早反三草草斗櫟實造暠古老反五杲日出槀草縞縞素又古到反稾稾䅌好呼浩反一蓩武道反又亡毒反一寶古作珤博抱反六保堢

墇褓襁褓鴇鳥名葆草盛又羽葆鼓吹飾襖短袍烏浩反六镺镻•一曰镺𨲆長懊惱媼母芺苦菜䐿藏肉又烏到反考苦浩反四

栲木名槁枯祰禱

卅一哿嘉古我反二　舸輕舟　火呼果反一　果古火反六　猓猓猻獸　輠車脂角　裹束　蜾蜾蠃虫　菓　埵丁果反六　鬌小兒前髮　挅挆·稱量　綵綵·冕前垂　朶木上垂　揣搖又初委反　鎖鐵鎖俗作鏁蘇果反五　璅璅·青璅　漅水名　葰葰人縣在上黨又蘇寡反　筱竹名　墮徒果反又他果反六　埰垛·聚土　瓻長沙呼甌　種小積　笇筭·竹名　鞢轂·履跟緑　妥安他果反一　叵普可反二　頗頗能本音滂何反　跛跛足布火反三　簸簸揚又布箇反　駊駊騀馬行惡　躶赤體郎果反四　瘰瘰癧筋結　蓏果蓏　蠃蠃螺虫名　禍褙·胡果反二　夥楚云多　顆小頭枯果反一　坐坐·徂果反又坐一　爹北方人呼父徒可反三　柁柂·正舟尾木　陊下坂皃　可苦我反一　我五可反二　騀駊騀　左則可反一　麼幺麼細小莫可反一　歌大笑呼或作嗬呼我反二　吱擊　婐婐妸身弱好烏果反一　妸妸·奴果反一　閜閜·欲傾烏可反三　椏橠椏　櫰櫰櫰木茂盛　懷乃可反一　橠橠椏樹斜勒可反二　攞裂　婐婐·好皃五果反一　縒鮮絜皃蘇可反一　瑳玉色鮮千可反一　彈垂皃丁可反一

卅二馬莫下反三　碼碼碯　罵詈又莫賈反　者之野反二　赭赤土　野以者反三　也　冶鑪　雅楚烏五下反五　疋正　庌廳　厏疨·厏庌不合　盄酒器俗作雅　檟古雅反五　嘏大一曰福　假又加訝反　賈斝斚·　啞不能言與雅反一　灺燭餘徐野反一　下胡雅反二　夏又胡駕反　寫悉野反二　瀉瀉水　嗬大笑許下反一　閜大裂　且七也反一　跒跁跒行皃苦下反一　跁傍下反二　諀短人立　社市也反一　捨書也反一　姐羌人呼母一曰慢茲野反一　把博下反一　踝足骨胡瓦反二　稞淨穀　寡古瓦反二　冎咼·剔肉置骨　瓦五寡反一　若乾草人者反二　惹亂　鮓側下反一　觰牛角横都下反一　槎士下反又士加反二　厏厏庌　䩡寬大車者反四　撦裂壞　䰩醜䰩　哆脣垂　縿縿緊相着皃竹下反一　絮奴下反一　髁骨口瓦䯊反一

卅三感古禫反七　贑竹名　鱤魚名　醬酒　贛水名在南康　灝豆汁　灨　禫祭名徒感反七　糟糟糟滓　黮黮黮雲又他感反　靊靊霸雲　窞坎旁入易曰入于坎窞　髧髮垂　菡菡萏荷花　晻腌·暗烏感反六　黯黯黮　揞手覆　唵手進食　罯魚網　澉水大至　腩煮肉奴感反三　湳水名在西河　萳竹弱

襑衣大他感反四　醓監醓　肬肉汁　噏衆聲　歠昌蒲葅徂感反二　𢏗弓弦𢏗　慘戚七感反三　憯痛　黲䵅色又倉敢反　鏒傪鏒搖頭五感反一　昝人姓子感反三　寁遠　撍手動　糂或作糝素感反四　糣糣糟滓　傪傪鏒　糝粽·蜜藏木瓜　坎苦感反二　歁食未飽　頷胡感反五　嫸害惡嫸性　撼動　淊滔·水和泥　菡萏·菡萏　壈坎壈盧感反二　燷黃焦色　黕滓垢都感反二　眈眈·虎視

卅四敢古覽反三　橄橄欖木名出交阯　澉澉䭇食無味　覽視盧敢反三　擥手取　欖橄欖　菼荻吐敢反二　緂青黃色　膽肝膽都敢反二　紞冕垂飾　噉噉食或作啖徒敢反三　澹澹淡水皃　𥱣竹名　黲日暗倉敢反一　㛐鄉名在河東猗氏謨敢反一　䭇子敢反一　槧削板牘才敢反又七廉反一　埯坑央敢反一

卅五養餘兩反三　痒皮痒　瀁滉瀁　像詳兩反四　象　蟓桑上蠒　橡木實　奬勸即兩反三　𥴻剖竹未去節又秦丈反　槳檝屬　兩力獎反五　魎魍魎　㭼松脂　脼膎　勆勆勥　勥其兩反一　鞅於兩反四　柍木名　秧秧穰　𩛀飽皃　仰魚兩反一　磢瓦石洗物測兩反三　𠠏皮傷　搶頭搶地出史記　想息兩反一　掌職兩反一　爽踈兩反三　𦅥屩中絞繩　鸘鷞·鷞鳩　敞昌兩反三　惝惝怳　氅鷩鳥毛　響許兩反四　饗　蠁虫　亨享·又普庚反　繈絲有節居兩反三　鏹錢　襁襁緥　丈直兩反二　杖　昶通丑兩反一　壤土如兩反四　蘘蕪菁葅　𦢊肥　穰豐　賞諸兩反二　饟日西食　髣髣髴古作仿芳兩反二　紡紡績　罔冈·無文兩反五　網　輞車輞　菵菵草　魍魍魎　昉方兩反二　倣學　枉紆罔反二　汪汪陶縣在鴈門又烏光反　往王兩反一　怳狂許昉反一　上時掌反一

卅六蕩大堂朗反七　像放　愓不憂　盪滌　璗玉名　暘春　簜大竹　廣闊古晃反一　顙額蘇朗反三　𪔆鼓匡木　磉柱下石　榜木片博朗反三　牓題　𣯷毛片　駔會馬市人子朗反一　曩奴朗反一　沆沆瀣氣胡朗反一　曭日不明他朗反七　儻倜儻又他浪反　偒長皃　戃戃慌失意　矘矘䁅目無精　𥶃竹器　帑金帛舍　莽草莫朗反又莫古反七　䁅䁅無日光　𦬱𦬱艴無色狀　鏻鈷鏻又莫補反　蟒大蛇　漭沆漭　黨德朗反三　欓木名

讜直言 朖朗•盧黨反一 坱塵埃吳人云烏朗反四 映胦•胦瞕不明 泱滃泱水皃 醠醠•濁酒 慷慷慨苦朗反一 汪大水烏晃反一 晃胡廣反六

幌帷幌 橫兵欄 榥讀書牀 滉滉瀁 攩搥打又黃浪反 髈髀吳人云普朗反一 慌慌慌虎晃反二 爌開朗 𪉑酐•鹽澤名朗反一 奘大在朗反一

卅七梗桔梗藥古杏反八 挭大略 哽咽 郠邑名在莒 鯁刺在喉 綆井索 埂堤封吳人云 丙兵永反五 昞光 怲憂 邴邑名在泰山 秉

執 警几影反四 景 境界 璥玉名 影於丙反一 省所景反又思井反三 眚灾 瘖瘦瘖 永榮丙反一 皿器武永反二 盌盌戶土穴

憬遠舉永反三 囧光 煚火 杏胡梗反二 莕莕菜 猛莫杏反五 䵝䵝盯視皃 蜢蚱蜢虫名 鱦繩屬 艋舴艋小舟舴字陟格反 礦金璞古猛反四

𪍿𪍿麥 獷犬又居往反廣平縣在魚陽 穬穀芒一曰稻未舂 盯䵝盯張張梗反一 瑒玉名徒杏反一 瞢清潔烏猛反一 打德冷反又都乇反一 冷魯打反又普乇反一

卅八耿古幸反二 睯睯䁅視皃 䁅武幸反二 黽蛙 幸胡耿反二 倖傲倖 併且或作併蒲幸反二 鮩蛤鮩

卅九靜疾郢反一 整之郢反一 逞疾丑郢反二 騁馳騁 郢楚地以整反二 梬梬棗名 痙風強病其郢反一 潁水名在汝南餘頃反二 穎禾末 領李郢反三 嶺

柃木名灰可染 頸居郢反又巨成反一 餅必郢反二 屏 頃去潁反一 丼井•子郢反二 郱郱邢地名 癭病於郢反二 廮安一曰廮陶縣名在鉅鹿 請七靜反又

疾盈疾性二反一

卌迥遠戶鼎反三 冋空 炯光 泂古鼎反三 熲火光 炅光又古惠反 茗茗草莫迥反四 嫇嫇奵自持皃 酩酩酊醉 溟溟濘 頂頂顐頭上丁茗反六

奵嫇奵 酊酩酊 耵耵聹耳垢 鼎 薡草名 挺出徒鼎反五 艇小舟 鋌金鋌 梃木片 娗長好皃 珽玉名他鼎反五 圢坪•平 脡

脯胸 侹長直 洴徂醒反一 濴小水烏迥反一 謦欬去挺反一 顐顐頂乃挺反二 聹耵聹 婞佷下娗反三 䲔魚名 鋞似鍾而長 涬涬溟 醒蘇挺反一

鞞刀室補鼎反一 褧褧絅又布名口迥反三 檾枲屬 烓忄•行竈 剄斷首古挺反一 頩斂容疋迥反一 笭篝笭籠力鼎反二 冷寒 竝比萍迥反二

鮩(魚白)

卌一有(云久反四)　右(又於救反)　鴮(鳥似雉)　友柳桺•(力久反六)　瀏(水清)　綹(廿絲為綹)　輙(載柩車)　茆(葵水草詩云言採蘉其茆又莫飽反)　罶(魚梁)　丑

(勑久反二)　杻(杻械)　紐(結女久反四)　狃(相狎)　鈕(印鈕)　杻扭•(木名)　肘(陟柳反二)　疛(腸痛)　朽(爛許久反三)　痔(病)　殠(臭)　久(舉有反五)

九玖灸(灼)　韭菲•(菜)　首(書久反四)　手守䪪(人初産)　醜(處久反一)　湫(洩水瀆在久反又子小反一)　婦(房久反七)　𧖅蛗•(蟲螽)

負　萯(玉萯)　蝜(蝂蝜)　阜(陵阜)　鴀(鶌別名)　缶(瓦器方久反三)　缹(烝缹)　否(又符鄙反)　蹂(踐人久反二)　楺(屈木或作煣)　糗(乾餅屑去久反一)　舅

(强久反六)　咎　臼　齨(齒)　麔(牝麋)　鴭(鳥名)　紂(直柳反三)　紂(竹易根而死)　鮦(鮦陽縣在汝南)　酉(与久反七)　牖　誘(誂)　卣(中形罇)　槱　楢

•(積木燎)　莠(草)　羑(水名在湯陰)　滫(溲麵息有反一)　受(植酉反四)　壽　𨞙(水名在蜀郡)　綬(帶佩綺綬)　𩗷(風於柳反二)　𩶙(魚名)　酒(子酉反一)　浚

溲•(浚麵踈有反一)　帚(之久反一)

卌二厚　厚•(胡口反四)　後　后　郈(鄉名在東平)　母(莫厚反六)　牡(牝牡)　某　拇(大指)　畝　莽(草莽)　部(蒲口反七)　犃(犃牯偏又牛頭短)　瓿(瓿甊罌)

碚(碚嶁)　錇(小缶)　䵗(䵗黈餅)　篰(牘)　斗(當口反四)　枓(柱上方木)　阧(阧峻或作陡)　蚪(蝌蚪)　黈(䵗黈他后反三)　妵(人名傳有華妵)　黈(冕前纊)　苟

(且古厚反八)　玽(石似玉)　狗(犬)　垢　笱(笱屚縣名在交阯)　耇(黃耇)　詬(恥又古侯反)　笱(取魚器)　藕(五口反三)　偶(合)　耦(耕)　㨐(衣上擊方垢反二)

掊摘•(擊)　殼穀㝅•(乃口反一)　叟(老蘇后反七)　藪(澤)　籔(漉米器)　嗾(使犬聲)　瞍瞍•(瞽瞍)　謏(訹誘謏辝)　擻(斗擻舉物)

吼(牛鳴呼后反一)　剖(普厚反三)　婄(婦人皃)　蔀(小)　歐(烏口反三)　毆(擊)　㸸(特牛)　塿(碚塿盧斗反五)　嘍(嗹嘍煩皃)　甊(瓿甊)　簍(籠)　𪍿(麴糧𪍿餅)

走(作口反一)　口(苦厚反六)　扣(擊)　㸸(犃㸸)　釦(金飾)　叩(叩頭)　訽(先訽相)　蕍(圜草褥徒口反三)　鋀(酒器)　揄(揄引)　鯫(魚名一曰姓漢有鯫生士垢反又士溝反一)

卌三黝黑於糾反又益夷反二 怮憂 愀變色茲糾反又在由子了反一 糾糺・居黝反二 赳武皃

卌四寑室七稔反三 寢卧 梫木名 朕舼・古直稔作舼反一 玪坎丘甚反一 稟倉力稔反四 懍敬 菻菻・蒿 凜凜・寒狀又渠金反

罧積柴取魚斯甚反一 醰小甜子朕反一 踸踸踔行無常皃褚甚反一 荏菜如甚反五 飪熟食 稔歲熟 栠木弱皃 恁念 枕之稔反二 煩頭骨 沈

古作邶式稔反五 審 橎木名 瞫瞫・視 諗告又謀 甚損枕反一 椹椹・食稔反一 瀋汁尺甚反一 墋墋・土初朕反二 醦醦・酢甚

抌抌搦尼甚反一 噤寒渠飲反二 顩切齒怒 蕈菌生木上慈錦反一 錦居飲反一 僸仰頭牛錦反一 痒寒皃踈錦反一 稟供穀筆錦反一 飲於錦反一 品披飲反一 廞

羲錦反又虛金反一

卌五琰玉以冉反三 剡削又縣名 棪疾行 斂力冉反二 蘞白蘞藥又力瞻反 險虛檢反四 獫獫狁 婡婡姱性不端又奔葉反少氣 譣 貶方冉反一 顩顩不平丘檢反二

嵰山高 儼敬魚檢反六 顩顩・預顩 广因巖為室 隒山形似重甑 礹礷礹 嬐嬐然齊 儉巨險反二 芡鷄頭 撿撿校居儼反三 檢書檢 瞼

目瞼 黶面有黑子於琰反三 襳襳 檿山桑 冉而琰反四 姌長好皃又奴簟反 染染色 苒草盛 陝縣名在弘農失冉反二 睒暫見 奄應儉反五 霍雲 郁

國 掩取掩同 闇官闇 漸自冉反二 礹嶃・礹礹

卌六忝他點反二 柄鄉名在濟北蚍丘 淰水流皃乃簟反三 嬯弱 阽亭名在鄭 點多忝反四 玷玉瑕 耆老人面黑子 刮斫 簟席徒玷反二 扂閉戶

嗛縑・猨藏食處苦簟反三 歉食不飽 慊恨切 穝禾稀盧忝反一 鼸鼠名下忝反一

卌七拯抍・救溺無反語取蒸之上聲一

卌八等齊多肯反一 倗不肯普等反一 肯可苦等反一

卌九豏豆半生下斬反四 減耗又古斬反 濫濫泉又盧暫反汎濫 𤢄犬齧物聲 湛徒減反又徒感反直沁反二 僭僭然齊整物 㡜牖一曰小戶苦減反一 鹻古斬反二 減損

瀺瀺灂士減反一 斬阻減反一 𦢊臉𦢊羹初減反一 臉力減反一 闞火斬反又火檻苦暫反二 欿笑 摻所斬反一

五十檻欄胡黤反五 艦舡 䡲罔車 轞車聲 𤢄㺌•惡 顲長面皃丘檻反又五減反一 摲斬取山檻反二 㺑𤢄㺑犬聲 黤青黒於檻反二 黝董黝子出孝傳 醶酢漿初檻反一 獥小犬吠荒檻反一

五十一范姓無反語取凡上聲四 範模 犯干 䖅蜂

切韻卷第四　去聲五十六韻

一送蘇弄反　二宋蘇統反陽与用綘同夏侯別今依夏侯　三用余共反　四綘古巷反

五寘之義反　六至脂利反夏侯与志同陽李杜別今依陽李杜　七志之吏反　八未無沸反

九據居御反　十遇虞樹反　十一暮莫故反　十二泰他蓋反

十三霽子計反李与杜与祭同呂別今依呂　十四祭子例反　十五卦古賣反　十六怪古懷反

十七夬古邁反無平上李与怪同呂別与會同夏侯別今依夏　十八隊徒對反李与代同夏侯為疑呂別今依呂　十九代徒戴反　廿廢方肺反無平上夏侯与對同呂別今依呂

廿一震職刃反　廿二問無運反　廿三焮許靳反　廿四願魚怨反夏侯与慁別与恨同今並別

廿五慁胡困反呂李与恨同今並別　廿六恨胡艮反　廿七翰胡旦反　廿八諫古宴反李与襇同夏侯別今依夏侯
廿九襇古莧反　卅霰蘇見反夏侯陽杜与線同呂別今依呂　卅一線私箭反　卅二嘯蘇弔反
卅三笑私妙反　卅四效胡教反　卅五号胡到反　卅六箇古賀反呂与禡同夏侯別今依夏侯
卅七禡莫駕反　卅八勘苦紺反　卅九闞苦濫反　卌漾餘亮反夏侯在平聲唐入漾宕為疑呂与宕同今並別
卌一宕杜浪反　卌二敬居命/孟反呂与諍勁徑同夏侯与勁同与諍同徑今並別　卌三諍側迸反　卌四勁居盛反
卌五徑古定反　卌六宥尤救反呂李与候同夏侯為疑今別　卌七候胡遘反　卌八幼伊謬反杜与宥同呂夏侯別今依呂夏侯
卌九沁七鴆反　五十豔以贍反呂与梵同夏侯与㮇同今並別　五十一㮇他念反　五十二證諸鷹反
五十三嶝都鄧反　五十四陷戶韽反李与鑑同夏侯別今依夏侯　五十五鑑格懺反　五十六梵扶泛反

一送蘇弄反一　鳳馮貢反一　貢古送反四　贛賜　湏水名出豫章　虹蝀·縣名沛郡　弄盧貢反四　梇梇贛愚　礱磨礱又盧東反　梇梇棟縣名在益州　涷瀑雨又水名出發鳩山多貢反三　凍冰　棟屋梁　控引苦貢反四　倥倥傯困皃　悾誠心　鞚馬鞚　糉蘆葉裹米作弄反四　傯倥傯　㚇斂足　鯼魚名　甕馬貢反二　齆齈·　謥詷·謥詷言急千弄反一　洞穴又洞名徒弄反七　峒硐深　胴大腸　詷謥詷　慟　筒簫　駧馬急走　痛他弄反一　仲直衆反一　諷方鳳反一　焪火乾物去諷反一　夢莫諷反四　瞢雲瞢澤名　鄸邑名在曹　甍甍趨疲行　㝱寐見事　趨香仲反一　幪幪穀莫弄反二　霿天氣下地不應　賵賵賻孚鳳反一　䞼千仲反一
中陟仲反又陟隆反二　衷陟隆反又陟隆反　哄唱聲胡貢反二　閧鬨·兵鬪又胡絳反　齈多涕奴凍反一　衆之仲反又之融反一　銃銎充仲反一　⿰崇刂仕仲反一
二宋蘇統反一　綜機縷子宋反二　粽　統他宋反二　⿰黃充黃色
三用余共反一　頌似用反三　誦讀誦　訟爭訟　俸秩房用反二　縫又房容反　共渠用反一　葑菰根方用反二　封又方容反　供設居用反又居容反一　雍於用反一　縱子用反又

反二 瘲病 湩乳汁竹用反又都貢反一 偅行不正他用反一 䩸鞾·而用反或作茸一 種之用反又之隴反一 重持用反一 贚貧良用反一 惷丑用反又丑江反一

四絳古巷反三 虹螮蝀又胡籠反 降下 巷胡降反二 閧鬨·兵鬭 漴士巷反一 幢車直降反三 幢后妃車幰 憧戇憧 肨普降反一 戇愚丁降反又呼貢反一

五寘之義反七 忮懻心 伎傷害詩云鞫人伎忒 觶爵 ⿰言支 ⿰多支⿰多攴·多 伿惰 避婢義反一 惴憂之睡反一 詈罵詈力智反三 荔荔支又盧帝反 離遠又力知反 豉鹽豉是義反二 鯷魚又徒奚反 積紫智反又子昔反二 ⿰此欠歐 賜斯義反三 澌盡 杫枇·肉机後書漢郎被枕杫 爲為·榮偽反又榮危反一 ⿰貝爲賭詭偽反一 帔衣披義反一 賁卦彼義反三 佊哀論語云子西佊哉 詖諭詖 髲益髮皮義反四 被服 鞁 弢絲弢弓 累羸偽反一 寄寓居義反二 ⿰月奇肉四騎 臂卑義反一 芰菱奇寄反三 騎乘騎 ⿰鬼支鬼服 刺針此豉反六 庛庛瘠·朿木芒 莿針 ⿸广且人相依 誎數諫 易以豉反一 傷相輕神伎反一 議宜寄反三 誼漢有賈誼 義 譬喻匹義反一 漬潤在智反五 殰骨 眥目眥又在計反 智知義反一 倚於義反又於蟻反一 縋繩池累反六 槌蠶槌又直追反 膇重膇病 錘稱錘又直為反 腄縣名 甀小口甖 吹尺偽反又尺爲反一 戲戱·羲義反一 企望去智反三 跂傾 跂舉足望 縊自經於賜反一 翅亦作翍施智反四 施惠又式枝反 啻不啻 鍦短矛 屣所寄反又所綺反四 灑灑掃 鞿履 曬曝 餧於偽反一 觖望窺瑞反一 僞危賜反一 恚怒於避反一 睡寐是偽反三 瑞 鞋䳜·枘內而睡反一 諉女恚反一

六至脂利反五 摯贄國名 鷙贄·擊鳥 礩柱下石 位洧冀反一 郿縣名在扶風美秘反美秘反五 媚嫵媚 魅魑魅 篃竹 䈼冬筍生 遂徐醉反十一 彗帚一曰妖星 隧墜·墓道 襚贈 旞羽繫旌上 璲玉 穗秀 檖陽檖木名子可食 燧烽燧一曰燧人 澻田閒小溝 鐆陽鐆 醉將遂反二 檇樵·木有所檇又子迴反 邃深雖遂反五 祟禍 誶言詩云歌以誶止 粹純 睟視皃 類力遂反四 淚 纇祭名 瓃玉器又力追反 秘鄙媚反九 毖慎 閟閉 柲地名 轡馬轡 柲矛戟柄 泌泉皃 鄪邑名在魯 粊惡米 匱乏逵位反六 饋餉 蕢蕢·草器 繢織餘 櫃櫃篋 壝

濞水聲匹備反三 嚊喘聲 㿅滿氣 備具平祕反九 㬥怒一曰迫 䐊壯大 糒糗 軷車軾 犕牛具齒 贔贔屭肥皃 構木名 犕鞴鞴•

革扁模 愧慙軌位反二 魄馬色 帥所類反二 率又所律反 喟大息丘愧反又苦拜反四 樻樻梧木腫節可爲杖 髕膝加地 鬢髫 豷豕息許位反二 豩豩•

火又息淺反 嗜欲亦作餚常利反一 利力至反四 颲烈風 莅涖•臨 覼求 膩肥女利反一 劓割鼻魚器反一 屁氣洩匹鼻反一 致陟利反十 懫

止 躓礙 疐 輊車前重 鷙馬脚屈 弃詰利反三 䋈結•多 寐睡蜜二反一 緻密直利反七 稚幼 遲待又直尸反 稺穉

•晚禾 儌會物 𢶍當 鑕履底 屎饐柄丑利反二 誺不知 冀兾•几利反六 覬覬覦希望 穊 驥騏 洎肉汁又渠器反 懻強直 臮

與詞其器反五 暨 垍堅土 㵖㵖•水名 鱀 悸心動其季反二 寱熟寐 翠七醉反二 臎鳥尾上肉 二而至反三 貳副 樲酸棗 恣資四反一

次七四反五 鶿鳥名 佽佽飛漢武官名 髤髤•以漆塗器 絘績所以未絹者 懿美乙利反五 𡔛陰皃 饐餅傷熟 欭噫歎 撎舉手 四數息利反七 肆

隸•陳又極 柶角上 泗水名在魯 牭牛四歲 蕼菫 器去冀反一 季癸悸反一 鼻毗四反五 比又必履符脂扶必三反 枇細櫛 𤻲脚氣不至

瞲瞲•恚視許鼻反一 痹脚冷濕病比至反三 畀畁•与 庇廕 萃疾醉反三 顇顦顇 瘁病 地徒四反一 齂鼻息許器反五 屓屭

豷夏后氏有澆豷 呬息又丑致反陰知曰呬 䨏見雨止息 肄習羊至反三 殔假埋道側 庛倉廡 示神至反三 謚 貤重物次第 自從疾二反二 嫉嫉妬

墜落直類反二 懟怨 出尺類反一 轛車横軨追類反一 遺贈以醉反又以追反六 讀讀侯出漢書王子侯表 繐忘 蜼仰鼻而長尾又餘救反 侐靜火季反又

麎逼反一

七志

志之吏反三 娡有莘氏女鯀之娶 䓌遠志 值直吏反三 植種又市力反 治 寺辝吏反三 嗣继 飤飼•食 蚝虫七吏反一 笥篋相吏反二 伺

候 試式吏反三 弒逆殺 幟又昌志反 胾大臠側吏反二 椔木立死 吏力置反一 字疾置反四 牸牸牛 孳孳尾 眙住視丑吏反二 魅厲鬼 餌仍吏反七

珥耳飾 衈開刑書殺雞血祭名 咡口吻 刵割耳 毦氅 佴次 駛疾所吏反二 使又所里反 廁雜初吏反一 異餘吏反二 异异哉歎 置陟吏反一

事鋤吏反一 侍時吏反二 蒔蒔・種 忌渠記反五 邔縣名在襄陽 惎教一曰謀 緦連針 鱀魚名 熾盛尺志反二 饎熟食 意於記反二

鶅鳥名 記居吏反一 亟數去吏反一 憙好虛記反一 ⿰鬼疑恐魚記反一

八未無沸反三 味 菋五味子藥 貴賢・居謂反一 胃云貴反十 謂 ⿰忄胃怫⿰忄胃不安 媦楚人呼妹 ⿰舟胃運船 緯經緯 渭水名 蝟虫名 煟火 彙

類 魏魚貴反二 犩牛名又魚歸反 沸府謂反四 疿 誹謗誹 ⿰衤弗袚・蔽膝 ⿱毀米細米丘畏反一 慰於謂反九 尉 畏 罻羅 熨火 蔚

文 犚牛名 螱飛蟻 褽衹 諱許貴反二 卉芔・ [illegible]獸名扶沸反九 怫怫⿰忄胃又扶物反 ⿰⻊非刖足 腓病 菲菜又芳非/芳未反 扉草屩 翡

翡翠 蜚虫 扉隱 旣既・居未反三 曁諸曁縣名在會稽又其冀反 禨福祥 毅果敢俗作毅魚既反二 藙茱萸 氣去既反二 气乞・与人古作雲乞又去訖反

欷歔許既反六 唏啼 塈塗 餼生餉 衣於既反一 御魚據反三 馭駕 語又魚舉反 慮思力據反三 勴慮・助 鑢錯

九據俗作攄居御反五 鋸 倨傲 踞蹲 椐靈壽木 覷伺七慮反一 㰦欠㰦却據反四 去 麮麥汁 呿臥聲 署常據反二 曙曉 恕恕心式據反二

庶庻・ 著張慮反又持略張略三反一 翥亦作翥之據反三 ⿰鼠庶筐 ⿰食庶犬麋 ⿰⻊㐬所據反一 飫飽於據反六 瘀瘀血 鄔縣名在太原又烏古反 醧私讌

棜無足罇 淤水濁又約渠反 筯直據反二 遽急渠據反三 勮勤務 詎 絮息據反一 助鋤據反二 耡又仕魚反亦作鋤 怚子據反二 沮沮・沮洳

詛呪側據反一 洳沮洳亦作澤而據反二 茹飯牛 豫逸余據反十二 預安 ⿱與馬馬疾行 譽 礜礜石 輿車輿又與居反 鸒鸒斯鳥 悆悅 ⿱與鹿大鹿

⿱與木舉食 噓吹噓虛據反一 女娘舉反一

十遇虞樹反二 寓寄 嫗老嫗紆遇反一 樹殊遇反三 耇老人行皃 澍時雨 住持遇反二 牏築垣短板 附符遇反六 坿⿰忄付・白坿 祔祭 賻贈死

駙(副馬)　鮒(魚名)　注(之戍反七)　疰(病)　罜(小罟)　狂(犬名)　鑄(鎔鑄)　⿱馬廾(馬白足)　澍(時雨)　屨(俱遇反五)　句　蒟(蒟醬又其俱反)　絇　瞿(視皃)

煦(溫香句反二)　酗(醉怒)　戍(傷遇反五)　腧(五藏)　輸(又式朱反)　踰(馬跳)　隃　裕(羊孺反四)　覦(覬覦)　諭(譬或作喻)　籲(和)　孺(而遇反三亦孺)　乳

(又而主反)　擩檽・(擩莖)　赴(撫遇反四)　⿱兔⿰兔兔(疾)　訃(告喪)　仆　務(武遇反七)　婺(婺女)　霧　騖(馳)　⿱敄羊(六月生羊)　⿱敄隹(雞雛)　⿱敄巾(髮巾)　緅

(青赤色子句反一)　懼(其遇反三)　具　臞(癯)　芋(一名蹲鴟羽遇反二)　⿱雨羽(雨行)　屢(李遇反一)　埾(垛才句反二)　聚(又浄雨反)　捒(裝色句反二)　數(又色矩色角反)　付

(府遇反四)　賦　傅　⿱髟付(露髻)　娶(七句反二)　趣(向又七俱反)　註(解中句反五)　鉒(置又送死人物)　駐(立馬)　軴(車軴)　壴(陳樂)　驅(主遇反一)　菆⿱菆灬・

(鳥窠蔟注反一)　足(添即俱反又之欲反一)

十一暮(莫故反四)　墓　慕　募(勇征)　渡(徒故反四)　斁(猒一曰終詩云服之無斁)　鍍(金鍍物)　度　路(洛故反九)　露　潞　輅(車輅又胡格反)　璐(玉)　賂

鷺(鳥)　簬(竹名)　虂(虂葵)　妬(當故反七)　秅(禾束又縣名在濟陰或作秺)　奼(美女)　⿰月乇(大腹)　⿸疒乇(乳病)　⿱冖託(奠酒爵)　蠹(食桂虫)　菟(湯故反三)　吐　兔

(猒)　顧(古暮反八)　雇　稒(稒陽縣在五原)　故　酤(又古胡反)　痼(久病)　固(堅)　錮(錮鑄又禁)　誤(錯吾故反六又作悞)　寤(寐)　忤(逆)　迕(遇)

晤(朗)　悟　護(胡故反九)　瓠(瓟)　嫭(美好)　婟(嫪惜)　互⿱互寸・(差互)　濩(布濩又湯時樂)　枑⿰扌互⿰木⿱互子・(門外行馬)　笠⿱竹乎・(所以收絲)　冱

沍冴・(寒凝)　訴⿰言斥・(蘇故反五)　泝(逆流上)　愬(行亦作遡)　嗉(鳥嗉)　素　祚(福祥昨故反四)　胙(祭餘)　阼(東階)　蘆(魚醬)　笯(乃故反乃故反一)　布

(博故反一)　汙(染烏故反二)　惡(又烏各反)　怖(普故反二)　鋪(設又普胡反)　厝⿸厂厝曆・(倉倉故反三)　措(舉)　醋(醬醋亦作酢)　袴(或作絝苦故反四)　庫(府舍)

胯(股)　⿰酉苦(醋菹)　捕(捉薄故反五)　哺(食在口)　步　鞴(鞴鞁)　餔(餹餔)

十二泰(他蓋反三)　忲忕・(奢)　太(大)　盖盖・(古太反二)　丐(乞或作匃)　艾艾・(五蓋反二)　⿰豕艾(豭豕)　藹(美於蓋反五)　壒(塵)　馤(香)

靄雲狀又於曷反 嗐日色 柰棕·木名亦作柰奴帶反二 奈柰·如又奴箇反 大徒蓋反一 害胡蓋反一 帶紳都蓋反二 跢倒 貝博蓋反四

沛郡名 狽狼狽 犕牛二歲 霈普蓋反一 會黃帶反一 兊杜會反二 靰補 儈古兊反八 膾 襘福祭 檜栢葉松身又古活反 旝木置石投敵 澮

畎水又水名在平陽 鄶國名在滎陽 廥蒭藁藏 最冣·作會反一 譮譮·衆聲虎外反四 噦鳥聲 翽飛聲 鐬鈴聲 糩麤糠苦會反一 酹酒沃地郎外反四

毲馬色 餟門祭 頮鮮白 外吾會反一 祋祋祤縣在馮翊丁外反一 懀惡烏外反二 薈草盛 蕞蕞·蕞尒在外反一 襊襊·衣遊縫七會反一 旆

旗薄蓋反三 䟴賴䟴行不正 軷軷·祭道神又薄葛反 磕礚·硠磕苦蓋反四 鶡鶡鳴 轄車轄 愒貪 蔡七蓋反一 賴賴·落蓋反九 籟

簫三孔 癩或作癘 瀨瀨·湍瀨 糲麤米 襰墮壞 犡牛名 鱡魚名 藾蒿 餀食臭海蓋反一 娧好皃他外反一

十三霽子計反四 隮升 濟擠排擠 帝都計反六 諦審 嚏嚏·古鶗 柢根 蔕草木實 螮螮蝀 嚌嘗至齒在計反五 劑劑分又子隨反

穧刈把數 鱭鱭 眥目際又才賜反亦作眦 替廢他計反七 剃除或作鬀 䅽不耕而種 洟鼻洟 屟屜屜·履褁薦 达足滑 薙除草 第

特計反十三 遰迢遰又底隷反 鬄髢·髮 締結 睇視 悌娣禘祭名 釱以鎖加足 鷤鷤鳥又徒鷄反 棣棣·車下李 杕盛皃

踶蹋 砌七計反三 切衆 ⿰目祭視 細蘇計反四 些楚音 栖雞所宿 壻女夫或作婿 詣五計反四 羿能射人 睨睥睨 栺枍栺殿名 計

古詣反八 係連 繼紹 繫纏 薊葪·草名 髻 鄚燕都 檵枸杞 蒵藑蒵胡計反五 ⿰月繫喉脉 系緒 妎心不了 禊禊飲 契

約苦計反又苦結反二 栔刻 翳羽葆於計反八 曀陰風 瘱瘞·靜 枍枍栺 ⿱殹土塵 殪死 医藏弓弩器 瞖目瞖 謎隱語莫計反一 閉

博計反三 嬖愛 箄甑箄 慧解胡桂反七 憓愛 潓水名 惠仁 蟪蟪蛄 蕙草 橞木名 桂古惠反三 昋 筀竹名 嘒嘒

·聲虎惠反二 ⿱彗目·小星 媲配匹計反四 睥睥睨 渒渒·水名在汝南亦作箄 濞水聲 薜薜荔薄計反二 ⿱埶金以理苗所殺草 麗魯帝反十三

戾 隸 隸•僕 儷等 盭綠色或作綟 劙割 唳 蜧大蝦蟇 莀紫草 俍很 沴沴•妖氣 荔薜荔 捩琵琶撥

泥奴細反一

十四祭子例反五 際 穄黍 鰶魚名 鬣露髮 歲相芮反三 槥小棺又似歲反 繐疎布又似歲反 衞爲劌反六 轊車軸頭鐵 璏劒鼻王莽碎劒又直例為厥反 篲竹名

芮草生狀而銳反三 汭水 枘柄 贅贅•之芮反一 啐小歠山芮反一 毳細毛此芮反五 韢囊又徐醉反 脃肉肥古作膬 帨帨•佩巾亦作帥

涗溫水又式芮反 銳以芮反三 叡聖與睿同 莌莌•草生狀 綴陟衛反又丁劣？反二 醊祭 稅斂舒芮反四 說誘 裞衣送死人又他活他外二反

蛻蛻皮又他卧反 獘眦祭反三 斃死 幣帛 橇重檋楚歲反一 篲掃帚因歲反二 鏏大鼎 蔽掩必袂反二 鄨縣名在牂牱 劌劌•傷居衛反三

鱖魚名 剮剖剮斷割 袂袖彌弊反一 幓幓•殘帛所例反三 鎩矛戟類又所怪反 蔱椒 掣曳尺制反又尺折反三 瘛疒•小兒驚 瘌毒病

制禁職例反六 ⿱制月魚醬 淛洌•水名 製作 䎢入意一曰聞 晢星光又旨熱反 逝時制反七 ⿱制羽牛角豎 噬齧 誓約 筮莁•

澨水名 銴車簹 曳餘制反十 裔裔•邊 玴石之次玉 勩勞 洩泄•水名在九江 枻栧•檝 疶⿸疒曳•病 𧳜

⿰犭曳•飛鳥 ⿰忄曳明一曰習 詍⿰言曳•多言 ⿰糸曷急於罽反三 瘗埋 餲食敗 藝魚祭反四 寱睡語或作囈 蓺種 槸木相摩 滯直例反二

彘豕 例力制反十一 厲惡 礪 勵 禲鬼無後 癘疫 濿渡水 鮤魚名 蠣牡蠣虫 欐木名 ⿰馬厲馬馳 憩息去例反三

愒恐人 藒藒車草名 世丗•舒制反三 勢 貰貰•賒又時夜反 猘狂犬居厲反四 罽罽•氈類 瀱泉出兒 訐持人短 ⿸疒帶⿸广帶•

赤白痢竹例反一 偈其憩反一 啜嘗市芮反一 跇跩•跳丑勢反二 傺傺侘 劓去鼻牛例反一 蕝束茅表位子芮反子悅反一

十五卦古賣反二 挂懸 懈嬾古隘反三 解除 廨公廨 隘狹烏懈反二 𤺊病聲 邂邂逅胡懈反二 解曲解 賣莫懈反一 畫胡卦反五 註

礙又古賣反 絓絲結 澅水名在齊 鮭鮮黃色 差楚懈反二 衩衣衩 睚目際五懈反又五佳反一 謑怒言許懈反一 粺精米傍卦反二 稗稻稗 㾪病士懈反二 眦眦睚

派泒・分流匹卦反二 紙未緝麻 債徵財側賣反一 㜸難苦賣反一 曬曝所賣反又所寄丑離反一 庍到別方卦反一

十六怪恠・異古懷反二 敱毀 噫烏界反二 呃咤・不平聲 瘵病側界反二 郄邑名在周 誡警古拜反十一 戒愼 界境 介不・大俗作介 屆至 疥瘡 玠圭 齐齐居 㠹㠹・㠹幘 砎硬 魪魚名 褹紩布襦女界反一 譮怒聲許界反一 械杻械胡界反三 薤䪥・菜

齘類齘切齒怒類字于禁反 𥉮䀡・不聽五界反一 蒯莿・茅類苦壞反二 嘳女字 拜博怪反二 扒詩云勿剪勿扒 湃滂湃普拜反二 湏水出樂浪 壞敗胡怪反一 聵聾五拜反一 憊蒲界反二 韛韋囊吹火 昒昒眼久視莫拜反二 韎東夷樂 鎩翦翮所拜反又所例反三 褹衣袝縫 殺殺害又所八反 烗熾客界反一

十七夬決古邁反二 獪狡獪 快苦夬反二 噲漢有樊噲 邁莫話反二 勱勉 話下快反一 敗薄邁反二 唄梵 黵淺黑烏夬反一 嘬嚙・食盡嚽楚夬反一 芥菜名又草芥古邁反三 騗馬行疾 犗犍牛 蠆毒虫丑芥反一 喝於芥反二 餲餅臭 咶呢・息聲火夬反一 譪譪譺火芥反一

十八隊聚徒對反四 霼黕霼雲 薱草盛 鐓鐓 佩帶薄背反八 珮玉 孛星又蒲沒反 郶國名 偝偝向 誖言亂又蒲沒反 悖心亂 帗袚 怽帗帗・犬過 妹莫佩反八 昧 每數 痗病 眛目暗 瑁瑇瑁 黴點筆又武悲反 莓莓子木名似椹 配普佩反二 朏昢・向曙色 誨荒佩反五 悔晦 毎刂・易卦 靧洗面亦類 對都佩反二 碓杵臼 倅副七碎反四 淬染 焠作刀堅水 啐嘗入口又先對反 晬脺・周年子對反三 祽稡・月祭名 綷會五色 𩲡𩲡㥯苦熱烏繢反烏繢反二 扆隱翳 憒心亂古對反三 幗女人喪首飾 刉刏・刉刀使利 潰逃散胡對反六 迴曲又胡梅反 繢畫 嬇女字 殨肉爛 闠闤闠 塊或作凷苦對反一 碎蘇對反四 誶告 啐馳酒聲 繀織緯 內奴對反一 纇纇絲盧對反五 耒耒耜 儽極皃 蘱草名似蒲 擂趨鼓 背補配反二 輩軰・俗作輩 磑磨五對反一

十九代 更徒戴反八 岱 東嶽 黛 眉黛 埭 以土斷水 逮 及又徒帝反 帒 囊 瑇 瑇瑁 靆 靉靆雲狀 載 作代反二 再 䆀 木傷雨莫代反又莫亥反一 賽

報先代反三 簺 格 塞 又蘇則反 貸 他代反二 儓 儓儗癡 溉 古礙反二 槩 平 慨 慷慨苦愛反五 愾 大息 欬 瘷 鎧 甲 闓 門 礙 五愛反三

閡 外閉 儗 儓儗 愛 烏代反四 曖 日曖 靉 靉靆 薆 草盛 瀣 沆瀣氣胡愛反三 㤥 患苦 劾刻· 推劾 耐 奴代反三 鼐 大鼎 螚 小蝱 戴

都代反一 賚 賜落代反三 萊 查又落哀反 睞 傍視 菜 倉代反三 埰 大夫食地 棌 木名 載 在代反二 裁 製

廿廢 舍方肺反四 癈 疾 𣪍 賦斂 橃 木名 肺 芳廢反二 柿 穢 惡於肺反四 薉 荒薉 濊 濊貊夷名 饖 餅臭 吠 犬聲符廢反三 茷茷· 草皃又房吠反

鼣 鼠名 喙 口許穢反三 瘃 困詩云昆夷瘃矣 餯 餅臭 衛 牛觸人巨穢反一 刈 魚肺反三 乂 才 忞 困患為戒

廿一震 職刃反五 鷐 鷐鷺鳥 振 又之仁反 賑 贍 娠 妊身 信 息晉反四 迅 疾又私閏反 訊 顖顖· 腦會亦作囟 遴 行難力晉反八 叅叅· 正作齐

悋 鄙悋 磷 薄石 閵 鳥似鴝鴿 䉮 竹名 燐 鬼火 藺 草 刃 而晉反六 認 識 肕 牢 仞 七尺 韌 柔韌 軔 礙車輪 胤𦙍· 繼与晉反五

酳 酒漱口 靷 引軸 引 又以軫反 𨋲𨋲· 小鼓在大鼓上 疢𤸱疹· 丑刃反二 趁趂· 逐 印 符印於刃反二 䲟 魚名身上有印 儐 相必刃反四 擯

擯斥 殯 掩屍 鬢 鬢髮 陣 直刃反二 診䛛· 候脉 愼慎· 是刃反一 眒 張目式刃反一 菣 香蒿可炙食去刃反二 趣趣· 行皃 賮 琛賮似刃反三

燼 燭燼 憖憖憗· 且一曰傷魚覲反一 晉 即刃反五 搢 笏 縉 縉雲氏 鎮 陟刃反一 釁舋· 罪許覲反二 衅 牲血塗器或作舋 僅 渠遴反六 覲 見

墐 塗壁 殣 埋 瑾 饉 饑饉 櫬 空棺初遴反四 嚫 嚫施 瀙 水名在汝南 韻 為捃反一 峻 高私閏反六 濬 深 浚 水名在衛 陖 亭名在馮翊 迅 疾

鵔 鵔鸃鳥 殉 以人送死辞閏反三 徇 自衒名行 侚 以身送物 儁擕· 或作俊子峻反五 晙 早 餕 食餘 畯 田 駿 馬 舜 施閏反四 蕣 木槿 鬊 毛皃

瞬 瞬目亦瞚 稕 束秆之閏反二 諄 告之丁寧 閏 餘月如舜反二 潤 濕 順 食閏反一 朩朮· 麻片匹刃反一

廿二問無運反五　璺破　汶水名　紊亂　絻喪服　運云問反五　暈　餫野餉　韗治鼓工　鄆邑名在魯　訓許運反四　臐羊羹　薰香又許云反　湓含水匹問反二　忿怒　糞府問反三　僨僵　奮揚　醞於問反四　慍怒　緼亂麻　薀習　捃拾居運反亦作攈二　皸足瘃又居云反瘃音丑格反　郡渠運反一　分扶問反二　濆濆痛悶

廿三焮火氣許靳反三　㾙瘡中腫　脪瘡肉出　靳居焮反一　近巨靳反又巨隱反一　傿僑•依人或作傿於靳反三　濦㶏•水名在汝南　檼棒

廿四願欲魚怨反三　愿敬善　傆黠　怨恨於願反一　販方怨反一　券約去願反三　桊束署繩　勸獎　万無販反五　萬舞　輓輓車或作挽　蔓蔓草　曼曼•長　飰飯•符万反一　嬎嬎息一曰鳥伏乍出芳万反四　㾱吐　畚一宿酒　弃上大　建居万反一　堰於建反二　鄢地名在楚　躽引與爲價又於獻反　獻許建反二　憲法　健渠建反一　楦韗楦許勸反一　䜌䜌•䜌物居居願反一　遠于万反又于免反一

廿五慁悶亂胡困反四　溷　俒全　慁慁辱　頓都困反二　扽撼扽　巽蘇困反三　潠含水　遜遁　困苦悶反一　嫩嫩嫩•弱奴困反三　腝肉腝　抐搵抐按沒　悶莫困反一　鐏矛戟下銅在困反一　睔大目古鈍反二　琯出光　噴吐氣普悶反一　鈍徒困反二　遁　搵內物水中烏困反一　寸倉困反二　坌塵蒲悶反一　顐秃五困反一

廿六恨胡艮反一　艮古恨反一　饐饐•饐五恨反一

廿七翰胡旦反十四　捍　扞以手扞　鼾鼾睡　岸垾•小堤　釬釬金　汗熱汗　悍猛　瀚瀚海　閈里閈　皲射皲　騂馬高六尺　鶾鶾鷶別名一曰鷄曰鶾　螒天雞虫　玩五段反一　段徒玩反三　鍛碫•卵壞　椴木名　亂理落段反二　灓絕水渡　鍛打鐵都亂反四　腶籔脯　碫礪石　斷　斷•決獄　彖彖象他亂反二　褖后衣　喚呼段反四　煥火光　奐文彩　渙水散　筭計蘇段反二　蒜胡蒜　縵莫半反五　幔帷　漫水　槾

不蒔田 獌狼屬 半博漫反五 絆羈絆 姅傷孕 ⿰馬半馬⿰馬半 料五升 判普半反六 泮泮宮 沜水涯 胖牲半體 牉牉合夫婦 泮泮

•冰散 叛薄半反三 婺嫚婺無宜適 畔 炭他半反二 歎 換胡段反四 逭逃 肒皰 垸骨漆曰垸 穳子筭反二 鑽錐鑽 惋驚歎烏段反三

腕 脘•手腕 琬琬珪又於阮反 貫穿古段反十七 矔張目 祼祭 館 錧•舍 瓘玉 鑵 罐•灌澆灌 雚雚雀亦作雚 樌

權•叢木 鏆臂鏆 ⿰火果楚人云火 懽憂無告 爟烽火 錧車軸頭鐵一曰江南人呼犁刀 遦行 冠 觀樓觀 悹 竄逃七亂反三 鑹小矛稍 爨

炊 按抑烏旦反三 案 晏晚 旦得案反四 疸黃病 鴠鶡鴠鳥 狚獦狚獸名似狼 憚徒旦反三 彈又徒丹反 僤明 旰日晚古旦反三 幹

強 倝日出光 岸五旦反四 犴獄 豻野犬 頇頭無髮 侃 偘•苦旦反三 看又苦寒反 衎樂 漢呼半反四 暵日氣乾 暵耕

熯火乾 爛火熟盧旦反三 瀾波又盧丹反 彣文章 攤按奴旦反三 灘水奔 難患又奴丹反 粲倉旦反二 ⿱奴女三女 繖蓋蘇旦反又蘇但反二 散分又蘇旱反

讚稱則幹反六 賛助 酇縣名在南陽 饡羹和餅 趲散走 灒水濺 ⿰女贊不謹一曰美好兒徂粲反一 偄弱乃亂反二 稬稻亦穤

廿八諫古晏反三 澗 鐧車鐧鐵 鴈又作鳫五晏反二 贋偽物 晏烏澗反四 騴馬尾白 鷃鷃雀 ⿰目晏目相戲 訕謗所晏反又所攀反四 汕魚乘水上 狦獸名似狼

⿱罒巽取魚網 骭脛骨下晏反一亦作⿰足干 慢莫晏反五 謾欺 縵緩 ⿸疒馬牛馬病又莫駕反 嫚 患胡慣反五 擐擐甲 宦仕 轘車裂 豢穀養畜

慣習古患反又古患反一 孿雙生山患反又山眷反一 篡奪楚患反一 薍草名五患反一 襻衣襻普患反一 ⿰虫戔虫名士諫反二 棧木棧道又士限示免二反 奻訟女患反一 鏟削初鴈反二

⿰麥戔穀麥⿰麥戔

廿九襇古莧帬反三 ⿰犭开 犴•逐虎犬 閒 間•廁 莧菜侯辨反二 賷塹餘 辦 辨 辧•薄莧反二 瓣瓜瓣 盼美目匹莧反二 ⿲辛目辛白眼視皃 幻

化胡辨反一 羼初莧反又初鴈反一 蔄人姓莫莧反一 袒衣縫解大莧反一

卅霰雨雪雜下蘇見反二 先又蘇賢反 蒨草盛舍見反四 茜草染 輤載柩車 綪赤青色 絢文綵許縣反亦作約絃一 縣古作寰黃練反五 袨好衣 眩瞑眩 炫火光 衒

自媒亦作衒 眩行賣 睊視皃古縣反四 譴流言 甂瓮底孔 繯羅鳥 電堂見反八 旼平皃 甸郊甸 殿又覲見反 奠 澱滓 淀淺泉 鈿寶鈿

瑱玉名他見反二 滇滇沔大水皃 練帛落見反六 鍊鍊金 湅水疾流 揀揀擇 楝木名 瓤瓜瓤 見古電反又戶見反二 豎 晛日光奴見反一 俔

磬苦見反一 現戶見反二 涀水名在定陵 硯筆硯五見反二 豣逐虎犬又古莧反 宴宴•安鳥見反五 醼飲 讌讌會 驠馬名 燕或作鷰 薦作見反二

虈畜養 遍徧•博見反一 麪麵•俗作麵莫見反四 瞑瞑眩 眄斜視 沔滇沔 片析木普見反一 荐重在見反一 餇饜飽烏縣反一

卅一線縷私箭反一 戰之膳反二 顫四支寒動 繕補視戰反四 鄯鄯善西域國 擅專 禪封 彥魚變反四 喭弔 甗甑 諺傳言俗這唁

譴問去戰反一 絹吉掾反三 狷褊急 鄄鄄城縣在東郡 瑗玉名王眷反又于願反四 媛 援 院 院•垣 面彌戰反一 釧鐶尺絹反一 掾以絹反三

緣 颷 驏馬土浴陟彥反二 襢皇后衣 堧城下田人絹反一 箭子賤反四 鬋女鬢垂 葥草名似覆盆 濺 碊展繒石尺戰反一 扇式戰反二 煽

火盛皃又失延反 躽怒瞋於扇反一 眷居倦反五 睠還顧 捲西捲縣在日南 卷弮•書卷 桊牛拘 戀貪力卷反一 猭走草丑戀反一 變彼眷反一 篳

車軸所卷反二 孿攣•一乳兩子又山患反 縓絳色七選反又七全反一 卞縣名在魯皮變反四 拚 弁冠 汴水名 淀回辟選反三 鏇裁器 縼長繩繫牛馬放之

選息絹反一 饌食士變反二 襈緣 傳直戀反又丁戀反一 賤在線反二 餞酒食送人 羨似面反一 摙懸繩望豎釧反一 騗躍上馬匹扇反一 輾女箭反一 囀

韻知戀反二 傳郵馬又直戀直圓二反

卅二嘯蘇弔反一 糶賣他弔反六 眺視 趒越 覜聘 咷叫 窱深邃皃 弔多嘯反五 伄伄儅不當皃 瘹瘹星狂病 釣釣魚 叫 訆

•古弔古弔反五 譥訏 徼小道 憿行膫又古鳥反 激水急又古歷反 尿奴弔反一 藋徒弔反四 銚燒器 掉振 盄草器 竅苦弔反二 擊擊 顡

顤 顤長頭力弔反四　尥 牛脛交　嫽 㤼又力蕭反嫽弄嫽　料　顤 五弔反三　獟 狂犬　澆 韓浞子名　窔窈窔 • 烏弔反一

卅三笑 私妙反三　肖 似　鞘 刀鞘　照 之笑反二　詔　曜 光耀弋笑反四　鷂 鷹　搖 動　覞 普　要 於笑反一　邵 寔曜反二　劭 自強　嶠

山道渠廟反一　剽 匹笑反四　彯 畫　瞟 置風日中令乾　漂 水中打絮　噍 噍嚼才笑反又子由反三　誚 責　劁 刈　妙 彌照反一　峭陗 • 山峻七笑反二　篍 竹簫洛陽

亭長所吹　燎 力照反又力小反四　竂寮 • 柴祭　鐐 銀鐐　㙩 周垣　蹺 行輕皃丘召反二　𩰫 𩰫而不𧇢安　𧇢 牛召反一　醮 祭子肖反四　釂 酒盡　皭 白色

潐 盡　廟庿 • 眉召反一　驃 毗召反一　少 失召反二　燒 又失昭反　朓祧眺 • 祭丑召反一

卅四效効 • 胡教反三　校 校尉　斆教教 • 古孝反六　窖 倉窖　校挍 • 檢校　鉸 鉸刀　酵 酒酵　覺 睡覺　孝 呼教反三　哮 又呼交反　涍

水名在河南　罩 取魚具丁教反一　豹 博教反一　敲 擊苦教反又苦交反二　巧 偽又苦絞反　貌 儀又單作皃莫教反一　奅 起釀匹皃反三　炮 灼　拋 拋車　趠 行皃褚教反二

踔 猨跳　稍 所教反三　潲 豕食　𢱧 小木　棹 直教反一　橈 木曲奴効反又如昭反三　淖 泥　夬 不靜　抓 爪剌側教反二　癄 縮　皰 面瘡防孝反二　靤

抄 初教反一　靿 鞾靿乙罩反一

卅五号 号令胡到反三　琥 石似玉　導 引徒到反七　翿 舞者所執　悼 傷　蹈　盜　纛 左纛　燾 覆　到 都導反二　禱 祭　誥 古到反四　郜

國名在濟陰　縞 又古老反　告　傲 五到反五　顤顤 • 頭長　鏊 餅　驁 馬名　奡 陸地行舟人　帽 莫報反六　耄　芼 菜香食　眊 目少精　瑁

圭名　冒 涉　嫪 悋物盧到反四　潦澇 • 淹或作澇　勞 勞慰　嘮 嘮譟急囂急皃又力刀反　操 持七到反又七刀反二　造 至又昨早反　暴 薄報反三　瀑　菢 鳥伏卵

報 博耗反一　漕 水運穀在到反一　奧 深烏到反五　䐿 藏肉　懊 悔　𩞄 妬食　隩 屋隅　喿 羣鳥聲蘇到反四　譟 群呼　瘙 疥瘙　譟 嘮譟　犒 餉軍苦到反二

靠 相違　竈 則到反二　躁 動　秏 減呼到反一

卅六箇 古賀反一 賀 何箇反一 佐 作箇反二 左 左右又作何反 跢 小兒行丁佐反四 癉 勞 哆 語助聲 痑 病 邏 遊兵盧箇反二 攞 婦人衣 坷 坎坷不平

口佐反二 軻 孟子居貧轗軻故名軻字子居又苦哥反 餓 五箇反一 播 補箇反二 簸 簸揚 貨 呼卧反一 卧 吴貨反一 奈 奴箇反又奴蓋反一 挫 則卧反三 娑 拜失容 侳 安

磨 莫箇反三 䃺 塵 摩 按摩又莫禾反 剉 斫麁卧反三 銼 蜀呼鈷鉾 莝 斬草 愞懦・弱乃卧反又乃亂反三 堁 沙土 稬糯・秫 和 胡卧反又

胡戈反諧一 唾 託卧反三 毻 鳥獸易毛 蜕 蟬去皮 過 古卧反又古和反經一 破 普卧反一 涴涴・泥烏卧反一 惰 懈徒卧反一 馱 負物唐佐反一 課 苦卧反一

卅七禡 祭名莫駕反五 榪 牀頭橫木 髽 婦人結帶 瘍 牛馬病又莫晏反 鄳 縣名在犍爲 駕 古訝反八 稼 嫁 瘕 腹病 架 架屋 挌 舉閣 價 價數 假

又古雅反 亞 次烏訝反三 俹 倚 嚇 笑聲呼呼訝反又呼格反五 罅 孔罅 唬 虎聲 諍諍・誑 㙂 地名在晉 迓 迎五駕反三 訝 嗟 犽 獸名

詫 誑丑亞反一 吒 吒歎陟訝反三 奼 美女又都故反 炨 火聲 詐 側訝反二 笮笮・酒笮器 乍 鋤駕反二 褯 祭名或蜡 謝 似夜反二 榭 臺榭 髂

口訝反二 㾏痾・小兒驚 暇暇・閑胡訝反二 夏 又胡雅反 褯 慈夜反二 藉 以茅藉地又慈亦反 夜 以謝反三 射 僕射 鵺 鳥名 趀 怒一曰牽充夜反又

丑格反一 蜡 鹽藏蟹司夜反二 卸 馬去鞍 柘 木名之夜反五 鷓 鷓鴣鳥 䗪 虫名 炙 炙肉又之石反 蔗 甘蔗 唶 歎聲子夜反二 借 假又子昔反 舍 始夜反三 騇

馬名 赦赦・射 神夜反二 麝 獸名 霸 博駕反四 灞 水名 靶 轡革 弝 弓弝 帊靶・帊幞芳霸反二 怕 怕怖 摦 寬胡化反四 吴 大口

樺 木名 華 西嶽山 化 霍霸反四 傀 鬼變 匕 倒人 譌 疾言 跨 越苦化反一 誜 枉所化反一 猈 獸名似狼白駕反二 杷䎱・田具 膀 膩乃亞反一

笡笡・斜逆淺謝反一

卅八勘 苦紺反三 峆 凝血 䶢䶃・鹹 紺 青赤色古暗反八 淦 新淦縣在豫章 贛 薏苡別名 憾 恨下紺反四 琀 琀玉 浛 水和物 唅 哺 暗

日無光烏紺反二 闇 冥一曰弱 僋 倸僋癡兒他紺反四 撢 探取又吐念反 㐁 無光 㒆 㒆儑不安 倸 蘇紺反一 儑 五紺反一 謲 伺七紺反二 參參・參鼓 醰

酒味長徒紺反二 贉買物逆付錢 馾冠幘近前丁紺反一

卌九闞魯邑苦濫反二 瞰視 濫泛濫盧瞰反五 ⿰監刂刃利 ⿰酉監⿰酉監⿰酉昜 纜纜•繫舟 爁火皃 賧賧•夷人以財贖罪吐濫反二 ⿰鹵監無味 䤗呼濫反一 憨

害下瞰反又呼甘反五 㺖犬吠聲 譀誇誕又呼甲反亦作誋 ⿱甚虫瓜虫 憺靜徒濫反四 澹水皃 腅或作啖相飦 淡無味 暫慙濫反一 擔負都濫反一

卌漾水名在隴西餘亮反六 恙憂 羕長 颺物從風去 煬炙 㨾式 亮朗力讓反七 諒信 掠笞一曰強取 悢悵 緉履屐雙曰緉 惊

牛色雜 兩車 狀鋤亮反一 讓如狀反二 攘又汝羊反 餉式亮反三 傷殤•未成人死又式良反 向姓 帳帷陟亮反三 脹滿 漲涱•大水

悵丑亮反五 暢通暢 鬯匕鬯又香 韔弓衣又直亮反 ⿱艹暘⿱艹暘•草盛 向許亮反二 珦玉 仗器仗直亮反二 長多 釀女亮反一 匠疾亮反一

障之亮反三 嶂峯 墇塞 尚常亮反二 上又時掌反 壯側亮反三 裝行裝又側良反 ⿰氵壯⿰氵壯米 怏於亮反二 䬬飽 弶取獸其亮反一 唱

昌亮反一 創古作刱初亮反二 愴 醬即亮反二 將帥 ⿰車卬轎⿰車卬語向反二 仰又魚兩反 訪敷亮反二 妨妨礙又敷王反 妄武放反三 忘又武方反 汒

谷名在京兆 況許妨反三 貺山名 貺賜 誑欺九忘反一 迋往于放反三 旺美光 王放府妄反二 舫舡 相息亮反一

卌一宕洞室一曰過杜浪反五 踼跌踼失不正 碭石又山名又縣名在梁郡 逿過 ⿱艹碭蘭⿱艹碭毒草 浪郎宕反四 閬高門又閬地名在蜀 埌塚 ⿱艹閬蘭⿱艹碭 吭

鳥咽下浪反一 盎阿浪反一 枊繫馬柱五浪反一 葬則盎反一 傍蒲浪反又蒲郎反一 藏徂浪反二 奘裝•大駔 讜言中丁浪反三 儅不中 瓽大瓮一曰井甃 抗

以手抗苦浪反六 閌閌閬 炕 犺獷犺獷字苦結反 伉伉儷 亢亢陽 謗誹補曠反二 螃虫名似蝦蟇 儻他浪反二 摥揚•排揚 曠苦浪反三 壙墓穴

纊絮 儾緩奴浪反一 潢胡浪反一 喪俗喪蘇浪反又息郎反一

卌二敬居孟反三 竟畢 鏡鑒 映於敬反二 賏頸飾 競渠敬反四 儆慎儆 誩爭言 倞強 誖誖•瞋語許孟反一 鞕鞕•牢五孟反一

慶綺映反一　更㝗·正作㝗古孟反又古衡反一　命眉映反一　病皮敬反四　評平言　坪垩·地　枰獨坐版牀一曰投博局　孟長莫鞕反二　萌

萌倀失道皃　蝗虫胡孟反又戶光反二反三　橫非理求來　潢小津　柄彼病反一　詠為柄反四　泳水行　禜祭名又永兵反　醟酗　行胡孟反二　絎縫刺　瀴

冷楚敬反一　倀猪孟反又丑良反一　鋥磨鋥宅鞕反一

卅三諍側迸反一　迸散走北諍反一

卅四勁勁健居盛反一　政之盛反三　正又止聲　証諫　聖識正反一　鄭直政反一　遉邏候丑鄭反一　性息正反二　姓　令力止反又力盈反一　聘娉·匹政反一

娉　敻䚨·虛政反二　詗伺言　摒摒除卑政反二　併兼　偋隱僻防政反一　倩假七政反二　淸溫淸　淨疾政反四　穽陷穽穽亦作支　睛睗　靚

裝飾古奉請亦作此字今正作請字　盛承政反二　壚壚壚　詺武聘反或單作名一

卅五徑古定反二　經經緯又古形反　寗邑名乃定反三　佞倿·諂從仁女　濘泥　腥豕息肉息定反二　醒酒醒　脛脚戶定反一　定特徑反二　廷朝廷　矴

丁定反四　釘又得庭反　飣貯食　奠設　磬苦定反二　罄盡　聽他定反一　艶艶䩄青黑色千定反一　䩄莫定反二　暝夕　鎣鎣飾烏定反二　瀅小水

卅六宥寬尤救反十　又佑佐　右左右又于久反　盍杯水器　祐神助　酭報　疚顫　囿園又于六反　侑勸食　救久祐反五　灸又居有反

疚病　究窮　廄冑胤直祐反七　皐兜鍪　宙酎　繇卦兆辞　籀史籀　伷系　晝晝日陟救反一　狩舒救反三　獸首臭

氣尺救反一　岫似祐反三　袖抽牛黒皆　齅以鼻取氣許救反二　罯罯產　呪詛職救反一　舊巨救反二　柩瘦瘦·所救反三　漱鏉鐵銑　皺

皺·面皺側救反三　縐縮　甃井甃　副數救反三　䯄假髻又匹刃反　覆又數福反　簉光一曰齊初救反一　富府副反三　輻輻輳競聚　鍑釜而大口一曰小釜　畜

丑救反又許郁反一　溜水溜力救反六　廖瘳·人姓漢有廖湛　霤中霤　嬼美好　鷚雞子一曰鳥名　餾餾餅　秀息救反四　繡蜏虫名　琇玉名　鏐鋤祐反一

僦賃即救反一 就疾僦反二 鷲鳥 糅雜女究反三 粗餌·雜餅 腬嘉膳 復扶富反二 瘦再病 狖獸似猨余救反四 鼬虫名似鼠 楢

標·積薪燒之 柚橘柚 授承秀反三 嗖口嗖 售售·賣 輮車輞人又反一

卌七候胡遘反六 鯸魚名 鄇地名 逅邂逅 詬罵 睺半盲 寇寇·苦候反五 滱水名 怐怐愁愚皃 嫯嫯瞀無暇 鷇鳥子 茂莫候反八

貿貿易 戊戊己 鄮縣名在會稽 愗怐愗 瞀瞀瞉 袤廣袤 楙木瓜 仆倒匹豆反又扶北撫遇反二一 豆徒候反八 竇水竇 逗逗遛 酘酘酒 荳荳蔻

梪籩梪 脰項 郖地名 飳飣 鬬丁豆反三 䛠䛠譳不能言 噣鳥口 耨槈·除草奴豆反三 譳譳·䛠譳 擩搆擩不解事 瘷欬蘇豆反三

漱盪口又所救反 奏則候反一 透跳他候反三 㰯唾㰯 𧺆自投 漚漬於候反又於侯反二 𣊬地名 遘遇古候反十一 構媾婚 覯見 姤卦名

購贖 䝭稟給 彀張弓 雊雉 㲉取牛羊乳 勾勾·勾撿 輳輻輳倉候反六 湊水會 嗾使犬 腠膚腠 𪉷南夷呼鹽 蔟太蔟律名

陋盧候反五 屚屋下水 漏刻漏 鏤剌 瘻瘡 蔻荳蔻呼候反二 豿豕聲

卌八幼伊謬反一 謬靡幼反一 蹎蹎蹓行皃丘幼反一

卌九沁水名七鴆反二 吢犬吐 祲浸·祅氣作鴆反一 妊妊身汝鴆反四 紝織紝 鵀戴鵀鳥 任又汝針反 鴆鳥名直妊反二 沈沉·枕職鴆反又之稔反二 針

𦧺舌下病巨禁反三 舲蜀舡 衿紟·紟帶 禁居蔭反一 賃乃禁反一 蔭於禁反三 窨地屋 喑聲 滲漉所禁反一 闖從門出丑禁反一 譖

讒側禁反一 讖讖書楚譖反一 揕揕·擬擊陟鴆反二 歁土

五十豔艷·美色以贍反三 爓光 焱火 贍賙市豔反一 染而贍反一 厭猒·於豔反三 㥟快又於驗反 饜飽 窆下棺方驗反又方鄧反二 砭

石針又方廉反 驗證語窆反二 噞噞喁 閃闚式贍反二 炶火行皃 𡅌不廉子豔反一 壍遶城水七贍反二 槧插 殮殯殮力驗反二 斂聚又力險反 占

之黵反一

五十一㮇火杖他念反二　䑙舌出　念奴店反一　店都念反四　坫墇　沾水名　墊下又墊江徒協反在巴郡　痁病又式詹反　⿰石韱⿰石韱磹電光先念反一　磹徒念反一　趝疾行紀念反一

酓苦味於念反一　僭差子念反一　⿰目朁閉目思漸念反一　兼古念反二　鮎鰜·魚名　傔從傔苦僭反一

五十二證驗諸鷹反二　蒸熱又諸陵反　孕懷子以證反四　⿰黑孕面黑子　賸䑣·增　媵送女　乘車乘實證反二　鱦魚子　認認物而證反又而振反三　扔強牽

芿草不翦　譍言對於證反一　應物相應　甑子孕反一　興許應反又許陵反二　臖腫起　勝詩證反三　蕂苣蕂胡麻　縢縢·織機縢　眙直視丈證反一　⿰食夌馬食穀氣流下

里甑反一　稱尺證反一

五十三嶝小坂都鄧反三　鐙鞍鐙　隥梯隥　贈昨亘反一　亘通度古嶝反四　堩路　搄引急又古登反　⿰魚亘⿰魚亘鱛　蹭蹭蹬七贈反一　鄧國名徒亘反二　蹬蹭蹬　憎𢅄·

悶武亘反二　鱛魚名　僜僜·僜蹬魯鄧反一　⿱穴朋束棺下方鄧反一

五十四陷戶韽反三　⿰魚臽魚名　韽下入聲於陷反三　⿰犭臽犬吠　淊滔·沒水　蘸以物內水責陷反一　⿰鹵占鹹多都陷反一　歁𣪧·口陷反一　賺重賣佇陷反一

五十五鑑鏡格懺反二　監領　懺自陳楚鑑反三　儳雜言　摲投　⿱斬見⿱斬見傲高危皃子鑑反一　㒈許鑑反一　釤大鎌所鑑反一　埿泥·深埿蒲鑑反一　𥌃覽·

胡懺反一　鑱土具士懺反又士咸反一

五十六梵梵聲扶泛反二　帆舡上帆　泛浮敷梵反一　劍舉欠反一　欠張口去劍反一　俺於劍反一

切韻卷第五　入聲凡卅二韻

一屋烏谷反　二沃烏酷反陽与燭同呂夏侯別今依呂夏侯　三燭之欲反　四覺古岳反

五質之日反　六物無佛反　七櫛阻瑟反呂夏侯与質同今別　八迄許訖反夏侯与質同呂別今依呂

九月魚厥反夏侯与沒同呂別今依呂　十沒莫勃反　十一末莫割反　十二黠胡八反

十三鎋胡八反　十四屑先結反李夏侯与薛同呂別今依呂　十五薛私列反　十六錫先擊反李与昔同夏侯与陌同呂与昔同別与麥同今並別

十七昔私積反　十八麥莫獲反　十九陌莫白反　廿合胡閤反

廿一盍胡臘反　廿二洽侯夾反李与狎同呂夏侯別今依呂夏侯　廿三狎胡甲反　廿四葉与涉反玄呂与怗洽同今別

廿五怗他協反　廿六緝七入反　廿七藥以灼反　廿八鐸徒各反

廿九職之翼反　卅德多特反　卅一業魚怯反　卅二乏防／房法反呂与業同夏侯与合同今並別

一屋烏谷反一　獨徒谷反十六　黷黑垢　讟謗　髑髑髏　殰　讀誦　櫝棺　牘簡　韣韇·弓衣又之蜀反　瓄　瀆溝　韥箭箙　嬻媟·

匵匱　犢牛　鸀春鳥鸀名　穀古鹿反六　轂車轂　穀　瀔水名　谷　瑴玉名又古學反　縠羅縠胡谷反五　斛斛斗　槲木名　螜螻蛄　蔛水草　哭

哭·空谷反三　㲉卵　㱿未燒瓦　禿他谷反四　誘詆誘　㧒杖指　鵚鵚鶖鳥　速送谷反五　蔌菜　餗鼎實　蝀蛺蝀虫　樕木名　縠縠

縠丁木反一　祿盧谷反十七　鹿　漉滲　觻觻·觻得縣在張掖又盧谷反　睩視皃　親笑聲　錄東方音或作角　轆轆轤圓轉木　甗甗甗　䑲舟名　琭

簏箱 蠬蜾蠬虫 麗 麓山足 碌多石皃 驢野馬 㱿歐聲呼木反二 𧰲㲉獸名似豹又丁木反 族昨木反二 銼銼鑪 鏃矢末作木反一 瘯瘯瘰千木反三

磏碌磏石皃 蔟蔟蠶又倉候反 曝日乾蒲木反四 瀑瀑布 [虫菐]蠌蝋 [非毛]毴毛不理 扑打普木反三 醭醭白 穙草生穙 卜博木反六 [阝菐]彭[阝菐]國名 轐

車伏兔 濮水名 [女菐]昌意妻 撲拭 木莫卜反六 沐 杒杒桑 鶩鳧 霂霢霂 毣思皃一曰毛濕 福方六反九 腹 腷·複絮衣 幅絹幅 輻車輻

𠈱復·偪復 葍葍菜 蝠蝙蝠 [竹復]竹實 伏房六反十一 復 虙虙羲 服 茯茯苓 馥香 [革复]箭 鵩鳥 鞴韋囊步靫 蕧蔙蕧藥名

轐車伏兔 縮所六反八 莤莤酒或蓿 颾風聲 趚趥趚體不伸趥字渠竹反 樎樎馬櫪 [扌肅]擊聲 謖起 [肅羽]鳥飛 六力竹反十一 陸 戮刑

勠併力又乃抽反 稑穜 鵱鵱鷜野鵝 蓼蓼莪 [馬坴]騼良健馬 鯥魚名 [艹陸]陸草 磟磟碡 逐直六反七 軸 碡磟碡 妯妯娌 舳舳艫 鱁鱁鮧

[虫逐]蚿 菊居六反八 鞠鞠·又渠竹反 掬取 匊物在手 鞫鞫·窮罪 [犭匊]獸名 [阝匊]曲岸 鵴尸鳩鳥 麴驅竹反一 熟殊六反五 孰誰

淑 塾門側堂 璹玉名 俶始昌六反三 柷柷敔 琡大璋玉 育与逐反十 毓稚 鬻賣 [糸育]青經白緯[糸育]陽所織 淯水名 賣賣 [木育]車覆欄 錥

鍋錥溫器 焴火光 昱日光 驧馬跳躍渠六反六 趜趜趍 [魚匊]魚名 鵴鳲鳩 鞠踘鞠 [虫匊]蝌竈蟾蜍別名 鼀取育反二 蹴蹋 粥糜之六反三 喌呼鷄聲

祝巫祝 肉如竹反三 衄衂·鼻出血 鮛魚子 叔尗·式竹反六 儵青黑繒 倏倐·犬走疾 菽豆 透驚又他豆反 虪黑虎 蓄冬菜字或

作稸許六反五 畜養又丑救/許救/丑六反 [女畜]媚 鄐晉邢侯邑 蓫羊蹄菜 竹陟六反四 築擣古作篫 筑箏 竺竺·天竺國 珿䟚·齊初六反三 矗直皃

蹜廉謹狀 蹙迫子六反二 踧踧踖行而謹敬 朒月朔見東方女六反三 恧慙 忸忸怩 縬文側六反一 蝮蝮虵芳伏反三 葍草名 覆反 郁文又郁郅縣在

北地於六反十 彧戫·文章或作戫 燠熱 栯栯李 噢咿噢悲 墺墺壤 䐿胃 薁蘡薁草名 澳隈 䉛可漉米 肅息逐反八 宿又息救反

蓿苜蓿 夙早 玊珏·玉· 鷫鷫鷞西方神鳥 驌驌騻馬名 蠨蠨蛸虫 目莫六反六 睦親 穆和 苜 牧養 坶姆·

塒野殷地名 囿于目反又于救反一 稸積丑六反一

二沃烏酷反三 鋈白金 鱟魚名 毒徒沃反三 薄萹薄草 蝳蝍蛛 篤厚冬毒反三 督督·率 𧞣裻·衣背縫 酷虐苦沃反四 焅熱氣 秙禾熟 嚳

帝嚳 鵠烏胡沃反三 睢鳴·鳥 隺高 僕蒲沃反三 鏷鏷鏷名矢 蟔蠃 渢雨聲先篤反二 裻新衣聲 梏古篤反五 牿牛馬牢 雔鳿雔似鵠

秸地名 告又古号反 瑁莫沃反又莫佩反二 楣門樞橫梁 熇熱火酷反二 臛羹又呵各反 褥耨·小兒衣如沃反一 傶邑名將毒反一

三燭之欲反七 屬属·付又市玉反 矚視 𦅸綴帶 囑託 鸀鸀鳿鳥 𧾊小兒行皃 玉語欲反三 獄 鳿鸀鳿 旭許玉反三 頊顓頊 勗勉 輂

禹所乘居玉反五 絭纕臂繩 鋦以鐵縛物 挶持 𦥑斂手 局渠玉反二 跼蹐跼 蜀市玉反五 韣弓衣又徒谷反 蠾虫 𠑕倲𠑕動皃 襡長襦 觸突尺玉反二

歜怒氣 辱而蜀反六 蓐草 褥氈 鄏郟鄏地名 縟文綵 溽溽暑 束書蜀反二 倲𠑕倲 欲余蜀反五 浴 鵒鴝鵒 鋊炭鉤 輍車枕前 躅

躑躅直錄反一 録力玉反十一 淥水名在湘東 𧡮眼曲 綠色 醁美酒 騄騄駬馬 娽隨從 菉菉蓐草 逯謹又姓 籙圖 𩷕魚名 曲起玉反三

𩷳魚名 苖笛·蠶薄 瘃瘃·寒瘡陟玉反二 斸斫 贖神玉反一 足卽玉反一 促七玉反一 續似足反三 俗 藚澤寫 粟相玉反三 慄慄斯

涑水名在河南又速侯反 䪁絡牛頭封曲反一 梀梀觸丑錄反一 幞帊房玉反一

四覺古岳反又古孝反八 斠平斗斛 角 桷椽桷 較 瑴雙玉 鷽馬腹下聲 觳飾杖頭骨又胡歷反 嶽或作岳五角反三 樂又盧各五教二反 鸑鸑鷟鳥 浞水濕士角反五

丵叢生 鋜鎖足 灂瀺灂 鷟鸑鷟 捉側角反三 穛早熟穀 穱稻處種麥 朔所角反四 欶口喻字或作嗽 槊刀槊 蒴蒴藋草 斮竹角反八 涿郡名

諑訴 椓擊 孎孎謹 琢攻玉 卓高 啄喙·鳥啄又丁木反 剥落北角反五 駮六駮獸 駁馬色 敲毃·指聲 𦢊皮破 邈

遠莫角反二 藐紫草 雹蒲角反十 撲相撲 跑秦人言蹴 䮀獸名 骲骲箭 鰒鰒·魚名 䈏竹名 爮爪爮 謈嗃謈 犦犦·又甫教反

璞玉匹角反五 撲擊聲又疋革反 樸木素 犦未特牛 攴楚 嗀甲苦角反七 愨謹 推擊又苦學反 確鞕或作碻 皵嚳皮皵乾 㲉鳥卵 鷇

盛脂器 濁直角反六 擢 摎・拔 濯澣 鸐鸐鳥 嬥直好皃 藋蒴藋 渥濡於角反八 握持 偓偓佺仙人 鷽山鵲 箹小籥 幄

大帳 喔鷄聲 葯白芷 搦女角反二 鰯 逴遠一曰警夜勑角反三 晫明 踔跛 犖牛雜色吕角反一 學戶角反四 确磽 嶨山多大石 嚳皵嚳

吒怒聲許角反四 豞豕聲 ⿱殸革急 翯鳥肥 娖謹測角反四 ⿰石齒碌・⿰石齒礫 ⿰足齒齒相近 娕恭謹皃

五質

之日反七 眰大 郅郁郅縣在北地 桎桎梏 櫍砧行刑用斧櫍 蛭 騭駁馬又漢有郅騭 日人質反二 馹驛 實神質反一 秩直質反三 紩縫 帙

或作衺 悉息七反二 膝 一於逸反二 壹專 七親日反五 漆水名在岐 鶔鳥名 ⿰桼阝地名在齊 桼膠 匹譬吉反一 吉居質反二 趌趌趨走皃 暱

暱・近尼質反二 衵近身衣 逸夷質反六 佚樂 佾佾舞 軼連過又同給反 溢滿 鎰廿兩 詰去吉反一 欯笑許吉反一 抶梏・

打丑栗反一 栗力質反六 慄戰慄 凓水名在丹陽 颲風 ⿰栗刂細削 鷅鶹鷅 窒塞陟栗反又丁結反四 挃撞 庢盩庢縣在扶風 銍刈又縣名在譙郡 焌

火燒翠恤反一 疾秦悉反三 嫉妬 蒺蒺蔾 ⿰桼刂割聲或作剌初栗反一 失識質反二 室 堲堲周燒土葬資悉反四 ⿰口截鼠聲 唧啾唧 ⿰氵七潰水 蜜無必反四

謐靜 䤉飲盡 榓木榓 必比蜜反十 畢竟 蓽織荊門 韠胡服蔽膝 珌刀上飾 蹕警 滭滭沸水皃 罼兔罟 鵯鵯鶋鳥 觱觱栗胡樂 聿

餘律反七 鴥飛皃 燏火光 遹述 鷸鳥名 驈黑馬白髀 繘汲水綆 卒子聿反又則骨反一 卹分賑辛聿反四 恤憂 戌戌亥 訹謏誘 姞姓字乙反二

佶正 術食聿反四 述 秫穀名 沭水名在瑯耶 橘居蜜反三 ⿱艹矞草蕎 繘汲水綆又餘律反 崒山高聚卹反二 踤摧踤 邲地名在鄭毗必反八 比比次或作

坒又鼻脂\必履\婢四反 柲耦 馝香 ⿰車必車束 佖有威儀 鮅魚名 駜馬名 出尺律反一 ⿺走矞走其聿反三 僪獝・無頭鬼 趉走皃 ⿵風出風皃許聿反三

眓高視 狘狘・飛皃 律呂卹反四 寽捋取 繂繩 膟腹脂 ⿰忄出憂心竹律反二 窋在穴 朮藥直律反二 ⿰火朮烟出 黜丑律反三 怵怵惕 ⿺走朮走

颶風于筆反二　汨水流又古沒反　率領所律反三　帥　蟀蟋蟀　筆鄙密反二　潷去滓　密美筆反三　峃山形如堂　蔤荷本下白　弼弼·房筆反二　秡秡䅳

禾重生　乙於筆反二　鳦燕　耴聱耴魚鳥狀魚乙反一　叱尺栗反一

六物無佛反三

勿　芴土瓜　弗分勿反六　紱綬　黻黼黻　綍大索　茀茀·草之盛皃　韍蔽膝　鬱欝·古作鬱迂物反四　爩烟氣　灪灪滃大水　蔚

草盛　孓無左臂九勿反又九月反二　䋧翟衣　屈區物反二　詘辭塞　倔倔強衢物反六　𨃕足力　掘掘地　崛山短而高　𡲢尾短　𧝎衣短　佛符弗反四　怫怫鬱　坲塵起

岪山曲　颮疾風許物反二　欻暴起　𩗗風聲王物反二　搰搰·擲　拂敷物反六　帗韜髮　𡾊崩聲　茀草多　艴淺色　祓除

七櫛梳阻瑟反三

瀄瀄汨水流　䅳秡䅳　瑟所櫛反五　飋飋颶風　蟋蟋蟀　蝨蟣蝨　璱玉鮮絜皃

八迄許訖反三

仡壯　釳乘輿馬上插翟尾　訖居乞反二　吃語難　疙癡皃魚迄反一　趷行皃其迄反一　圪于乞反一　乞去訖反一

九月魚厥反三

刖絕　軏車端　伐房越反七　筏乘大桴渡水　罰罪　閥閥閱自序　垡耕土　橃木橃　𣅝春米　越王伐反五　粵辭　鉞斧　竌竚布

樾樹蔭　厥居月反八　劂刻刀　蹶失脚　𠢕強　蕨菜　𨘋跳　瘚氣逆　蟨獸名走則顛常為蛩蟨取食蛩蟨負而走　噦乙劣反一　嬮嬇嬮婦人皃於月反二

餮飴安豆　觼以角發物其月反六　鷢白鷢鳥　橛橛·株橛　橜杙橜　蹷蹷·倒　𡳆尾本　闕去月反二　瀱水名在義陽　髮方伐反二　發　韈

屬韈妄發反一　颰小風許月反三　狘獸走　泧水皃　謁於歇反四　閼歲在卯名　暍傷熱　黦色壞　歇氣泄許謁反三　蠍蠆　猲獢犬　訐面斥人以言居謁反又居例？反三

趉走皃　羯羯羊　揭擔物其謁反一　怫匹伐反一

十沒莫勃反二

歿死　骨古忽反四　縎縎結　鶻鶻鳩又胡八/胡骨反　榾枸榾木　勃蒲沒反六　渤渤澥海名又水皃　䭯馬牛尾一角　餑麵餑　埻塵起　馞大香　咄

訶當沒反一　突突出他骨反三　梲大杖　𨃅蹂　宊觸陁忽反六　揬搪揬　腯肥　鼵鼠　鶟鳥　堗竈堗　頞內頭水中烏沒反四　殟心悶　嗢咽

膃膃肭肥 忽呼骨反五 惚恍惚 寣睡一覺 笏 乾乾•急擷擷字呼結反 兀高皃五忽反四 扤動搖 屼山皃 杌樹無枝 誖誖•按物聲普沒反一

窟苦骨反五 顝大頭皃 淈淈麻池 頌白秃 矻用力 訥諾忽反二 肭膃肭 抐內物水中 窣勃窣蘇骨反二 䎳磨䎳 猝倉猝麁沒反一 捽昨沒反三 椊

椊杌以柄內孔 齇齇 麧下沒反四 齕齧又胡結反 紇又胡結反 淈淈泥又古忽反 卒率•則沒反二 倅百人為倅

十一末莫割反十二

秣秣馬 眜眛•星易曰日中見眛 頪頪顯健 抹抹摋手摩 佅佅健肥大 妺妺嬉桀妻 怽忘 坺壤土 沬水沬一曰水名在蜀武泰反

瀎塗拭 鴹鳥名 枂去樹皮五活反一 撥薄末反九 癶足癶刺 襏蠻夷蔽膝衣 茇根茇 鉢 鵓鳥 鱍魚掉尾皃 迶急走 髮髮鬢多鬢 鬢姊末反二

拶逼 括檢古活反六 ⿰氵聒水流 髺結髮 檜木名 聒聲擾 苦苦蔞 闊苦括反二 筈箭 活戶括反二 ⿰礻舌祠 奪奪•徒活反三 敓

取 脫肉去骨又土活反 豁豁•豁達呼括反四 濊水聲 奯大開目 泧瀎泧 斡轉烏活反四 焥火烟出 睕目開皃 ⿰舌斗棺•取物或作⿰舌斗指 繓⿰糹㝡

•繓結子括反二 攥手把 鏺兩刃刈草木普活反五 撥芟 蹳踏草聲 抪推 ⿰酉市酒色 侻侻可一曰輕他活反二 捝解落或作脫 捋盧活反二 ⿰寽刂削 掇

拾多括反三 鵽鵽雀 腏挑取骨閒肉 撮⿰扌㝡•撮手七括反一 跋跋躠行皃蒲撥反十 ⿰𧾷市行皃 魃旱魃 废舍 ⿰酉市酒氣 馛香氣 軷將行祭名 炦火氣

颰風 癹除草 躠跋躠桑割反三 薩 摋抹摋 怛悲當割反六 ⿱制心驚 妲妲己 呾相呵 炟火起 ⿰黑旦莫⿰黑旦縣在五原 闥他達反七 ⿰亻達佅⿰亻達

撻打 躂足跌 澾泥滑 獺水狗 鰨魚名 遏烏割反四 齃鼻齃 堨擁堨 閼止又於連反 剌盧達反六 揧⿰石刂破 辢辛辣 莿䕲•莿蒚

瘌瘌•㾐瘌不調皃 攋揦•撥攋手披 渴苦割反一 達陁割反一 巀巀嶭才割反又才結反一 嶭嶭•五割反四 ⿰車獻車載高 屵高山 枿伐木餘

葛古達反五 ⿱⺮曷篕箃桃枝竹名 獦獦狚 割 䮾騔•馬走 褐胡葛反六 毼毛布 鶡鳥名 曷何 蝎虫 餲餅名 顯頪顯許許葛反四 猲

恐 暍白 ⿰口歇喝•訶 捺手按奴曷反一 擦足動草聲七曷反一

十二黠胡八反二 䶛齒聲 札側八反三 殺殺·癘疾 蚻小蟬 拔蒲八反二 茇茇葀根可作飲 𤬪苦八反六 劼用力 鬝鬜·鬝禿 扴巧 刮

剥 硈石狀 滑戶八反五 猾狡猾 䱻魚名 鶻鶻鳩 螖蟚螖似蟹而小 八博拔反二 𩡧馬八歲 窡窡·口滿丁滑反二 娺婠娺好兒 貀獸名似貍

女滑反一 嗗飲聲烏八反二 婠婠娺 䶪齒利初八反四 蔡蔡·草 察鑒 檫木名 劀去惡肉古滑反二 鱊魚名 戛古黠反七 扴指扴物 圿圿垢

秸祭天席 鴶鴶鵴鳩名 楔櫻桃又先結反 鞂草 軋輾烏黠反五 圠山曲 揠拔草心 嫼嫉怒 猰猰貐獸 殺終命所八反二 鎩鳥羽 僁僁僁健兒

莫八反二 𥇖惡視 傄呼八反一 痆女黠反一 魸屈女滑反一 勂力作口滑反一

十三鎋車軸頭鐵胡八反四 齰齧聲 鶷鶷鶡鳥名 矿磍矿 鶡乙鎋反三 閜門扇聲 圔駱駞聲 齾器缺吾鎋反二 鬝禿鬝 剎柱初鎋反一 瞎

眼盲許鎋反一 楬木虎樂器枯鎋反二 磍碚·剥磍 獺獸他鎋反一 瘵痛女鎋反一 刮削古頒反三 鴰鶬鴰鳥名 䄆襛裯名 頢強可兒丑刮反一 頡

面短下刮反五 䯏細縎 敌敌·刮盡 舌口中肉 姡面淨 鵽鳥丁刮反又多活反二 窡穴中出 刖跀·去足五割反又魚越反二 殈獸食草殘 妠婠

•婠妠小肥女刮反一 𪑱黑初刮反一 礣矿莫鎋反二 帓帓帶 捌把百鎋反一 鴰鶷鴰鳥古鎋反二 擖刮聲

十四屑先結反六 楔木楔 揳攕揳不正 躃蹩躃旋行 糏米麥破 僁動草聲 切千結反四 嚓小語 䶫䶫齒 竊 結繫古屑反八 絜麻一耑

潔潔·清 鍥鐭·鎌別名 桔桔梗 㮏㮏槔汲水 𧾊走兒 鶪鶪鳥名 節子結反七 卩瑞信 癤瘡癤 瀸小瀸 蝍蝍蛆虫又子力反

𤐸燭餘 楶屋梁上木 血呼決反五 䀏瞲惡䀏兒 窩穿兒 泬泬寥空兒 疦瘡裹空 闋苦穴反一 玦珮古穴反十一 潏泉出兒又水名出京兆 䀗目患 譎

譎諫 訣別 觖環有舌 駃駃騠良馬 芵芵明藥 鴂鸋鴂鳥 決決·赽馬疾行 穴胡玦反一 抉抉出於決反三 穾穿兒 𥈔目深兒 姪

姪娣徒結反十六 昳日昊 眣目出 胅骨跌 凸亞·高起 垤蟻峯 耋耊·老 迭遞 跌跌踼 絰縗䋎 驖馬赤黑 嵽墆

•嵽嵲高皃軼車相過又以質反闋鄭城門駃馬行疾⿵几失爪⿵几失鐵鐵•古作鐵他結反三僣儹•僣俔餮貪食纈錦纈胡結反九⿵門吉
⿵門吉闋擷亻•捋取又虎結反⿰扌絜縛頡頡頏頁頭齕齧紇襭以衣衽盛物涅水中黑土奴結反三捏捺⿱艹圼蒜截截•
昨結反三巀傍出前⿰卩⿱山出•山峯又子結反齧噬五結反五霓虹霓蜺寒蜩嵲嵽嵲槷危槷蔑莫結反七懱輕⿱蔑目䁾•目赤⿰扌蔑⿰扌蔑揳
蠛蠛蠓幭帊幞篾竹彆弓戾方結反三⿱敝糸輓噎食塞烏結反四⿰米壹糉⿰米壹窫靜蠮蠮螉猰猰貐苦結反六䫣顛頞短皃挈提⿱㓞巳
⿱㓞巳瓶奊类多節奊目皃契契闊奆肥狀虎結反二⿰革見急繫撇撇•普蔑反二鐅江南呼鐅刃蹩蒲結反五⿰扌⿱囟比⿰扌⿱囟比•反手擊⿰敝頁⿰敝頁類癟
戾癟不正馝香窒塞丁結反又陟栗反三咥咥咄⿰目窒膣•⿰目窒眡类練結反一綟麻綟一

十五薛

薛•私列反九紲緤•繫媟狎疶⿸疒曳•痢病褻裏衣⿱埶金田器泄洩•漏渫滐•治井卨殷祖列呂結反十一
迾遏蛚蜻蛚鮤䱡•魚名烈光洌清冽寒裂破茢桃颲風雨暴至鴷啄木鳥哲也陟列反二蜇虫螫傑
渠烈反六桀竭碣碣石山楬有所表識榤鷄栖杙上熱如列反一晢光旨熱反四浙江名在東陽折⿰車旦⿰車且•柔皮舌食列反二揲
數又尸列反孼魚列反八蘖麴蘖讞正獄孽妖孽蠥虫禽妖怪闑門中礙⿱山自山高危櫱朅來去朅反二揭舉滅亡列反二搣手搣鷩
礼有鷩冕并列反三鼈魚虌虌•蕨菜絕情雪反一蕝束茅表位子悅反又子芮反一雪相絕反一⿰夬皮皮破丑劣反一悅翼雪反五閱簡閱蛻蟬去皮又他卧反
⿱艹閱草名娧姚娧美皃缺傾雪反一爇爇•放火如雪反二蜹蚊說失爇反一拙職雪反三棁梁上短柱蝃蛪蛛歠大飲昌雪反一輟止陟劣反三
畷田間道惙疲惙劣力惙反四脟脇肉⿰足寽蹶⿰足寽跳皃埒馬埒瞥⿱敝見•蹔見芳滅反三潎漂憋怒別皮列反一莂或兵兵列作訓反一
轍直列反四徹通撤發澈水澄㕞刷•掃所劣反一孑單居列反三釨鉤釨戟趌趌趣跳皃設識列反二蔎香草⿱日叏

舉目許劣反三 威滅·滅滅 翊小鳥飛 吶聲不出女劣反一 嫳嫳妜輕薄易怒皃扶別反一 妜於悅反一 蹶紀劣反又其月/居衛反一 豩豕發地 茁

草生側劣反二 𪐴短黑皃 膬腝而易破七絕反一 蠿蠽·茅蠽似蟬姊列反三 鷦小鷦 尐小尐 榝茱萸山列反一 焆烟氣於列反一 屮草初生丑列反一 婼

喜皃許列反一 啜嘗樹雪反一 劕箾·割斷聲測八反一

十六錫先擊反七 析分俗作析 裼袒裼 皙白色 緆細布 蜥蜥蜴 淅擇米 激古歷反四 擊 墼土 鷩鳥名 霹霹靂普激反二 劈破 歷

閴激反十五/十六？ 靂霹靂 𨅊𨅊趚行皃趚字七昔反 酈酈縣名在南陽 癧瘰癧 轢車踐又盧各反 瓅珠瓅 鎘鎗鎘 礫砂礫 秝稀 瀝？

滴瀝 櫪馬槽 𦏧羖羊 櫟木名 鱱鱳·魚名 蒚山蒜 曆 的指的都歷反九 適從又之石始石二反 嫡正嫡 甋瓴甋 靮馬韁 鏑箭鏃

馰馬馰 滴滴·水滴 肑腹下肉 檄胡狄反二 覡巫覡 鷁水鳥五歷反二 艗艗舟 荻徒歷反十一 狄 敵 翟翟雉 籊竹竿 迪道

覿見 笛樂器 糴 滌洗 邮鄉名 逖他歷反六 倜倜儻 詆詆誘 趯跳皃 剔解骨 惕憂惕 績則歷反二 勣功 燩乾燥去激反三

擊傍擊 毄攻漢書毄淡曰功苦 惄飢憂奴歷反二 溺休·溺水 寂昨歷反或作宗一 覓莫歷反八 幦車覆軨 幎覆 𩦎馬多驚 糸細絲

鼏鼎蓋 幂覆食巾 汨水名在豫章 甓瓴甓扶歷反二 鷿鳥名 壁辟·北激反二 鼊鼊鼀類 闃苦鶪反一 郹郥·邑名在蔡古闃反五 鶪

伯勞 狊張目 湨水名在河內 鼳似鼠 戚倉歷反四 慼 鼜鼜·守夜鼓 鏚干鏚 赥笑聲許狄反二 鬩鬭

十七昔古作昝私積反六 惜 腊 潟鹹 磶柱下石 舄履舄 積資亦反八 脊背 蹐蹐地 迹 借假又資夜反 踖踧踖敬皃 鶺鶺鴒鳥 鰿

魚名 益伊昔反三 謚笑皃 嗌喉上 繹理羊益反廿 襗重祭名 亦 弈博弈 奕大 帟幕 譯 懌悅 斁厭 驛驛馬 嶧山名

醳苦酒 腋胛腋 掖持臂 液津液 𧚔縫 易 瘍病相染 蜴蜥蜴 埸壃 釋漬施隻反十一 釋釋·解 檡樗棗 適樂又都歷反

奭奭·邵公名 郝人姓又呼谷反 睗急視 晹日無光 嫡嫡·嫁 釋耕皃 螫虫螫 尺昌石反四 赤 庐 厈·逐 蚇蚇蠖 石

凡石常尺反四 碩大 祏廟 鉐鍮鉐 隻之石反六 適往 炙 墌碁 摭拾或作拓 跖蹠·足或作蹠 擲投直炙反古作擿三 蹢麩 躑

躅躑 皵皮細起七迹反五 趞趞·趯趞行皃 磧沙磧 浾水名在北地 刺刾·穿又七四反 席蓆·詳昔反五 夕 穸窀穸 汐汋·潮汐

鄐鄉名在臨邛 籍簿秦昔反七 藉狼藉 耤耤田 踖踐 塉薄土 厝縣名在清河 瘠病 擗撫心房益反四 椑棺 躃倒 闢啓 役

營隻反六 䓍燕人呼芡 疫病 䱒魚名 炈喪家竈 鈠排鈠刃 辟必益反五 鐴鐴土犂耳 躄跛躄 璧玉 襞襞衣 僻誤芳辟反二 癖腹病

瞁驚視許役反一 麝麝·香食亦反又食夜反一 彳丑亦反一

十八麥麦·莫獲反三 脈血脈 霢霂·霢霂 獲胡麥反六 畫又胡卦反 嫿分昞好皃 劃錐刀刻 鱯魚名 擭度 蟈蛙別名古獲反四 馘割耳

幗婦人喪冠 膕曲脚中 檗蘗·黄檗博厄反二 擘分擘 繴絲帶蒲革反一 賾士革反一 責側革反四 䪹頤頭不䪹正皃 簀牀簀 幘冠幘 策

馬捶惻革反四 簎簎·簎或作冊 婧健急皃 齰齒相值 䞍䞍·破聲呼麥反三 繣徽繣乖違 䬡飛聲 䩭鞕口革反一 覈實下革反五 繳衣繳

礊石地 翮羽 核果核 隔古核反五 膈胷膈 鬲縣名在平原又落激反 槅車槅 革 摘手取陟革反四 讁責又丈厄反 猲犬怒張耳 棏鬡棏 戹

災烏革反五 搤持又作扼 軛車軛 阸阨·限礙 呃呝·呝喔鳥鳴 栜木名所責反六 溹小雨 䨶霰 瘷瘆瘷寒皃 摵殞落皃 愬懼皃 攉

射中聲普麥反一

十九陌莫白反九 帞頭巾 袹袹複 蓦静 貘食鐵獸 蛨蚝蛨虫 貊蠻貊 驀騎驀 磔張陟格反三 蚝蚝蛨 舴舴艋小舟莫杏反 伯博白反四

迫 百 柏 栢·白傍百反三 帛 舶海中大船 劇奇逆反四 屐履屐 輾車輾 谻倦谻 戟刀戟几劇反三 撠持 䕭大䕭

索索•求所戟反又蘇各反三 趚僵仆皃 溹水名在滎陽 柵惻戟反三 踖豆 簎國語魚鼈 嚄大喚胡伯反一 嘖嚄嘖側陌反一 迮狹 笮屋上板

齚齧鋤陌反四 咋吺咋多聲 灂泎•瀺泎水落地 岝峉•岝峉山皃 隙綺戟反三 郤人姓 綌綌絺 額五陌反三 峉岝峉 𩸄鰝𩸄 逆

宜戟反一 客苦陌反二 喀吐聲 啞笑聲烏陌反二 𩚬飢 虩懼皃許郤反一 坼坼•裂丑格反二 趪趚•半步 韄佩刀飾乙百反一 拍拍•

打普百反四 魄魄魂 怕憺怕靜 皛亦打又胡了出蜀都賦 赫赤呼格反三 嚇怒 爀火色 垎土乾胡格反三 䞦䞦趚 㮙揢•䆟㮙 格古陌反七

佫佫•至 鰝鰝𩸄 茖山葱 骼骨骼 觡鹿觡 鵅鳥名 謋謋然虎伯反二 漷水名在東海 宅棖百反三 擇選 澤陂 虢國名古伯反一

擭手取一號反一 踷踐女白反一 搦捉搦尼白反一

廿合

胡閤反又古沓反三 迨迨遝行相及 郃郃陽縣在馮翊 閤古沓反六 鴿鳥 合又胡閤反 鉿鉿尺鋌 荅都合反二 踏踏跛行悪皃 趿蘇荅反四 颯風聲

靸小兒履 馺馬行 沓重沓徒合反十 誻譐誻 遝迨遝 撘漏•指撘 榙柱上枅 涾沸溢 䮾䮾馺馬行 龖龍飛狀 譶疾言 蹹拞蹹

錔器物錔頭他閤反九 嚃歠嚃 䓠菜生水中 嫅安 踏著地 帾帳上覆 鞜革履 𦐇翋飛𦐇皃 漯水名在平原 雜徂合反四 𠦄斷聲 磼

磼嶫山高皃 雥群鳥 帀遍子荅反二 咂入口 拉折盧荅反四 摺敗 磖磖礏 翋翋飛𦐇皃 納奴荅反四 𩎓腝皃 蒳子似檳榔 軜驂馬內轡繫軾前者

溘至口荅反三 㞹𡲬•閉戶聲 厒山夾有岸 姶美好皃烏合反四 𤸷䖒•短氣 罨網 罯覆盖 欱歠呼合反二 疲病 㗳㗳•

衆聲五合反二 礏礏礏

廿一盍

何不胡臘反四 闔闔闔 嗑噬嗑易卦 蓋苫蓋 臘盧盍反六 䶫齧聲 蠟蜜 鑞錫鑞 擸折 𤿭𤿭䎀 䎀都盍反五 耷大耳 搨手打 矺

擲地 剔相著聲 榻牀吐盍反十三 䑼𦪇•兩槽大舡 毾毾㲪 鰈比目魚別名 鰨魚名似鮎四足 𦿌𦿌布 傝隸 狧犬食 䜚䜚多𧬪言 𦐔

毾•飛兒 鞳鏜鞳鐘鼓聲又他合反 搭摸搭 塔佛圖 歃大啑呼呼盍反一 魶魚名奴盍反一 蹋踐徒盍反二 闒門樓上屋 傝不謹兒私盍反一 儑不著事五盍反一 奞惡才盍反二 搕和雜 顉顉車古盍反三 𧪯多言 蓋盖•姓漢有蓋寬饒 榼榼•酒器苦盍反二 磕石聲 鰪魚醬安盍反一

廿二洽

洽和侯夾反五 狹古陿 祫祭名 峽三峽山 硤硤石縣名 恰苦洽反五 帢帢•巾帢 掐爪刺 䁊目陷 㓣入 夾古洽反九 郟郟鄏縣名 筴箸又古協反 韐韎韐韋蔽膝 跲躓礙 袷未絮衣 䀫眼䀫眨 餄餄餅 癦癦蹄足病 箑行書士洽反三 牃湯牃 䮢馬驟 眨目動阻洽反三 㞩薄楔 偛偛倡小人兒 插楚洽反四 臿舂去皮 鍤鍫 扱取 䶎䶎齁鼻息呼洽反三 欱小嘗 𣤷氣逆 図囲•手取物女洽反一 霎小雨山洽反二 歃歃血又山輒反 剳竹洽反一 䠥跛行兒烏洽反二 凹下或作容

廿三狎

狎習胡甲反五 匣箱 翈翮下短羽 霅衆聲又杜甲反霅陽縣在樂浪 浹浹•浹渫冰相著 渫渿•丈甲反二 喋唼•啑唼鳥食啑所甲反 甲古狎反五 胛背胛 柙木理亂 押押籬壁 砰碑•山側 鴨水鳥烏狎反四 壓厭•鎮 庘屋壞 窜人神脉刺穴 𦦜去麥皮初甲反一 翣飾棺所甲反三 貑豕母 啑啑喋鳥食 呷呼甲反二 譀誇誕

廿四葉

葉•与涉反又式涉反四 楪楪榆縣名在雲中 揲揲度 鍱鐵鍱 接交紫葉反五 椄續木 睫眼睫 楫舟楫 婕婕妤 攝書涉反二 灄水名在西陽 涉時攝反一 獵取禽良涉反四 鬣鬚鬣 躐踐 䁽䁽•日暗 捷疾葉反一 脥細切肉直輒反二 𡔊下入又直立反 敧敧於輒敧反一 䎎尼輒反五 聶姓 躡蹈 鑷鑷子 㚔機 謵小語叱涉反四 槷樹葉動兒 㚲輕薄 詀詀讘細語 讘而涉反二 顳顳顬鬢骨 讋多言之涉反三 囁口動兒又而涉反 懾怖兒 妾七接反三 𠞊續 鍱鏶•炙鐵 鍤錘•綴衣針丑輒反一 极扱•驢上負版其輒反二 笈負書 輒輙•陟涉反三 耴取•重耳 襵衣襵又之涉反 曄光筠輒反二 饁餉田 㾜少氣去涉反一 萐萐蒲瑞草山輒反三 箑扇 歃歃血又所洽反 𦁕縫居輒反一 厭惡夢於葉反一

廿五怗他協反八 帖券帖 聾聾·鼓無聲 鈷鈷着物 鞊韋鞊 貼以物徵錢 跕跕屣又丁協反 碟踏 協和或作叶胡頰反四 勰思 挾持 俠任 頰古協反五 鋏長鋏 筴箸 莢蓂莢 蛺蛺蝶 愜心服苦協反二 篋箱篋 牒徒協反十二 喋便語 𨆌小走聲 蹀躞蹀 諜反間 堞城上垣 𨐌車聲 氎細布 褺重衣 疊重 蝶蛺蝶 𥵔𥵔篋 壓按於協反二 𪕋𪕋子 苶病劣皃奴協反七 鍂小釘 埝惗·陷下 惗暗聲 朁晦冥 諗聲絕 捻指捻 燮和蘇協反五 屧屐 躞躞蹀 韘韘鞲射具 𤩍石似玉 㼪蹈瓦聲盧協反一 聑耴·丁篋反三 𠯗咡·多言 𢫬掫·𦶜草蘆在協反一 浹洽子協反一 弽弓張呼協反二 䁋閉一目

廿六緝續七入反一 十是執反三 什篇 拾取 執之入反二 汁 習學似入反三 襲重 隰原 集聚秦入反三 輯和 檝楫揖·舟檝 入尔執反一 揖伊入反二 挹酌 溼水霑俗作濕失入反二 𦖞牛耳搖皃 㗱噂㗱噍皃姊入反三 潗泉出 𦃃合 及其立反二 蓏冬瓜 縶繫馬陟立反三 霵小溼 馽馽·馬絆 蟄虫直立反二 𦞂肉半生半熟 立力急反六 𪗈齧聲 粒米粒 笠雨笠 鴗水狗 苙白芷又其立反 急急·居立反六 給供給 芨烏頭別名 汲引 伋子思名 級階 岌漏·高皃魚及反一 泣悲淚去急反二 𣊫欲燥 靸小兒履先立反一 吸許及反五 歙後漢有來歙又縣名又舒涉反 翕火炙一曰起 𧫙評語𧫙聲 潝水流皃 澀澁·色立反又作澀三 鈒戟 𩂟雨聲 戢止阻立反五 䁒𦡦·淚出皃 𧣴角多 咠眾口 蕺菜名 邑英及反五 悒 裛裛香 浥濕 䓃䓃菸 湁湒沸丑立反一 煜火皃為立反二 曄曅·曄曄又筠輒反

廿七藥以灼反八 躍跳 礿祭名 蘥雀麥 鑰開鑰 瀹煑 爚煜光 籥樂器 略離灼反二 𦂥紩 脚腳·居灼反二 屩履 灼燒之藥反九 斫刀斫 彴橫木渡水 𢗝痛 勺周公樂名 酌酌酒 繳繒 焯火氣 穛五穀皮又公酷反 爍灼爍書藥反四 鑠銷鑠 獡犬驚 𡤝美好皃 若而灼反七 著杜著 弱 鄀地名在襄陽 箬竹葉 楉楉榴 蒻荷莖入泥又菜名出蜀 綽處灼反三 磭户脣大脣皃户字語偃反 婥婥約美好皃 約於略反一

却退去灼反二　鄲地名在河東　虐虐•酷魚約反一　謔戲虛約反一　妁市若反四　杓橇杓　仢仢約流星　芍蕭該云芍藥是藥草又香草可和食芍字張略反藥字良約反
又芍陂在淮南七削反又蓮芍縣在馮翊之言也又草皃苡胡了反　㚟似兔而丑略反三　婼叔孫婼　逴略逴行皃　削息略反一　斮斬側略反一　爵封卽略反二　雀小鳥　爝
靖在爵反三　嚼噬　爝炬火　鵲䧿•七雀反三　趞行皃　浞宋國良犬　噱嗢噱笑不止其虐反三　蹻舉足高　[彳卻]須臾　嬳作姿憂縛反一　縛繫符玃反一
矐矆•大視許縛反一　籰所以收絲王縛反一　玃大居縛反四　趯大步　钁斸鋤钁　攫搏

廿八鐸

鐸大徒各反七　剫彫木　愺忖愺　踱跣足躅地　澤冬水　度度•量又徒故反　襗褻衣　莫慕各反八　幕帷幕　鄚縣名　膜肉膜　鏌鏌鋣
摸摸[扌索]又莫胡反　漠沙漠　瘼病　落盧各反十七　烙燒烙　絡絡絲　洛水名　珞瓔珞　酪乳　樂憘又五教/五谷反　轢轢又力的反車所踐　笿
籠　硌磊硌　駱馬色　睢[目崔]•大皃　[革各]生草　[各刂]去節　馲馲駝　鮥魚名　[鼠各]鼠　託他各反六　袥開衣領大　橐無底囊　魠魚名　籜竹筍皮
[木㡿][木厈]•易曰重門擊[木厈]是　作使作子洛反三　柞木　糳精細米　錯倉各反三　厝厲石　䱜魚名　各古落反四　閣樓閣　格樹枝　胳胳腋　恪
苦各反一　愕驚五各反八　鄂國名　諤直諤　鍔　崿崖崿　鶚鳥鶚　鰐魚名　萼花萼　惡烏各反三　蝁虵名　堊白土　諾奴各反一　顎面大皃匹各反五
粕糟　濼波濼　膊割肉　[車尃]車覆輒　泊止傍各反四　亳國名　箔簾　薄　[月隺]臛•羹呵各反五　鄗縣名　壑谷　蠚螫　郝
地名又人姓　索蘇各反二　[扌索]摸[扌索]　涸水竭下各反四　洛洛澤　鶴似鵠長喙　狢猯類　昨在各反九　酢酬酢　莋縣名　[丵臼殳]穿　鑿鏨　筰竹索
柞木名　怍慙　[牛乍]山牛　博補各反九　髆膊•胷髆　爆迫於火　搏手擊　餺䬪•餺飥　鑮似鐘而大四時之聲　鎛鐘磬　[口尃][口尃]噍噍皃　襮衣衿
霍[雨隺]•虎郭反四　霩雲消皃　[目郭]驚視　藿[艹隺]•豆葉又香草　郭鄗•古博反三　崞縣名在雁門　槨槨•棺槨　臒臒•丹烏郭反三
[食蒦]味薄　蠖蚇蠖　穫刈胡郭反五　[忄蒦]心動　檴檴落木名　鑊鼎鑊　[火蒦]熱　廓苦郭反二　鞹皮

廿九職 之翼反五 織 職職•油敗 蟙 蟙蠼虫 蘵 草名似酸漿 直 除力反一 力 良直反四 朸 縣名在平原 屴 屴崱山高 仂 不懈 勅勑•褚力反七

飭 牢密 淔 水名 趩 行聲 拭 拭卜 侙 意想 鶒 鷄鶒亦 陟 昇竹力反二 稙 早禾 食 乘力反二 蝕 息 相卽反四 鄎 新鄎縣 楒 木名 瘜

惡肉 寔 是常職反五 湜 水清 殖 多 植 種 埴 黏土 識 商職反五 式 法 拭 刷 軾 車前 飾 裝飾 赩 赤許力反二 畵 痛 極 渠力反一

崱 屴崱山兒士力反一 匿 藏女力反二 𠥄 虫食病 測 度愴力反三 惻 愴 畟 畟耜嚴利 憶 於力反九 臆 胷臆 億 繶 絛繩 澺 水名 醷 梅醬

檍 木名 薏 薏苡亦蓮心 螠 小蜂 䩯 皮硬丘力反一 色 所力反六 歒 小怖 嗇 愛嗇 轖 馬車止絡革 穡 稼穡 薔 蓼菜 殛 誅紀力反四 極 急性 襋

衣交領 棘 小棗 弋 与職反十二 翊 馮翊郡 翌 明日 廙 敬 黓 黑兒 翼 䴬 麥 隿 繳射 蘱 藕翹 㚤 婦人在官夫人名 瀷 水名 杙 木名

即 就子力反六 稷 𣗉 木名 𤛓 牛名 蝍 蝍蛆虫 楖 楖裴縣名在魏郡裴字房非反 逼 或作偪彼側反一 域 榮逼反四 蜮 短狐虫 罭 魚網 棫 木叢 洫

況逼反四 閾 門限 緎 衣縫 淢 疾流 堛 凷芳逼反七 愊 悃 踾 蹋地聲 𤗈 判析 𩜇 飽兒 揊 擊聲 稫 稫稷 稄 稫稄阻力反六 昃 日昃

捌 打 仄 陋仄 萴 藥烏頭別名 側 傍 愎 很皮逼反二 腷 臆意 稫煏•火乾 抑 按於棘反一 嶷 岐嶷魚力反一

卅德 多特反二 得 則 法卽勒反一 勒 盧德反六 肋 脅 扐 著指間 仂忇•禮記祭用數之仂 玏 美石次玉 艻 蘿菜 忒 差他則反三 𢭸 打 慝

匿•悪 刻 苦德反三 克 能 剋勊• 特 徒德反四 貣 假 蟘 食禾虫 樴 杙 黑 呼德反三 潶濹•水名在雍州 默 唾聲 墨

筆墨莫北反五 默 靜 蟔 虫名 冒 單于名又莫報反 纆 索 賊 昨則反二 鱡 鰞鱡魚 塞 蘇則反一 北 波墨反一 菔 蘆菔傍北反三 僰 縣名 匐 匍匐

或 胡國反三 惑 迷 蜮 虫以毒射人 國 古或反一 餧餩•噎聲愛黑反一

卅一業 魚怯反三 鄴 縣名 驜 馬 脅 脅虛業反二 歙 歙氣 怯 去劫反一 劫 強居怯反二 衱扱•衣領 腌 鹽漬魚於業反五 罨 魚網又烏合反 裛

書囊又於怯反 殗殜• 殗殜不動 䅖 犁種

卅二乏 房法反一 法 則方乏反一 猲 恐受財史記曰恐猲諸侯起法反一

古籍文献

古籍文献按历史或作者的生年、出书之年大致的时序排列。

《周易》 （西周）（前1046—前771）

《墨子》 （春秋—战国）（前490—前221）

《论语》 （春秋—战国）（前480—前350）

《孟子》 （战国）（前340—前250）

《礼记》 （战国）（前475—前221）

《荀子》 （战国）（前475—前221）

《鹖冠子》 （战国）（前475—前221）

《庄子》 （战国）（前350—前250）

《道德经》 （战国）（前475—前221）

《公孙龙子》 （战国）（前475—前221）

《管子》 （战国—汉）（前475—220）

《急就篇》 （西汉）（前48—前33）

《淮南子》 （西汉）（前206—9）

《贾谊新书》 （西汉）贾谊（前206—9）

《说苑》 （西汉）刘向（前206—9）

《太玄经》 （东汉）扬雄（前33—18）

《孔从子》 （东汉—三国）（25—265）

《论衡》 （东汉）王充（80）

《白虎通德论》 （东汉）班固（79—92）

《潜夫论》	（东汉）王符（102—167）
《说文解字》	（东汉）许慎（58—147）
《释名》	（东汉）刘熙（190—210）
《九章算术注》	（魏晋间）刘徽（约225—约295）
《玉篇》	（梁）顾野王（519—581）
《切韵》	（隋）陆法言（601）
《隋书》	（唐）魏徵等撰（656）
《刊谬补缺切韵》	（唐）王仁昫（706）
《唐韵》	（唐）孙愐（733/751）
《封演闻见记》	（唐）封演（756进士）
《干禄字书》	（唐）颜元孙（774）
《文镜秘府》	［日］弘法大师，遍照金刚空海，日僧侣（774—835）
《刊误》	（唐）李涪 唐昭宗年间人（888—904）
《大宋重修广韵》	（北宋）陈彭年、丘雍等（1008）
《续资治通鉴长编》	（南宋）李焘（1115—1184）
《鹤山先生大全集》	（南宋）魏了翁（1178—1237）
《沧浪诗话》	（南宋）严羽（约1192—1197）
《困学纪闻》	（南宋）王应麟（1223—1296）
《云烟过眼录·四库全书》	（南宋）周密（1232—1298）
《少室山房笔丛》	（明）胡应麟（1551—1602）
《藏书纪要·澹生堂藏书约·四库全书》	（明）祁承㸁（1563—1628）
《音论》	（清）顾炎武（1613—1682）
《声韵考》	（清）戴震（1724—1777）
《十驾养新录》	（清）钱大昕（1728—1804）
《经韵楼集》	（清）段玉裁（1735—1815）

《说文解字注》	（清）段玉裁（1735—1815）
《汉语大字典》	1990

参考文献

[1] 北京大学哲学系．古希腊罗马哲学［M］．外国哲学史教研室，译．北京：商务印书馆，1982：262.

[2] 陈澧．切韵考·附音学论著三种［M］．罗伟豪，校．广州：广东教育出版社，2004.

[3] 陈那．集量论略解［M］．法尊，译．北京：中国社会科学出版社，1982.

[4] 陈垣．校勘学例释［M］．上海：中华书局，1959.

[5] 陈昌来．中国语言学史研究的现状和思考［J］．上海师范大学学报（哲学社会科学版），2018（3）：117-124.

[6] 陈汉生．中国古代的语言和逻辑［M］．周云之，等，译．北京：社会科学文献出版社，1998.

[7] 陈孟麟．一封关于《墨辩》是否已提出相当于三段论推理形式的信［J］．哲学研究，1989（11）：76-78.

[8] 陈孟麟．《墨辩》逻辑范畴三题议［J］．哲学研究，1987（11）：48-54.

[9] 陈晓平，孙思．类比推理与理论模型［J］．自然辩证法研究，1993（11）：44-50.

[10] 崔清田．推类：中国逻辑的主导推理类型［J］．中州学刊，2004（3）：136-141.

[11] 戴震．声韵考·戴震全书［M］．合肥：黄山书社，1995.

[12] 戴南海．校勘学概论［M］．西安：陕西人民出版社，1986.

[13] 丁邦新．重建汉语中古音系的一些想法［J］．中国语文，1995（6）：414-419.
[14] 董火民．中国古代抄书研究［D］．山东大学，2007.
[15] 董同和．上古音韵表稿本［J］．历史语言研究所集刊，1948（18）.
[16] 段玉裁．经韵楼集［M］．钟敬华，校．上海：上海古籍出版社，2008：116.
[17] 方孝岳．《切韵考》原稿残卷［J］．学术研究，1962（1）：123-129.
[18] 方孝岳．广韵韵图［M］．北京：中华书局，1988.
[19] 封演．封氏闻见记［M］．赵贞信，校．北京：中华书局，2005.
[20] 冯蒸．《切韵》严凡、真臻合并说商榷［J］．古汉语研究，2015（3）：39-45.
[21] 傅斯年．傅斯年全集（第三卷）［M］．长沙：湖南教育出版社，2003.
[22] 傅斯年．傅斯年全集（第二卷）［M］．长沙：湖南教育出版社，2003.
[23] 刚晓．比量刍议［J］．法音，2010（8）：8-12.
[24] 刚晓．现量观的变迁［J］．西南民族大学学报，2007（3）：51-59.
[25] 高本汉．中国音韵学研究［M］．赵元任，罗常培，李方桂，译．北京：商务印书馆，2014.
[26] 耿升．伯希和西域探险与中国文物的外流［J］．西北第二民族学院学报，2001（4）：5-17.
[27] 古德夫．《广韵》、《王韵》、《切韵》大韵异同考［J］．徐州师范学院学报，1983（4）：28-37.
[28] 古德夫．宋跋本王韵与切韵［J］．徐州师范学院学报，1982（1）：1-8.
[29] 顾颉刚．古史辨·与钱玄同先生论古史书［M］．上海：上海古籍

出版社，1982.
［30］顾炎武．韵书之始·音学五书·音论卷上［M］．北京：中华书局，1982.
［31］郭绍虞．文镜秘府校注［M］．北京：人民文学出版社，1975.
［32］何九盈．中国古代语言学史［M］．广州：广东教育出版社，1995.
［33］何九盈．中国语言学史研究刍议［J］．语言科学，2002（1）：86-91.
［34］亨利希·肖尔兹．简明逻辑史［M］．北京：商务印书馆，1977.
［35］胡适．中国哲学史大纲［M］．北京：东方出版社，1996：15-17.
［36］胡逢祥．王国维著译年表·王国维全集·第二十卷［M］．杭州：浙江教育出版社，2009：483-585.
［37］黄典诚．《切韵》图表化（上）［J］．华侨大学学报，1986（1）：64-76.
［38］黄典诚．《切韵》图表化（下）［J］．华侨大学学报，1987（1）：76-96.
［39］黄典诚．切韵综合研究［M］．厦门：厦门大学出版社，1994.
［40］黄伟明．《荀子》的“类”观念［J］．逻辑学研究，2009（3）：88-109.
［41］姜亮夫．敦煌卷子的整理和敦煌艺术的保护［J］．中国文化，1990（1）：16-19.
［42］姜亮夫．敦煌莫高窟资料编年叙例［J］．浙江学刊，1980（1）：85-87.
［43］姜亮夫．敦煌学在中国文化史上的价值［J］．浙江大学学报（人文社会科学版），1984（2）：43-50.
［44］姜亮夫．古籍辨伪私议——有关古籍整理的若干问题之四［J］．学术月刊，1983（6）：63-70.
［45］姜亮夫．瀛涯敦煌韵辑·姜亮夫全集·卷九［M］．昆明：云南人

民出版社，2002.
[46] 金岳霖. 知识论 [M]. 北京：商务印书馆，2000.
[47] 郎铸. 韵书在音韵学史上的地位 [J]. 济南大学学报（综合版），1994（3）：28-33.
[48] 勒柯克. 新疆的地下文化宝藏 [M]. 乌鲁木齐：新疆人民出版社，1999.
[49] 雷励.《广韵》、《集韵》反切上字的开合分布 [J]. 语言科学，2012（7）：425-431.
[50] 李荣. 切韵音系 [M]. 北京：科学出版社，1956.
[51] 李巍. 逻辑方法还是伦理实践？——先秦儒墨“推类”思想辨析 [J]. 文史哲，2016（5）：115-125.
[52] 李贤中. 墨学——理论与方法 [M]. 台北：扬智出版社，2003.
[53] 李学勤. 考古学与古代文明 [J]. 北方文物，1986（3）：10-15.
[54] 李运富. 关于“异体字”的几个问题 [J]. 语言文字应用，2006（1）：71-78.
[55] 李子君. 宋初韵书更迭频繁原因再证 [J]. 华夏文化论坛，2010：131-145.
[56] 廖继莉. 中文超大字符集输入法的研究和开发 [J]. 语言研究，2002（s1）：294-295.
[57] 林焘. 从反切到《切韵》·中国语音学史 [M]. 北京：语文出版社，2010：56-97.
[58] 刘复. 敦煌丛刊初集·敦煌掇琐 [M]. 台北：新文丰出版公司，1985：453-566.
[59] 刘复，罗常培，魏建功. 十韵汇编 [M]. 台北：学生书局，1935.
[60] 刘邦凡. 中国推类逻辑对中国古代科学之影响 [M]. 长春：吉林人民出版社，2013.
[61] 刘盼遂. 跋唐人写韵书二残笺·文字音韵学论丛 [M]. 北平：人

文书店，1935：247-250.

［62］刘盼遂文集［M］. 北京：北京师范大学出版社，2002.

［63］柳长铉．初谈哲学的范畴分类和结构系统［J］. 延边大学学报（社会科学版），1985（4）：31-39.

［64］陆志韦．古反切是怎样构造的［J］. 中国语文，1963（5）：349-395.

［65］陆志韦．唐五代韵书跋［J］. 燕京学报，1939（26）：83-128.

［66］陆志韦．证《广韵》五十一声类［J］. 燕京学报，1939（25）：1-58.

［67］罗常培．罗常培文集［M］. 济南：山东教育出版社，1999：549-552.

［68］罗积勇．唐代试律考试［J］. 人文论丛，2007：369-380.

［69］罗念生，水建馥．古希腊语汉语词典［M］. 北京：商务印书馆，2004.

［70］吕澂．吕澂佛学论著选集·三［M］. 济南：齐鲁书社，1991：1576.

［71］马楠．《新唐书·艺文志》增补修订［J］. 中国典籍与文化，2018（1）：21.

［72］马建忠．马氏文通［M］. 北京：商务印书馆，2000.

［73］潘文国．汉语音韵研究中难以回避的论争——再论高本汉体系及《切韵》性质诸问题［J］. 古汉语研究，2002（4）：4-14.

［74］潘悟云．汉语历史音韵学［M］. 上海：上海教育出版社，2000.

［75］平山久雄．《切韵》本是陆爽献给隋太子杨勇说补证［J］. 语言学论丛，2016（1）：52-62.

［76］平山久雄．陆法言《切韵》十卷稿本的假定及其蓝本的探讨［J］. 语言学论丛，2014（2）：209-236.

［77］濮之珍．中国语言学史［M］. 上海：上海古籍出版社，2002.

［78］祁承㸁．藏书纪要·澹生堂藏书约［M］. 上海：古典文学出版

社，1957.
[79] 钱大昕．十驾养新录［M］．上海：上海书店，1983.
[80] 钱玄同．钱玄同文集（第四卷）［M］．北京：中国人民大学出版社，1999.
[81] 裘锡圭．谈谈汉字整理中可以参考的某些历史经验［J］．语文建设，1987（2）：3-6.
[82] 裘锡圭．文字学概要［M］．北京：商务印书馆，2002.
[83] 裘锡圭．中国出土古文献十讲［M］．上海：复旦大学出版社，2004：89.
[84] 邵荣芬．切韵研究［M］．北京：中国社会科学出版社，1982.
[85] 邵荣芬．《切韵》音系的性质和它在汉语语音史上的地位［J］．中国语文，1961（4）：26-33
[86] 沈怀兴．从“联绵字”之释看现代联绵字理论之谬［J］．汉字文化，2008（3）：21-28.
[87] 沈有鼎．墨经的逻辑学［M］．北京：中国社会科学出版社，1980.
[88] 苏培成．现代汉字学纲要［M］．北京：北京大学出版社，1994.
[89] 谭戒甫．墨辩发微［M］．北京：中华书局，1987.
[90] 汤可敬．汉字形体说略［J］．益阳师专学报，1986（1）：2-10.
[91] 陶伯华．试论类比推理的逻辑结构与认识功能［J］．求是学刊，1984（3）：29-36.
[92] 陶伯华．时代呼唤现代新工具［J］．中国社会科学，1986（12）：6-9.
[93] 王力．汉语史稿［M］．北京：中华书局，2003.
[94] 王力．汉语语音史［M］．北京：中国社会科学出版社，1985.
[95] 王路．亚里士多德的范畴分类［J］．晋阳学刊，1989（4）：49-53.
[96] 王宁．论汉字与汉语的辩证关系——兼论现代字本位理论的得失［J］．北京师范大学学报，2014：（1）：76-88.

[97] 王宁．《通用规范汉字表》与辞书编纂［J］．辞书研究，2014（3）：1-8.

[98] 王显．也谈增字本《切韵》残卷第三种［J］．古汉语研究，1993（1）：1-6.

[99] 王显．《切韵》的命名和《切韵》的性质［J］．中国语文，1961（4）：16-25.

[100] 王国维．观堂集林·外二种［M］．石家庄：河北教育出版社，2003：697.

[101] 王国维．王国维全集［M］．杭州：浙江教育出版社，2009.

[102] 王国维．王国维论学集［M］．昆明：云南人民出版社，2008.

[103] 王冀青．斯坦因第三次中亚考察期间在敦煌获取汉文写经之过程研究［J］．敦煌研究，2016（1）：130-136.

[104] 王冀青．1907年斯坦因与王圆禄及敦煌官员之间的交往［J］．敦煌学辑刊，2007（1）：60-76.

[105] 王加良．中国“类”范畴的发展与演变研究［D］．南开大学，2012.

[106] 王应麟．困学纪闻·卷八［M］．上海：上海古籍出版社，2008：1065-1067.

[107] 王兆鹏．试论唐代科举考试的诗赋限韵与早期韵图［J］．汉字文化，1999（2）：11-14.

[108] 威廉·涅尔，玛莎·涅尔．逻辑学的发展［M］．张家龙，洪汉鼎，译．北京：商务印书馆，1985：51.

[109] 尉迟治平．电子古籍异体字处理研究——以电子《广韵》为例［J］．语言研究，2007（3）：118-112.

[110] 魏建功．切韵韵目四声不一贯的解释［J］．北京大学学报，1958（2）：45-67.

[111] 魏建功．新史料与旧心理·顾颉刚《古史辨》［M］．上海：上海古籍出版社，1982.

[112] 魏建功.《十韵汇编》材料并补释·魏建功文集［M］. 南京：江苏教育出版社，2001：492-574.
[113] 魏了翁. 鹤山先生大全集［M］. 上海：商务印书馆，473.
[114] 魏现军.《新修纂音引证群籍玉篇》之《玉篇》蓝本考［J］. 暨南学报（哲学社会科学版），2011（3）：160-166.
[115] 温公颐. 先秦逻辑史［M］. 上海：上海人民出版社，1953.
[116] 吴建国. 中国逻辑思想史上类概念的发生和发展［J］. 中国社会科学，1980（2）：51-75.
[117] 吴正岚. 论沈约陆厥的声律之争与沈氏家族文化的关系［J］. 福州大学学报（哲学社会科学版），2002（3）：68-73.
[118] 吴志雄. 因明、"墨辩"、亚里士多德逻辑比较研究［J］. 中山大学学报，1990（2）：14-22.
[119] 徐朝东. 蒋藏本《唐韵》撰作年代考［J］. 古籍整理研究学刊，2007（6）：53-56.
[120] 徐朝东. 孙愐及《唐韵》相关资料考察［J］. 中国典籍与文化，2010（3）：47-54.
[121] 徐通锵，叶蜚声. 历史比较法和《切韵》音系的研究［J］. 语文研究，1980（1）：29-43.
[122] 亚里士多德. 工具论·亚里士多德逻辑论文集［M］. 李匡武，译. 广州：广东人民出版社，1984.
[123] 亚里士多德. 形而上学［M］. 吴寿彭，译. 北京：商务印书馆，1997.
[124] 亚里士多德. 亚里士多德全集·第一卷［M］. 北京：中国人民大学出版社，1990.
[125] 杨燕起. 高国抗. 中国历史文献学［M］. 北京：北京图书馆出版社，2003.
[126] 杨于高. 论类比推理的客观基础［J］. 武汉大学学报（社会科学版），1992（6）：19-23.

[127] 杨正业，冯舒冉，魏现军，等．《玉篇》辑校论［J］．辞书研究，2009（6）：126-131.
[128] 余迺永．新校互注宋本广韵［M］．上海：上海人民出版社，2008.
[129] 余迺永．新校互注宋本广韵［M］．台北：里仁书局，2010.
[130] 俞敏．俞敏语言学论文集［M］．北京：商务印书馆，1999.
[131] 袁英光，刘寅生．王国维年谱长编（1877—1927）［M］．天津：天津人民出版社，1996.
[132] 张涅．先秦名学发展的两条路向［J］．中国哲学，2018（2）：66-71.
[133] 张光宇．汉语语音史中的比较方法［J］．中国语文，2010（4）：321-330.
[134] 张民权，田迪．宋代韵书中的俗字标识与文字观念研究［J］．南昌大学学报，2013（3）：128-135.
[135] 张书岩．《规范汉字表》对异体字的确定［J］．语言文字应用，2005（1）：25-38.
[136] 张晓光．墨家的“类推”思想［J］．中国哲学史，2002（2）：95-100.
[137] 赵庸．王三异读研究［D］．浙江大学，2009.
[138] 赵庸．《广韵》与实际收字处音切不一致之又音释疑［J］．汉语史研究集刊·第十八辑，2014：219-238.
[139] 赵荫堂．等韵源流［M］．北京：商务印书馆，1957.
[140] 郑伟宏．因明概论［J］．复旦学报，1990（3）：103-108.
[141] 钟友联．墨家的哲学方法［M］．台北：东大图书有限公司，1986.
[142] 周祖谟．问学集［M］．北京：中华书局，1966.
[143] 周祖谟．广韵校本［M］．北京：中华书局，2011.
[144] 周祖谟．唐五代韵书集存［M］．北京：中华书局，1983.

[145] 朱葆华．原本玉篇文字研究［D］．华东师范大学，2004.
[146] 朱德熙．语法讲义［M］．北京：商务印书馆，2000.
[147] 朱腾云．汉字电子录入与古籍整理［J］．周口师范学院学报，2009（1）：146-149.

外文文献

[1] AMMONIUS. On Aristotle Categories. Transtlated by S. Marc Cohen and Gareth B. Matthews [M]. New York: Cornell University Press, 1991.

[2] BARNES. J. Porphyry: Introduction [M]. Oxford: Oxford University Press, 2003.

[3] BRYANT, O'HALLARON. Computer systems: a programmer's perspective. 3rd Edition [M]. Prentice Hall, 2015.

[4] GRAHAM, A. C. Later Mohist Logic, Ethics and Science [M]. The Chinese University Press, 1978.

[5] GRAHAM. A. C. Disputers of The Tao: Philosophical Argument in Ancient China [M]. Illinois: Open Court Publishing Company, 1989.

[6] HANSEN. Chinses Language, Chinese Philosophy, and "Truth" [J]. The Journal of Asian Studies, 1985 (3): 491-519.

[7] MCKEON. The basic works of Aristotle. Richard McKeon edited; Reeve C. D. C. introduction [C]. New York: Random House, 2001.

[8] PHILOPONUS. On Aristotle. Categories 1-5 & A Treatise Concerning the Whole and the Parts. Translated by Riin Sirked, Martin Tweedale & John Harris [M]. Bloomsbury Academic: Bloomsbury Publishing, 2015.

[9] RASHED. M. Boethus "Aristotelian Ontology", in M. Schofield (ed.) Aristotle, Plato and Pythagoreanism in the First Century BC [M]. Cambridge: Cambridge University Press, 2013: 53-77.

[10] SIMPLICIUS. Simplicius On Aristotle's Categories 1-4. Trans. by Michael Chase [M]. New York: Cornell University Press, 2003.

[11] SIMPLICIUS. On Aristotle, Categories 5-6, translated by Frans A. J. de Haas and Barrie Fleet [M]. Cornell University Press: Duckworth, London, 2001.

后　　记

很多人问我，外语专业的人怎么做起了汉语音韵学的研究。确实，这个跨度有点大，需要作一点说明。

从学生时代起，自己觉得在其他学科学习方面总可以找到一点点有效的办法来提高成绩，可是外语学习却始终没有头绪。只能硬着头皮采用最笨的办法：背诵课文，默写课文，拼命查单词，每晚模仿跟读美国之音（Voice of America，VOA）的特别节目，甚至还试图背了牛津双解字典，吃尽了外语学习的苦头。读本科时候，我在外语学院的资料室看到一本简装的英文原版 *Noam Chomsky*，里面提到了语言获得机制（language acquisition device，LAD）。当时简单的想法是，既然有这么一个“装置”，弄懂、掌握这个“装置”岂不是能使自己远离外语学习的痛苦，提高学习效率。但结果让人很沮丧，不仅这个录音机一样的“装置”是什么都不知道，那本薄薄的个人传记也无法看完。

走上英语教师的工作岗位之后，目睹了很多学生多方努力，最终还是效果不尽如人意。我最初的想法是要增强他们的语言学习动机，加大机械学习的强度和频率，帮助他们提高英语学习效率。其结果却是，一部分人，即使没有老师教，他照样学得很好，而一部分人即使和老师吃住在一起，一样完不成学习任务，语言学习对他们来说似乎是人生痛苦的开始。提高英语学习效率的努力一样让人失望。

自己的儿子在上小学期间，除了在学校上英语课外，我没有教他英语。只是近期要报考本地较好的外语学校初中，才给他报了英语辅导班。一个暑假里强迫他背诵并默写了大约15篇课文（默写一个半练习本），机械记忆了约700个单词，讲了语法知识。他在辅导班上做练习、试题，从刚开始的正确率一半，30人左右的班排名在20开外，到后来正确率达到85%左右，基本没有猜测的答案，排名稳定在前四（结果如愿考上该校，其录取率不到5%）。

“语言是什么”，人脑中有没有“装置”，或许我们没有一点正确的认识。“语言学习是什么”、学习者动机强不强、有没有吃苦精神，或许我们一样没有很正确的认识。西方的语言研究推陈出新，流派繁多；中国的小学延续了千年之久，传统深厚。研究对象都是语言，两者竟完全不像观察研究同一类事物。一方引以为荣的理论创新、实践突破，到了另一方却基本成了无意义的自说自话。同为语言研究，理论和实践差异表明两者很可能都错开了语言的一些重要内容。中国的传统音韵学和西方的音系学虽然差异很大，但共同点比起其他领域还是要多些，对比双方研究传统或许能给我们一些启示。

经过数年的音系学和音韵学理论的系统学习，经过一年多繁琐、枯燥的古籍输入、数据对比、文献分析，我初步发现中国传统类比逻辑思维与西方演绎逻辑思维，并认为它们是导致两者学术模式差异很大的最根本原因。

中国传统音韵学历史文献记录异常丰富，这在世界上绝无仅有。至少在唐宋韵图之前，类比思维是音韵学发生、发展的主线。虽然字书、韵书陈陈相因，代代积累，但要将《切韵》原貌与后续的“王三”和《广韵》作一个简单对比，就可以发现类比性编撰思想基本没变。音韵学类比思维比西方早期通过传统语义学来研究音系的方式更为全面、更为系统。在音韵学中，反切是类比思维最典型的代表。系统地分析反切则是唐宋之后的韵图，其产生和发展与之前类比思维有着很大的区别。音韵学的韵图阶段，与西方现代音系学研究有着多方面的相似性，演绎性的逻辑思维逐渐产生。从韵图的角度来看前代音韵反切之学，更能体会中国古人在音韵学里所达到的高度。

虽然离回答“语言是什么，语言学习是什么”等问题的目标还很远，但至少了解了西方，中国学者们如何看待这些问题，并且达成最新结论，这将是笔者今后工作和努力的基础。

万迪军

2019 年 5 月于武汉洪山